山东省自然科学基金青年项目（项目编号：ZR2022QG066）
山东省高等学校青年创新团队发展计划（项目编号：2022RW074）

知识经济下的
标准化管理

吴玉浩　姜红◎著

中国社会科学出版社

图书在版编目（CIP）数据

知识经济下的标准化管理/吴玉浩，姜红著. —北京：中国社会科学出版社，2024.3
ISBN 978-7-5227-3175-9

Ⅰ.①知… Ⅱ.①吴… ②姜… Ⅲ.①知识经济—关系—标准化管理—研究 Ⅳ.①F062.3 ②C931.2

中国国家版本馆 CIP 数据核字(2024)第 044011 号

出 版 人	赵剑英
责任编辑	戴玉龙
责任校对	周晓东
责任印制	王　超

出　　版	中国社会科学出版社
社　　址	北京鼓楼西大街甲 158 号
邮　　编	100720
网　　址	http://www.csspw.cn
发 行 部	010-84083685
门 市 部	010-84029450
经　　销	新华书店及其他书店
印　　刷	北京明恒达印务有限公司
装　　订	廊坊市广阳区广增装订厂
版　　次	2024 年 3 月第 1 版
印　　次	2024 年 3 月第 1 次印刷
开　　本	710×1000　1/16
印　　张	17
字　　数	253 千字
定　　价	108.00 元

凡购买中国社会科学出版社图书，如有质量问题请与本社营销中心联系调换
电话：010-84083683
版权所有　侵权必究

前　言

标准是人类文明进步的成果，是国民经济活动和社会发展的重要技术基础，是国家基础性制度的重要方面，在推动经济转型升级、政府管理和社会治理能力提升、生态文明建设等方面，具有十分重要的保障、支撑和引领功能。随着知识经济的快速发展，标准在国内国际竞争中的作用日益凸显，越来越成为一个国家和地区核心竞争力的重要标志。得标准者得天下，如何发挥知识资源优势来掌握标准制定的主动权和话语权，亦被视为企业谋求生存与发展、培育持续性竞争优势的关键。面对当前标准与知识融合发展新趋势，知识资源无界化、知识环境复杂化、知识产权价值化深刻改变着传统的标准化体系，深入推进技术标准化与知识管理协同发展，不断提升技术标准化知识管理能力，已成为新时代标准化工作提质增效的必然选择。

究其根源，标准决定质量，只有高标准才有高质量。标准化作为发展知识经济的战略性技术支撑，是打造知识经济高质量发展新优势的迫切需要。知识作为发展的战略性资源，唯有建构在知识管理基础上的技术标准才可充分发挥对经济社会发展的基础性、战略性和引领性作用。因此，立足知识经济新时代发展阶段，从知识视角探明标准化创新发展的动力机制，揭示技术标准化与知识管理的协同互动作用机理，这不仅是解决中国标准化实践问题的迫切需要，也是实现产业和标准换道超越的题中之义。

本书运用管理学、协同学、生态学及情报学原理，充分整合生命周期理论、行动者网络理论、多元协同理论、场域惯习理论、动态能力理论、知识生态理论、知识场理论及服务创新理论，遵循理论、案例与实证相结合的研究范式，首先搭建了知识导向下的标准化管理分析框架，其次构建了基于联盟的标准化知识体系，最后探讨了标准情报服务模式，以期为全面实施标准化战略、推动标准创新和知识管理一体化协同发展指明方向，主要涵盖以下内容。

第一章，技术标准化与知识管理的互动逻辑。提出知识管理金三角模式，从知识创新、知识竞争和知识扩散三个层面，揭示了技术标准化与知识管理的协同关系作用机理，构建技术标准化与知识管理的关系模型，并以华为公司生命周期各阶段的演化进程为样本进行案例分析，检验理论推导，进而提出技术标准化与知识管理的保障机制。

第二章，技术标准化与知识管理的战略协同机制。从知识流动角度入手，构建技术标准化与知识流动的关系模型，建立"标准化+知识"战略协同的理论分析框架。分析大数据驱动对技术标准化和知识管理产生的影响，从基础层、流动层和驱动层探讨了大数据驱动下技术标准化与知识管理的协同作用机制。

第三章，知识创新成果与技术标准的协同转化机理。由协同视角切入，构建知识创新成果与技术标准转化的理论分析框架。从时间维度阐释协同系统的组成要素，从空间维度揭示场域、惯习与资本在知识创新成果向技术标准转化过程中产生的影响，并结合闪联标准予以实例验证，以此为知识创新成果与技术标准转化过程的保障机制提出建议。

第四章，基于专利分析的技术标准化能力演化。结合技术标准化的动态生命周期过程，从技术标准开发、实施和推广三个层面，探讨技术标准化能力与技术专利之间的演化作用机理，构建基于专利地图的技术标准化能力演化过程分析框架，并以比亚迪为例进行实证研究。

第五章，面向标准竞争优势的动态知识管理能力。在明晰关键知识构成要素的基础之上，阐述了动态知识管理能力的特征和影响因素。由"知识传导—动态能力—企业成长"的逻辑关系入手，从流程、位置和路径三个层面构建了动态知识管理能力的整合分析框架，揭示了动态知识管理能力的形成机理，并进一步归纳了其提升路径。

第六章，技术标准联盟的知识生态系统构建。阐述了技术标准联盟知识生态系统的内涵，在明确技术标准联盟知识生态系统的组成要素和特征的基础上，对其知识生态位和演化阶段进行探讨，从知识生态链和DICE模式两个层次分析技术标准联盟知识生态系统的演化机理，并基于此提出了技术标准联盟知识生态系统的治理机制，建立了技术标准联盟稳态机制的整合性理论分析框架。

第七章，技术标准联盟知识场效应。在理解技术标准联盟知识场内涵的基础上，描述联盟知识场的组成要素，阐明其影响因素与知识场活性特征，对联盟知识场的运行机理展开探讨。由此建构基于SECI的联盟知识场效应模型，分析知识场与知识创造的适应性关系，并从知识流动视角剖析联盟知识场的动力机制。

第八章，基于知识转移的技术标准联盟治理。由知识转移视角入手，在阐述技术标准联盟知识转移相关影响因素的基础上，绘制战略性知识矩阵来展示其知识类型及现实特征，进而依据"形成动因—运行逻辑—流动路径"的思路剖析技术标准联盟知识转移的作用机理，并提出相应的联盟治理策略。

第九章，基于竞合生态的标准情报知识服务。在阐述技术标准情报知识服务内涵的基础上，构建技术标准情报与知识服务的关系模型，由此明晰了技术标准情报的知识服务逻辑。结合生态学思想分析竞合生态关系的形成基础与组成要素，论证了引入竞合生态关系的合理性，基于此对技术标准情报知识服务中的竞合生态关系展开探讨，提出与之相匹配的竞合策略。

第十章，数智赋能标准情报服务创新。在阐述数智化时代对标准情报服务现实影响的基础上，对数智赋能标准情报服务创新的内涵要义与特征表现予以分析。结合服务创新理论对数智赋能标准情报服务创新的内在逻辑展开探讨，并对其具体实现路径进行思考，阐述其效能提升策略。

第十一章，面向企业高质量发展的标准情报服务创新。采用理论分析与调查研究相结合的方法，对面向企业高质量发展的技术标准情报服务内涵作出清晰界定，并就技术标准情报服务需求展开调查分析。在阐述技术标准情报服务对企业高质量发展影响逻辑的基础上，秉持"资源能力一体化"思维构建得到协同联动的标准情报服务模式，提出相应服务创新保障策略。

目 录

第一部分 标准化管理的知识导向

第一章 技术标准化与知识管理的互动逻辑 …………………… 3

第一节 研究概述 ………………………………………………… 3
第二节 知识管理金三角模式 …………………………………… 7
第三节 技术标准化与知识管理关系模型构建 ………………… 12
第四节 华为公司实例分析 ……………………………………… 17
第五节 技术标准化与知识管理的保障机制 …………………… 22

第二章 技术标准化与知识管理的战略协同机制 ……………… 26

第一节 "标准化+知识"战略要义 ……………………………… 26
第二节 标准化与知识流动 ……………………………………… 27
第三节 "标准化+知识"战略协同分析 ………………………… 30
第四节 大数据驱动下的新趋势 ………………………………… 37

第三章 知识创新成果与技术标准的协同转化机理 …………… 50

第一节 协同转化的时间演进过程分析 ………………………… 50
第二节 协同转化的空间结构分析 ……………………………… 57
第三节 闪联标准工作解析 ……………………………………… 64

第四章　基于专利分析的技术标准化能力演化　70

第一节　专利分析与专利地图　70
第二节　基于专利地图的技术标准化能力演化　72
第三节　比亚迪公司实例分析　80

第五章　面向标准竞争优势的动态知识管理能力　87

第一节　面向技术标准化的动态知识管理能力　87
第二节　动态知识管理能力形成机理　92
第三节　动态知识管理能力提升路径　95

第二部分　基于联盟的标准化知识体系

第六章　技术标准联盟的知识生态系统构建　107

第一节　研究概述　107
第二节　技术标准联盟知识生态系统解析　112
第三节　技术标准联盟知识生态系统的演化机理　120
第四节　技术标准联盟知识生态系统的治理机制　131
第五节　技术标准联盟知识生态系统的稳态机制　134

第七章　技术标准联盟知识场效应　141

第一节　研究概述　141
第二节　技术标准联盟知识场解析　144
第三节　技术标准联盟知识场运行机理　151
第四节　技术标准联盟知识场动力机制　157

第八章　基于知识转移的技术标准联盟治理　161

第一节　研究概述　161
第二节　技术标准联盟知识转移解析　166

第三节 技术标准联盟知识转移机理 ……………………… 171
第四节 基于知识转移的技术标准联盟治理策略 …………… 176

第三部分 标准情报服务模式构建

第九章 基于竞合生态的标准情报知识服务 ……………………… 183
第一节 研究概述 ………………………………………………… 183
第二节 技术标准情报的知识服务逻辑 ………………………… 186
第三节 竞合生态关系引入 ……………………………………… 189
第四节 技术标准情报知识服务的竞合生态分析 ……………… 194
第五节 技术标准情报知识服务的竞合策略 …………………… 200

第十章 数智赋能标准情报服务创新 ……………………………… 203
第一节 研究概述 ………………………………………………… 203
第二节 数智化背景下的标准情报服务 ………………………… 205
第三节 数智赋能标准情报服务创新的逻辑解析 ……………… 210
第四节 数智赋能标准情报服务创新的实现路径 ……………… 216
第五节 标准情报服务创新的效能提升策略 …………………… 220

第十一章 面向企业高质量发展的标准情报服务创新 …………… 223
第一节 面向企业高质量发展的技术标准情报服务创新内涵 … 223
第二节 高质量发展背景下技术标准情报服务需求分析 ……… 226
第三节 面向企业高质量发展的技术标准情报服务逻辑 ……… 232
第四节 面向企业高质量发展的技术标准情报服务创新模式 … 235
第五节 面向企业高质量发展的技术标准情报服务创新策略 … 240

参考文献 …………………………………………………………… 243

第一部分
标准化管理的知识导向

第一章　技术标准化与知识管理的互动逻辑

伴随着知识经济和技术经济时代的迅猛发展，市场竞争归根结底是企业之间核心竞争力的较量。处于经济发展的重要转型期，中共中央、国务院印发的《国家创新驱动发展战略纲要》明确指出"实施知识产权、标准、质量和品牌战略"，要及时将先进技术转化为标准。实施技术标准化、加强知识管理，已逐渐成为提高科技创新水平、保护科技创新成果、企业谋求核心竞争力的重要手段。技术标准化离不开知识管理的支持，企业通过灵活运用内外部知识资源，可将知识优势转化为技术标准优势，将知识竞争力转化为技术标准竞争力，进而形成企业的核心竞争力。技术标准化和知识管理作为现代企业经营活动的重要组成部分，那么在复杂、动态的技术标准化演进过程中，如何提高企业的知识管理能力？如何有效发挥二者间的协同互动作用？通过探讨这些问题，对于增强企业技术标准化能力、提升组织整体绩效具有重要的现实意义。

第一节　研究概述

一　技术标准化

随着科学技术的发展，技术标准已经成为企业竞争的"战略制高点"，并深刻影响着企业行为。从狭义上讲，技术标准化指的是与企业产品或服务相关的生产方法、工艺及其流程的规定；从广义上看，技术标准化则指代从企业技术创新研发、标准制定到生产商用产品、标准推广等活动的整个过程。关于技术标准的分类，按照分类原则不同可将其划分为多种类型。譬如由标准的强制性水平出发,可细分为强制性标准和推荐性标准;从标准制定的主体部门和应用范围来看,分为国际标准、国家标准、行业标准及企业标准;就技术标准的形成路径而言,划分为法定标准与事实标准。法定标准是由政府或其授权指定的标准化组织所制定、建立的标准;事实标准则是具有较高市场地位的企业,在生产经营活动中自发形成的标准。

作为多学科交叉的研究领域,学术界从技术标准化的形成机理及影响因素、标准制定组织和联盟、政府干预与政策、标准化战略等方面开展了大量研究[①]。就知识层面来看,现有研究多集中于知识产权保护、专利与技术标准的关系探讨,譬如薛捷将知识能力细分为创造、吸收、利用和保护能力等方面,构建了企业知识能力与技术标准化的关系模型,阐释了知识能力对标准化过程的促进作用,并就不同阶段提出知识能力提升建议[②]。孙耀吾等分析了技术标准化过程所存在的知识产权问题,并将其视为技术标准化竞合的基本要素[③]。就知识产权层面来看,国内外的研究多围绕技术标准化与知识产权二者间的关系探讨展开,如知识产权的披露与滥用、保护与反垄断等方面[④]。就知识专利层面来看,Egyedi 认为,专利作为市场标准的基本要素,是技术标准化的基础[⑤]。张翀采用专利引证分析法,刻画标准化技术演变的 3 个维度,提出采取适宜的研发战略等对策建议[⑥]。

[①] 王珊珊、任佳伟、许艳真:《国外技术标准化研究述评与展望》,《科技管理研究》2014 年第 20 期。

[②] 薛捷:《开放式创新视角下企业知识能力与知识管理能力研究》,《科技进步与对策》2013 年第 9 期。

[③] 孙耀吾、贺石中、曾德明:《知识产权、基本要素与技术标准化合作》,《中国工业经济》2006 年第 4 期。

[④] Zhang Liguo, "How IPR Policies of Telecommunication Standard-Setting Organizations Can Effectively, Address the Patent Ambush Problem?", *International Review of Industrial Property and Copyright Law*, Vol. 41, No. 4, 2010, pp. 380-410.

[⑤] Egyedi Tineke M and Koppenhol Aad, "The Standards War Between ODF and OOXML: Does Competition Between Overlapping ISO Standards Lead to Innovation?", *International Journal of It Standards & Standardization Research*, Vol. 8, No. 1, 2010, pp. 49-62.

[⑥] 张翀、龚艳萍:《专利引证形式下标准化技术的演变路径研究》,《科技进步与对策》2012 年第 23 期。

基于以上文献成果梳理，不难发现目前技术标准化与知识领域的研究尚处于割裂状态，学者们多停留在技术标准化与知识相结合的重要性阐述层面，二者结合的研究范畴相对狭窄，缺乏聚焦于知识管理视角下的技术标准化过程研究，技术标准化与知识管理关系的协同作用机制尚未明确，研究的理论深度仍需加强。

二 技术标准化生命周期演进过程

技术标准化是一个纵向过程，标准化工作往往会持续多年，生命周期模型可用于确定技术标准演化阶段。具体来说，从一项新技术的研发创新开始，到技术标准的形成，直至标准商用产品的生产、推广扩散，构成了技术标准化循环往复的动态生命周期过程。同时，继续为新的技术创新活动做好准备，孕育着下一技术标准生命周期的开始。知识的流转性特征，决定着动态过程每一阶段的推进，知识管理都在其中发挥着重要推动作用，从而保证企业技术标准化达到预期效果，使企业获得更多市场机会和超额利润，形成市场核心竞争力。

迄今为止，国内外学者对于技术标准化过程的阶段划分持有不同观点。Söderström 基于七种主流标准生命周期模型观点的对比分析，提出了相应的标准化生命周期模型，包括标准准备、开发、产品开发、执行、使用和反馈等阶段[1]。曾德明等构建了企业标准化能力指标体系，将标准化过程分为选择、制定和推广三个模块[2]。王珊珊等则从技术标准的形成、产业化和市场化三个方面，研究了产业联盟和新兴产业的技术标准化过程和特点[3]。李保红和吕廷杰基于熊彼特创新三段论，构建标准生命周期概念模型，提出将该过程划分为标准形成、实施和扩散三个阶段[4]。在充分参考借鉴上述研究基础之上，本书

---

[1] Söderström Eva, "Formulating a General Standards Life Cycle", *Advanced Information Systems Engineering*, Vol. 13, No. 2, 2004, pp. 263–275.

[2] 曾德明、邹思明、张运生：《网络位置、技术多元化与企业在技术标准制定中的影响力研究》，《管理学报》2015年第2期。

[3] 王珊珊、王宏起、邓敬斐：《产业联盟技术标准化过程及政府支持策略研究》，《科学学研究》2012年第3期。

[4] 李保红、吕廷杰：《基于制度创新的技术创新、IPR和标准化研究》，《科技进步与对策》2009年第7期。

将技术标准化动态生命周期过程分为开发期、实施期和推广期三个阶段，结合知识管理金三角模式，探究标准化动态过程的各个阶段与不同知识管理活动的协同关系作用机理，构建技术标准化与知识管理的关系模型，为提升企业的技术标准化能力提出建议，具体如图1-1所示：

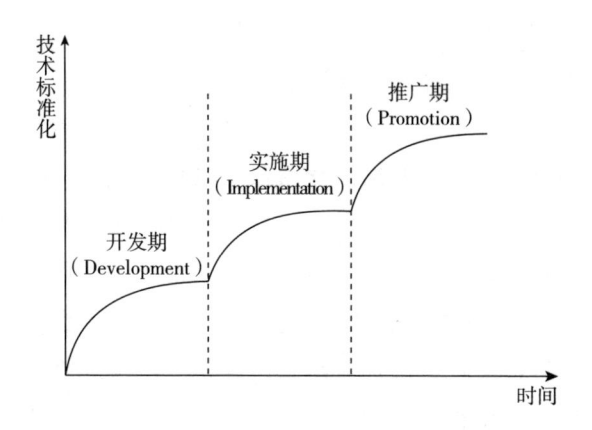

图1-1 技术标准化生命周期

根据技术标准生命周期的相关理论和标准化过程的特点，从开发期到推广期，企业在各个阶段皆有其不同的关注侧重点。在系统梳理国内外文献的基础上，本书对技术标准化过程的各阶段进行初步界定，以此为分析技术标准化与知识管理的关系提供明晰概念。

（一）开发期

始于企业的技术研发，止于技术标准文本确定。该阶段处于标准基础上的核心专利研发期，企业结合技术储备积累来保证技术标准的可适用性，开展多种技术创新活动以形成完备的技术体系，促进技术创新成果转化为技术标准，最终形成技术标准文本的详细框架，为企业长远发展提供坚实保障。

（二）实施期

始于技术标准文本确定，止于标准的商用产品。初步形成技术标准文本之后，企业基于标准核心专利研发更具商业价值的附属专利，开发出相应的标准商用产品参与市场竞争，以实现技术标准化。产品竞争的实质是技术标准的竞争，谁能够加快抢占市场的速度、缩短技术标准实施周期，便能获得市场竞争的主动权。

（三）推广期

始于标准的商用产品，止于该标准产品完全退出市场。伴随着企业技术标准化的实现，产品和服务的市场竞争日趋激烈，企业要努力维持其市场地位、保持技术活力以影响行业乃至国家标准的制定。随着标准产品的大规模制造和销售，在标准核心专利的基础上进行产品创新，通过二次开发来不断改进产品的设计和工艺流程，提高工艺创新绩效，促使技术标准的性能完全成熟。

第二节　知识管理金三角模式

一　知识管理

知识管理（Knowledge Management）内涵丰富，目前学术界并未形成统一的概念，具体研究领域和内容并未达成一致。Obeidat认为，知识管理是创造、获取和使用知识，以增强组织绩效的过程[1]。Choi将其定义为对知识及其创造、搜集、组织、传播、利用与宣传过程的管理[2]。邱均平将知识管理的概念分为广义与狭义，狭义知识管理指的是仅对知识本身的管理，而广义的知识管理在此基础之上，还包括与知识有关的各种资源和无形资产的管理[3]。

基于资源的企业观认为，知识是企业最重要的资源。技术标准化的动态演进过程中，企业通过加强对各阶段的知识价值链管理，提高组织的知识管理能力，能够提升技术标准竞争力，进而为企业赢得更

---

[1] Obeidat Bader Yousef, Hashem Lama and Alansari Iman, "The Effect of Knowledge Management Uses on Total Quality Management Practices: A theoretical perspective", *Journal of Management & Strategy*, Vol. 7, No. 4, 2018, p. 18.

[2] Choi Injun, Jung Jisoo and Song Minseok, "A Framework for the Integration of Knowledge Management and Business Process Management", *International Journal of Innovation & Learning*, Vol. 1, No. 4, 2004, pp. 399-408.

[3] 邱均平、韩雷：《近十年来我国知识工程研究进展与趋势》，《情报科学》2016年第6期。

多市场机会。伴随着技术标准化周期过程的阶段性推进,知识的流转性和动态性决定了与之相对应的知识管理活动也会发生变化。结合技术标准化的动态过程和研究实际,在此对知识管理的概念作出界定:企业以知识生产、传播和应用为核心、以获得知识优势和知识竞争力为目标,开展知识创新、竞争和推广等系列活动的总称。

本书从知识创新(Knowledge Innovation)、知识竞争(Knowledge Competition)和知识扩散(Knowledge Diffusion)三个层面研究企业的知识管理活动,提出知识管理金三角模式(见图1-2),探究技术标准化过程的各阶段与知识管理活动的协同关系。

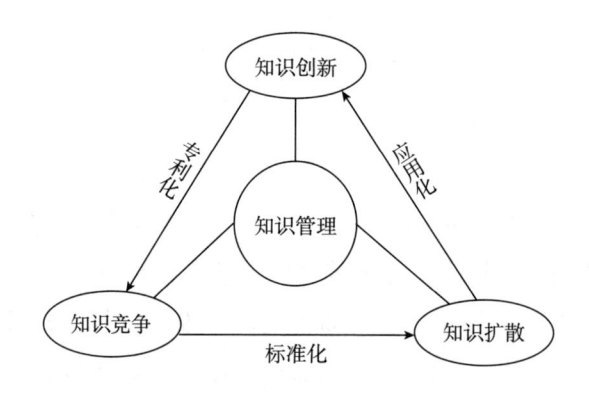

图 1-2 知识管理金三角模式

二 知识创新

知识具有生命周期特性,这要求企业随着市场环境变化而不断更新技术标准知识,创新便是知识更新的唯一途径。约瑟夫·熊彼特最早提出现代创新理论,强调技术突破性所产生的经济价值,其创新理论为知识创新的相关研究奠定了基础。知识创新是技术创新的基础,是企业技术标准化的源泉。Amidon首次提出知识创新的概念,将其定义为:通过创造、引进、交流和应用,将新思想转化为可销售的产品和服务,以取得企业经营成功、国家经济振兴和社会全面繁荣[①]。路甬祥认为,知识创新是通过科学研究获得新的自然科学和技术科学知识的

---

① 孙涛:《知识管理:21世纪经营管理的新趋势》,中华工商联合出版社1999年版,第60—61页。

过程①。本书所研究的知识创新，指的是在技术标准化开发期，围绕标准基础之上的核心专利所开展的系列创新活动。

知识创新是主体开展一切创新活动的根本，将知识做好创造性转化和创新性发展，使之适应现代社会的发展。② 近年来，学者们针对知识创新开展的研究，多围绕知识创新的驱动因素、机制、过程、特征、主体等方面展开，如唐青青等基于吸收能力视角，从知识创新的个体层面展开研究，结合社会网络理论实证探讨了网络特征、知识深度与知识创新之间的关系③；Nonaka 提出 SECI 螺旋模型来揭示知识创新的作用机理，指出经过社会化、外部化、组合化与内部化等过程，显性知识和隐性知识之间不断相互转化，知识存量和流量呈现螺旋上升④，但是该理论并未对组织间跨层次的知识创新作出阐释，未明确指出其具体实现途径。

基于技术专利的研发活动，提高企业标准的动态化制定能力，以形成企业独有的标准竞争优势，是增加企业价值、实现利益最大化的必然选择。一方面，知识管理可以为组织实现知识共享提供新途径，同时为知识创新提供基础设施和条件⑤；另一方面，作为企业知识管理的核心，知识创新是企业发展的原动力，也是企业知识管理的关键目标。知识创新能够帮助企业获得持久性竞争优势，对于企业经营结果而言至关重要⑥。因此，知识创新的研发投入，往往成为衡量企业知识管理效果的重要依据。通过有效利用内外部资源为知识创新创造有利条件，可为技术标准的开发奠定基础。

---

① 路甬祥：《创新与未来：面向知识经济时代的国家创新体系》，科学出版社 1998 年版，第 38 页。

② 刘星：《中华优秀传统文化传承发展研究》，中国社会科学出版社 2024 年版。

③ 唐青青、谢恩、梁杰：《知识深度、网络特征与知识创新：基于吸收能力的视角》，《科学学与科学技术管理》2018 年第 1 期。

④ Nonaka Ikujiro, Toyama Ryoko and Konno Noboru, "SECI, Ba and Leadership: A Unifided Model of Dynamic Knowledge Creation", *Long Range Planning*, Vol. 33, No. 1, 2000, pp. 5-34.

⑤ 晏双生：《知识创造与知识创新的涵义及其关系论》，《科学学研究》2010 年第 8 期。

⑥ Tang Daizhong, Wu Guangdong and Shi Jiangang, "Behavioral Coordination Mechanism of Inter-organizational Knowledge Innovation in Real Estate Projects", *Journal of Interdisciplinary Mathematics*, Vol. 19, No. 2, 2016, pp. 395-412.

三 知识竞争

企业进行知识管理的一项重要内容，便是掌握企业内外部环境状况，充分了解本企业技术标准所处的市场竞争态势，同时跟踪掌握竞争对手动向，降低市场信息不对称。标准化的商用产品投入市场，进而为企业增加竞争筹码，提高企业的动态应变能力。

学术界对于知识竞争的研究，多围绕知识管理与竞争情报二者之间的关系展开分析。竞争情报的本质属性是知识性，与知识管理相互依存、相互促进。韩春花等指出，知识管理和竞争情报的整合就是知识竞争①。Sun 认为竞争情报是指对企业自身、竞争对手以及所在行业等情况进行分析，并获得情报焦点进而应用于战略决策的活动过程②。由此看出，知识管理和竞争情报活动的最终目标是一致的，皆是为了提高企业核心竞争力。

在激烈的市场竞争中，企业的技术标准化生命周期不断缩短。当今技术标准竞争的核心便是企业知识优势的较量，因此培育企业知识竞争力的重要性不言而喻。企业必须提高知识管理效率，坚持外部环境监测与内部环境优化并重，采取有效的知识竞争策略，增强知识竞争力以赢得竞争优势，促进知识竞争与技术标准化之间的良性互动，实现企业可持续发展。

四 知识扩散

知识经济时代，知识扩散是影响经济增长的重要因素，知识扩散对经济增长的贡献甚至被认为大于知识创新本身③。Yang 指出，知识扩散是知识在组织与个体间的传播过程，是知识吸收和转移的有机统一④。作为企业知识管理活动的核心，知识扩散促进了企业与竞争对

---

① 韩春花等：《基于知识集成的竞争情报分析模型研究》，《情报理论与实践》2014 年第 1 期。

② Sun Lin, "Knowledge Element-Based Competitive Intelligence Analytics Serving for SWOT Situation Assessment", 2015 8TH International Symposium on Computational Intelligence and Design, 2015, pp. 576–579.

③ 蒋军锋、张玉韬、王修来：《知识演变视角下技术创新网络研究进展与未来方向》，《科研管理》2010 年第 3 期。

④ Yang GuangYong, Hu ZhaoLong and Liu JianGuo, "Knowledge Diffusion in the Collaboration Hypernetwork", Physica A Statistical Mechanics & Its Applications, Vol. 419, 2015, pp. 429–436.

手、消费者间的交流联系，诱导企业采取技术标准创新行为，从而维持企业领先的市场优势，切实掌握市场竞争的主动权和话语权。

技术标准化推广的实质，是伴随企业技术标准知识的扩散，最终实现社会对知识的规模化应用。知识扩散作为企业知识管理的重要环节，对于企业保持技术活力、提升知识管理效率具有重要作用。基于技术标准的市场竞争过程，企业不断扩大技术标准的市场影响力，赢得用户潜移默化的信任与支持。

知识扩散的过程，也是技术标准化能力提升的过程。通过市场或非市场渠道的传播，知识由企业转移到用户，知识扩散效能得到最大限度发挥，以用户需求反馈为导向为企业生产创新活动提供指导，形成流动的知识网络辐射体系。该过程既促进了新知识的产生与创造，又促使企业不断进行产品创新，改进产品的设计和工艺流程，使知识价值得到最大限度应用，带动社会整体知识水平提高。

五 金三角模式作用机制

知识管理金三角模式以知识管理为核心，知识创新、知识竞争和知识扩散依次作为知识管理活动的重要层面，彼此环环相扣、联系密切。

（一）专利化→标准化

知识创新作为企业的知识创造生产活动，研发出符合企业实际与市场需求的核心技术专利，可以指明知识管理的下一阶段方向、提供知识竞争的动力源泉。但在企业追求利益最大化与多变的市场条件下，知识创新成果必须实现专利化，同时将技术专利转化为技术标准，才能维护企业的合法利益。普遍性知识作为知识标准化的结果，只有在满足成本最小化、利益最大化的前提下进行知识创新研发，企业才能够获得知识竞争优势。

（二）标准化→应用化

企业根据核心技术专利的知识信息，以技术标准文本为依据来规范生产管理流程，通过生产标准化的商用产品参与市场竞争，此时知识竞争与产品竞争相辅相成，成为企业获得竞争优势的重要支撑。企业通过多种渠道获取竞争情报信息，针对市场竞争态势采取对应知识竞争策略，充分调动内外部资源来促进普遍性知识的流动，提升组织整体的生存发展能力。

（三）应用化→专利化

企业在激烈的市场竞争中占有一席之地，为了维持并扩大其市场竞争优势和影响力，必须依靠普遍性知识的扩散效能，加深用户对技术标准及其产品的理解，建立企业与用户的双向反馈互动机制。此时，企业收回前期的知识创新研发成本，同时借助用户知识反馈不断改进技术标准和产品工艺流程，从而为下一循环周期的知识创新做好准备。

第三节　技术标准化与知识管理关系模型构建

一　协同关系作用机理

技术标准化与知识管理是企业核心能力形成的重要手段，二者存在协同互动的作用关系。知识管理是手段，用来规范技术标准化过程中的知识活动；技术标准化是行为，用来实现知识创新专利到标准商业化的周期转化过程。知识管理以技术标准化周期进程为导向，企业采取系列知识管理活动提升技术标准化能力，以赢得市场竞争优势。与此同时，伴随技术标准化过程的推进深化了知识管理的内涵。

作为一个动态演进的生命周期过程，通过对技术标准化与知识管理的作用过程进行管理，可以根据二者所处的匹配时期预测可能产生的风险与对企业造成的威胁，保障技术标准化过程平稳有序运行。本书以技术标准化与知识管理二者的发展水平匹配程度为依据，将该动态过程细分为导入期、成长期、成熟期和衰退期等层次，并分析了各层次的主要目标和考虑要素。协同关系的具体作用过程如图1-3所示。

（一）导入期

低技术标准化、高知识管理水平，该时期是协同关系作用的前提。在组织内部知识创新需求的驱动下，此时企业处于技术标准开发制定阶段，技术标准尚未成形，选择制定合适的技术标准成为该时期的关键任务。需求是推动科技创新和技术进步的根本动力，企业掌握了需求，就意味着拥有了资源、掌握了市场。激烈竞争的市场环境下，用户需求在不断发生变化，企业推进技术标准化必须以满足用户需求为出发点，并善于发现潜在的市场需求。

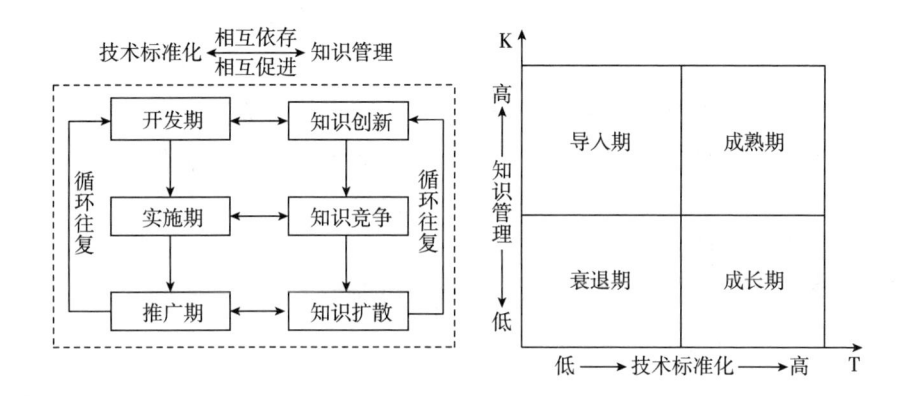

图1-3　协同关系作用机理

企业知识资源决定着企业的资源利用和配置效率，在确定技术标准化战略、知识管理目标的基础上，为了形成符合市场趋势和用户需求的技术标准，企业集中调动内外部资源为知识管理服务，提高知识管理能力以促进知识存量不断积累，促使知识溢出从而开发出具有先进性、适用性的技术标准专利，形成技术标准的文本规范。

（二）成长期

高技术标准化、低知识管理水平，该时期是协同关系作用的核心。知识创新所开发的技术标准专利，通过知识流动成为商用的标准商品，参与技术标准的市场竞争，实现协同价值。技术标准化生命周期的更迭速度不断加快，能否了解行业内竞争对手的技术标准现状，能否占领所在行业的市场领先位置，关乎到企业的未来发展前景和可持续竞争优势。

企业按照技术标准文本规范生产标准化的商用产品参与市场竞争，争取市场主动权和话语权。但是，缺乏知识管理能力会阻碍企业技术标准化实施。产品市场竞争的实质仍然是知识附加值的竞争，所以面对生产形势日趋复杂、需要快速做出反应的经营实际，企业能否协调好各种知识管理行为、采取有效的知识竞争策略成为提升技术标准化竞争能力的重要保障。

(三) 成熟期

高技术标准化、高知识管理水平,该时期是协同关系作用的关键。企业逐渐成为行业内技术标准的扩散源,在行业内部起到了积极的示范作用。基于二者间协同互动关系的良性循环,能够提高技术标准的扩散速度与效率,不断优化技术标准知识的性能与水平,帮助企业收回前期的知识管理投入和技术标准化成本,提升企业绩效并获得协同效益。

伴随企业的技术标准逐渐占据市场主导地位,同时知识价值链得到有效管理,技术标准化与知识管理的协同关系到达较为成熟的平衡阶段。企业的主要任务是维持并扩大产品市场份额和技术标准化影响力,保持畅通的信息沟通渠道,形成与竞争对手、用户的双向互动,将外部知识内化为企业自身的知识,改进产品的工艺流程进而促进技术标准升级,把握市场和技术标准的演化方向,以此为下一轮的协同互动做好准备,赢得新的市场机会。

企业应结合技术标准化的周期进程,形成系统的知识管理模式,实现技术标准化能力与知识管理水平的协同发展。为了准确理解和把握技术标准化过程的知识属性,根据左美云等提出的知识管理内容研究的"5W1H"框架[1],其基本内容要素包括知识管理的时间(When)、原因(Why)、地点(Where)、主体(Who)、客体(What)及方式(How)。结合本书实际,笔者列出技术标准化与知识管理协同关系的研究内容框架,如表1-1所示:

从表1-1可以看出,基于协同作用关系的不同匹配时期,企业的知识型员工以知识资源整合、标准化能力提升、竞争力获取和组织绩效提升为出发点,在主客体相互作用的基础上从内部、外部推动知识管理和技术标准化系列活动的开展,实现二者间的动态平衡。

---

[1] 左美云、许珂、陈禹:《企业知识管理的内容框架研究》,《中国人民大学学报》2003年第5期。

表 1-1　　　　　　协同关系的"5W1H"研究内容框架

时间 (When)	原因 (Why)	地点 (Where)	主体 (Who)	客体 (What)	方式 (How)
导入期	①控制和整合知识资源； ②提升技术标准化能力； ③核心竞争力的获取； ④组织绩效的提升	①内部知识资源整合开发； ②外部知识获取与反馈； ③内部技术标准的开发制定； ④外部技术标准化的推广扩散	知识型员工	开发渠道；成本、用户需求；市场前景、技术水平	知识创新
成长期	^	^	^	资源、市场竞争力；技术标准兼容性	知识竞争
成熟期	^	^	^	技术标准性能、技术支持、技术宣传扩散等力量	知识扩散

二　关系模型构建

企业技术标准化与知识管理既是协同互动的周期循环过程，也是密切相关的系统过程。知识管理强调知识活动过程，是技术标准化的风向标；技术标准化重视结果，对知识管理效果起到反馈作用。技术标准化周期过程的不同阶段与不同知识管理活动相匹配以实现动态平衡，最终目标是为了提高企业核心竞争力、提升组织整体绩效。基于以上分析，本书所构建的技术标准化的知识管理模型（见图1-4），是一个研究技术标准化过程的通用分析框架，可以用于认识和理解技术标准化与知识管理活动的基本问题。

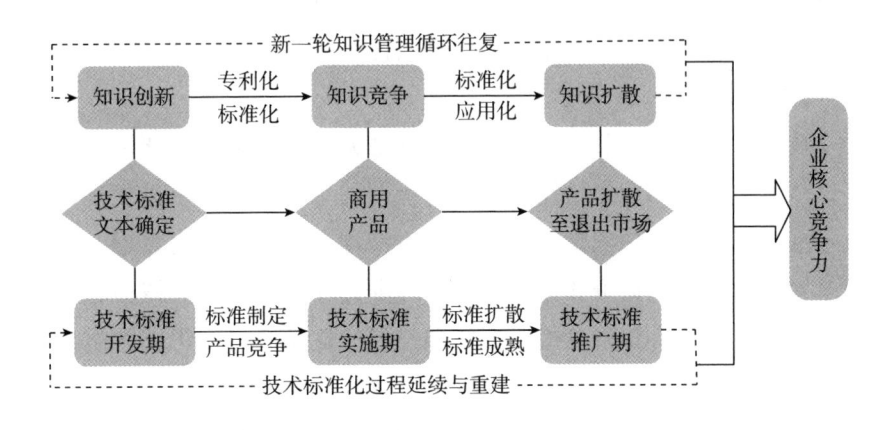

图 1-4　技术标准化与知识管理的关系模型

（一）开发期——知识创新

知识创新作为技术标准化活动进程的起点，决定了企业整个技术标准生命周期的发展态势，是技术标准化过程推进的原动力。企业的知识创新能力越强，知识创新成本越低，知识创新效率越高，就越有利于将标准文本转化为技术标准的商业应用。

企业在先进的技术平台设施基础上健全标准人才培养体系，以建设一支出色的标准化从业人员队伍。同时，调动内外部资源为知识创新服务，开展技术专利研发活动以确定技术标准文本规范。但需要注意的是，出于保护知识产权的考虑，企业需基于合作竞争需求做出自主开发或与其他企业合作研发的渠道战略选择，确保技术专利具备先进性和适用性、技术标准性能成熟可靠。

（二）实施期——知识竞争

该阶段作为技术标准化与知识管理活动的过渡中介期，关系到企业技术标准能否抢占先发优势，关系到企业能否获得知识核心竞争力。企业的知识能力，可以直接作用于知识转化为企业的新产品产出[1]。企业在技术标准文本规范的基础上，生产出符合标准文本的商用产品参与市场竞争，促进技术标准化的快速实施。

企业通过对知识资源的有效传递和最大化利用，充分借助知识创新所研发的核心技术专利开展市场竞争，实现知识价值链的延伸，这关系到企业能否抓住潜在市场机会来催生技术标准的市场认同，乃至形成技术壁垒排斥竞争对手，形成垄断优势。

（三）推广期——知识扩散

技术标准产品扩散的过程，同样也是突破网络边界的知识扩散过程。从上文技术标准化与知识管理的协同关系作用模式可以发现，技术标准推广和知识扩散是技术标准化生命周期进程的最终目标。正是通过知识的创新、竞争和扩散，技术标准化才成为与企业核心竞争力密切相关的要素，知识也得以更新和发展。这意味着知识扩散能力越

---

[1] Torrent-sellens Joan, "Knowledge Products and Network Externalities: Implications for the Business Strategy", *Journal of the Knowledge Economy*, Vol. 6, No. 1, 2015, pp. 138-156.

强,就越能够加强企业现存知识与其他资源的整合利用,从而促进技术标准创新。

企业基于标准化服务平台,运用多种宣传推广策略,基于市场和用户的双向互动反馈机制形成知识契约,促进技术标准的知识转化和市场需求升级。因此,企业应不断优化产品和服务,采取知识创新激励,保持市场领先优势。标准化的商用产品完全退出竞争市场后,基于该生命周期过程的知识创造、吸收和扩散,开始下一周期的知识管理循环,为知识创新和技术标准开发奠定基础。

第四节 华为公司实例分析

一 案例选择

为进一步阐释企业技术标准化与知识管理的协同互动过程,本书从技术标准化水平较高的代表性企业中,选取华为技术有限公司(以下简称华为)进行实例验证。近日,华为联合天翼物联等26家合作伙伴共同发布了5GtoB终端认证标准2.0,为5GtoB行业终端提供了测试认证依据。2021年,华为在Wi-Fi 6标准之上进行深度技术创新及网络优化实践,推出全无线智能连续组网技术,解决了企业全无线网络的痛点问题。究其根源,华为作为信息与通信技术(ICT)标准领域的世界级领军企业,其核心竞争力的提升,正是依靠技术标准化与知识管理二者间保持动态平衡来推动的。

目前,从技术标准化与知识管理角度,与华为相结合进行案例探讨的研究成果并不多见。华为35年来的ICT技术演化发展进程,与上文所探讨的协同互动作用路径基本吻合。因此,将其作为典型企业分析其成功经验,具有重要的实践意义和推广价值。

二 生命周期演化的阶段性分析

基于本书所构建的技术标准化进程分析框架,以生命周期演化的三个阶段为研究主线,运用内容分析法,按照时间序列围绕华为公司发展历程中的代表性技术标准化事件、知识管理活动作以归纳分析。

基于对华为核心竞争力实现路径的探讨，捕捉其中技术标准化与知识管理活动协同互动的作用关系，揭示各阶段内部组成要素的联动机制，可为后发企业的生命周期管理模式和路径选择提供一定借鉴。

（一）开发期（1987—1994 年）

1. 模仿创新

如表 1-2 所示，20 世纪 80 年代华为成立之初，只是一家生产用户交换机（PBX）的销售代理商，在国外垄断核心知识产权的严峻形势下艰难经营。但起步之初的华为通过将代理利润投向 PBX 自主研发和技术标准领域，最终研发出掌握核心独创技术的 PBX。从 C&C08 交换机到 SDH 技术、二代 GSM 再到现今的 5G 研发，华为始终秉持"技术拿来主义"，即在学习国外先进技术知识的基础上吸收模仿，并进行知识创新，进而内化为企业自身知识，以持续加大创新研发投入获取新技术标准。

表 1-2　　　　　　　　　　开发起步阶段

阶段细分	代表性事件引用	关键词
开发期知识创新	1987 年：生产用户交换机的销售代理	PBX、销售代理
	1990 年：自主研发 PBX 技术并加以商用	自主研发、PBX 技术、商用
	1992 年：研发、推出农村数字解决方案	研发、解决方案

资料来源：根据华为官方网站（http://www.huawei.com）公司年报整理。

2. 客户至上

贯彻"以客户为中心"的理念创新是华为知识创新的源泉，是技术标准开发的支撑动力。目前服务和市场营销领域的配置人员占华为员工总数的 33.32%，公司要求工程师必须深入市场一线，了解商情，掌握客户使用习惯，基于客户需求持续知识创新以开发符合市场需求的技术标准。

3. 研发投入

华为高度重视知识创新的研发投入，每年研发投入占其营收的 10%—15%。华为在过去十年间的总研发投入累计达 8450 亿元，仅 2021 年全球研发投入便达 1427 亿元，占其营收的 22.4%，再创历史新高，已位于全球第二位，十年研发累计投入超 8450 亿元。由于效率提升和规模快速增长，技术标准开发成本得到有效控制，研发费用率逐年下降。由此，华为逐渐实现从紧跟国际标准到开发制定技术标准的重要过渡。

以技术标准谋生存，打破国内空白。华为积极正视现存不足，在该阶段通过施行技术模仿吸收战略谋求知识创新，紧跟先进技术标准的发展趋势。加之坚持以客户需求为出发点，重视创新研发投入，填补国内相关领域的技术标准空白，为技术标准参与国际行业竞争奠定基础。

（二）实施期（1995—2004 年）

1. 市场驱动

如表 1-3 所示，1997 年，华为凭借在其自主开发制定的技术标准下所生产的商用 GSM 移动通信系统设备，打破欧美对国内移动通信市场的绝对垄断，以技术标准为指导，生产商用产品的市场效益初步显现。2001 年，华为加入 ITU 国际标准化组织，发挥自身技术标准资源优势，在技术标准竞争中争夺主导权和话语权。2002 年，华为创立 15 年来首次出现业绩下滑，合同额从上年度的 255 亿元滑坡至 221 亿元，利润也由 52 亿元跌至 12 亿元。在面临增长停滞的局面下，华为及时调整战略，由技术驱动转向市场驱动，以产品布局优化带动所占市场份额增加。

表 1-3　　　　　　　　实施成长阶段

阶段细分	代表性事件引用	关键词
实施期知识竞争	1997 年：推出无线 GSM 方案	GSM、方案
	2000 年：印度班加罗尔设立研发中心	印度、研发中心
	2001 年：加入国际电信联盟（ITU）	国际、电信联盟
	2003 年：与 3Com 达成合作，成立合资公司以从事企业数据网络解决方案的研究	3Com、合资、数据网络、解决方案
	2004 年：与西门子达成合作，开发 TD-SCDMA 解决方案	西门子、合作、TD-SCDMA、解决方案

资料来源：根据华为官方网站（http://www.huawei.com）公司年报整理。

2. 知识积累

当今市场激烈竞争的实质是知识竞争。从员工组成层面来看，华为拥有全球最大的研发团队，现有员工数量近 20 万人，通过推行薪酬领袖战略促使高素质专业化人才持续为企业服务。2021 年，从事研究与开发的人员约 10.7 万名，约占公司总人数的 54.8%。从知识产权竞争层面来看，2003 年，思科指控华为涉嫌侵犯其知识产权的案件，纵使最终以双方和解收场，但该事件使华为意识到知识产权保护的重要性。通过加速实施知识产权战略，目前华为的专利申请数量维持在每年 3000 件左右。近两年华为专利新申请数量更是超过 1 万件/年，达到历史新高。截至 2021 年年底，华为在全球共持有有效授权专利 4.5 万余族（超 11 万件）。

3. 资源整合

华为配置技术标准战略资源的准则，是基于内外部知识资源整合，在竞争中合作并超越竞争对手。华为已在世界各地设立多个研发中心，与高校和科研院所、实力雄厚的大技术公司开展开放式合作，譬如与英特尔、摩托罗拉、SUN、3COM 等企业建立联合实验室。目前华为拥有 15 个研发中心，36 个联合创新中心，有效弥补细分领域研发弱势，获得竞逐国际市场的核心竞争力。

以技术标准促竞争，进军国际市场。该时期华为实施合作战略，在多方主体的技术互动中完成技术积累，建立技术标准价值链增强全球竞争力。基于人才队伍建设和知识产权保护，华为的技术标准化能力和知识管理水平得以快速提升。

（三）推广期（2005 年至今）

1. 品牌战略

如表 1-4 所示，华为推行国际化、全球化战略，使技术标准的影响力实现最大限度扩散。2005 年，华为海外销售额首次超过国内，此后便持续保持年均 60% 的增长速度。据研究公司 IHS Markit 发布的报告显示，华为是 2017 年全球移动基础设施市场上唯一实现份额增长的厂商，并已超越爱立信成为全球最大的电信设备制造商。华为依托核心技术标准，构建专利防御壁垒，融合技术标准与产品推广，打造

"厚积薄发""行业领军者"的企业品牌形象。

表 1-4　　　　　　　　　　推广领先阶段

阶段细分	代表性事件引用	关键词
推广期知识扩散	2005 年：海外首次超越国内的合同销售额；为英国 BT21 世纪网络提供 MSAN 设备	超越、销售额、MSAN
	2006 年：与摩托罗拉达成合作，成立开发 UMTS 技术的上海研发中心	摩托罗拉、合作、UMTS
	2008 年：移动宽带产品市场份额全球第一；全年 1737 件 PCT 专利申请，世界排行第一	市场份额、PTC 专利申请、第一
	2009 年：交付全球首个 LTE/EPC 商用网络；获得 IEEE 标准组织年度杰出公司贡献奖	首个、LTE/EPC、标准组织
	2012 年：贡献了 3GPP LTE 核心标准全球通过提案数的 20%；发布业界首个 400G DWDM 光传送系统	3GPP LTE、核心标准
	2013 年：欧盟 5G 项目主推者、英国 5G 中心发起者；领跑全球 LTE 商用部署；发布全球首款敏捷交换机 S12700	5G、LTE、S12700
	2015 年：全年专利申请总量 3898 件位居榜首；与欧洲运营商共建全球首张 1T OTN 网络；发布全球首款小型机昆仑服务器、首个基于 SDN 架构的敏捷物联解决方案	专利申请、1T OTN、昆仑服务器、SDN
	2016 年：主笔 9 项智慧城市中国国家标准；智能手机份额居全球前三；获得超 170 个全球云商用化合同；全球部署超 60 张 4.5G 网络	国家标准、智慧城市、云、4.5G
	2018 年：推动产业链完善并完成互联互通测试并支持第一轮 5G 商用，发布首款 3GPP 标准 5G 商用芯片和终端	5G 标准、3GPP 标准、商用芯片
	2020 年：推出业界首个 5GtoB 终端认证标准（V1.0），并基于该标准联合中国三大运营商及行业主要合作伙伴开展广泛的技术测试认证	5G 网络、端网协同、终端生态

资料来源：根据华为官方网站（http：//www.huawei.com）公司年报整理。

2. 企业文化

处于更新换代速度快、生命周期短暂的高新技术行业，支撑华为持续发展的动力是"以客户为中心，以奋斗者为本"的华为文化。华为30余年持续贴近客户需求，与客户进行频繁、细致沟通来获取产品反馈，不断调整、优化产品技术标准；营造互利共赢的文化氛围，与竞争对手、客户建立战略合作关系。

3. 商业生态

近年来，华为致力于构建平衡的商业生态，抢抓云、视频、物联网时代的战略机遇，依托技术实力率先提出NB-IoT窄带物联网技术，致力于推进全球5G技术标准联盟，参与创新研发的Polar码已成为3GPP的5G eMBB场景技术标准。此外，与中国移动联合推动通用模组CCSA行业标准的制定，为健康、良性的产业生态系统奠定基础。至此，以客户为中心、以生态圈共赢的生态体系已确立，华为的技术标准化进程已由模仿、跟进演进为领先，在众多领域引导整个ICT行业技术标准的制定。

以技术标准求领先，沿着数字化、智能化、低碳化方向坚定前进，构建产业发展生态。在"智能+"时代数字化加速的行业发展趋势下，华为的发展壮大绝非偶然。正是华为善于审时度势，在生命发展周期的稳定推广阶段，全方位系统整合技术、知识、人才、文化等资源为提升技术标准化能力和知识管理水平而服务，开放合作促成企业与竞争对手、客户间建立技术互动反馈机制，引领行业技术标准的制定，才得以在世界范围内积淀持久而深远的"华为"品牌影响力，为客户和社会创造价值。

第五节　技术标准化与知识管理的保障机制

企业技术标准化的动态周期过程，是在复杂的知识流动过程中实现的，会受到多种因素影响和制约。从技术标准化角度来看，知识流动与企业标准更迭已成为常态，标准化是企业开展市场竞争的重要战略手段，支撑企业获取竞争优势的知识管理能力已成为技术标准化的直接目标。

市场环境的动态多变性，对知识管理、技术标准化提出全新要求。发挥技术标准化与知识管理的协同互动效用，对企业核心竞争力和组织绩效提升而言具有重要的现实意义。基于上文对二者协同关系的理论分析及华为公司的案例研究，本书从信息沟通渠道、人才队伍、创新激励、知识学习、知识产权保护和反馈机制六个方面探讨了技术标准化与知识管理的保障机制（见图1-5），借此为培育和提升企业的知识管理、技术标准化能力，充分发挥知识管理在技术标准化过程中的支持作用提出建议。

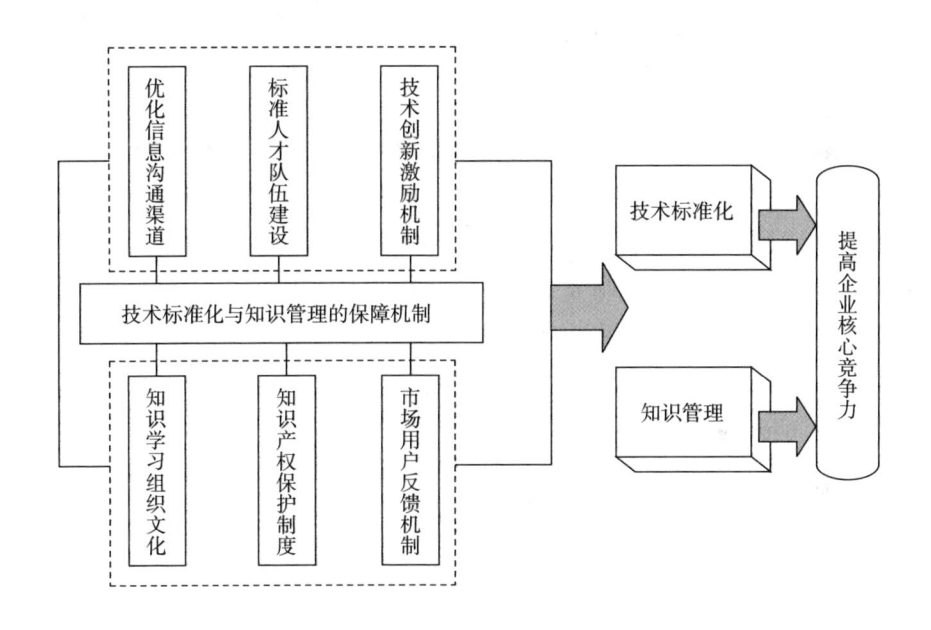

图1-5 技术标准化与知识管理的保障机制

一 优化内外信息沟通渠道

瞬息万变的知识经济时代，要求企业完善信息基础设施为技术标准化与知识管理活动服务，以降低生产经营活动的变异性。具备畅通的信息沟通渠道，避免渠道间信息延滞和失真，才能及时辨别市场和用户需求，获得组织内外部的市场环境信息，进而实现知识的不断整合积累，灵活应对各种市场挑战。因此，企业必须设置专业的技术标准化机构，通过建设标准化信息沟通平台以实时掌握市场使用情况和技术标准动态，从而适时更新和改进技术标准的知识内容。

二　加强标准人才队伍建设

知识与人才资源的竞争是市场竞争的关键，竞争驱动的实质是人才驱动。这要求企业将知识资源和人力资源相结合，使员工对企业内外部市场具备较强的适应和应变能力。知识创新作为技术标准开发的知识密集型行为，要求企业建立和完善专业的标准人才培养体系，搭建员工技术标准化培训平台，提高员工的标准化知识技能，建设一支高素质的标准化从业人员队伍，提高员工掌控市场格局的能力，从而提高企业知识竞争优势。

三　实行技术创新激励机制

通过增强自身的知识吸收能力以获取更多的技术标准知识，是企业知识管理的目标。知识的流动过程，同样也是技术标准化的专利创新过程。企业通过实行有效的技术创新内在激励机制，建立适当的技术成果评估制度，提高技术标准化隐性知识的共享程度，让员工参与技术标准制定工作，能够提升知识利用效率与水平，调动相关技术人员的创新积极性，促进知识创新研发成果、专利转化为技术标准，提高企业的技术标准市场竞争力。

四　建设知识学习组织文化

信息技术日新月异，建设学习型组织已成为大势所趋。面对激烈的市场竞争，技术标准化的生命周期不断缩短，企业必须顺势而变。在企业内部培植知识学习的思想观念和价值取向，建立企业知识库系统并更新完善知识网络，营造知识学习的企业文化氛围。同时，打造创新学习的文化环境促进企业内外知识流动，使员工在交流中产生新的思想和知识，提高企业整体的向心力，促使企业技术标准化焕发生机活力。

五　完善知识产权保护制度

企业开展知识管理活动，是为了与技术标准化形成协同互动，在激烈的市场竞争中促进技术标准的形成与扩散推广。企业开展市场竞争的关键资源是知识资源，核心竞争力是知识竞争力。目前国内很多企业缺乏知识产权保护意识，导致合法知识权益受到侵害。因此，企业必须牢牢掌握技术标准的核心知识产权,实施知识产权战略,必要时形成技术壁垒排斥竞争对手,将企业标准上升为行业乃至国家标准,掌握技术标准的市场主动权和话语权。

六 设置市场用户反馈机制

企业技术标准化进程的信息交流并非单向传递,而是在迎合市场主流发展趋势、用户使用需求的双向互动过程中,达到技术标准化与知识管理过程的动态平衡。技术标准从开发、实施到推广,知识管理从创新、竞争到扩散,二者在整个周期过程中实现了价值链增值。因此,企业定期开展市场调研,鼓励用户参与技术标准制定,以市场和用户认可度反馈作为生产研发导向,影响消费者对产品服务的感知进而影响消费趋向,以知识创新绩效带动企业整体绩效提升。

第二章 技术标准化与知识管理的战略协同机制

在"标准化+"深入推进的现实背景下,知识、技术与技术标准三者之间不断融合,成为推动中国经济转型发展和体制改革的重要力量。《国家标准化体系建设发展规划(2016—2020)》最先提出"标准化+"的概念,要求充分发挥"标准化+"效应,加快标准化在经济社会各领域的普及应用和深度融合,为实现可持续协调发展提供坚实的技术支撑。中共中央、国务院印发的《国家创新驱动发展战略纲要》明确指出,实施知识产权、标准、质量和品牌战略,要及时将先进技术转化为标准。在此形势下,坚持"标准化+知识"战略恰好可将知识、技术与技术标准有机融合,伴随着知识流动渗透到社会活动各领域,使"标准化+知识"成为经济社会的普遍性要素。这意味着,发挥技术标准化与知识、主体之间的协同效应,对于完善标准化协调机制和优化知识资源配置而言具有重要意义。

第一节 "标准化+知识"战略要义

技术标准按照分类方法不同可划分为多种类型,且不同标准要求各方主体参与到技术标准化过程,因而充分发挥主体协同作用、建立有效的技术标准联盟显得尤为重要。"标准化+"战略联盟作为技术标准化过程的重要载体,在知识创造、专利集成、技术标准制定与扩散、产业化过程中起到重要作用。作为一种典型的联盟网络形式,技术标准联盟除了包含研发功能的技术企业和生产功能的生产企业外,还有配套性技术企业、政府、高校科研机构、行业协会等组织参与其中①。因此，技术标准作为社会化的演进过程，如何调动诸多主体共同参与标准建构，打破主体边界约束以提升"标准化+"联盟绩效，是本书的关注重点。

"标准化+"一词作为中国近年来提出的发展理念，学术界对其研究成果较少，就其概念内涵并未得出一致结论。郝永亮等认为，"标准化+"是标准化工作在各行业强化的体现，是标准化与各产业相融合后更为有效的标准化工作形式②；金波指出，"标准化+"是将标准化借助"+"的形式融入并服务产业，形成"标准化+"的实际应用，有助于推动产业升级和经济结构调整③。因此，本书认为，在标准化工作原有基础上，凡是加入有利于提升标准化工作开展效果的要素，均属于"标准化+"的理论范畴。所谓"标准化+知识"战略，指的是技术标准化过程的诸多参与主体，注重在经济社会各领域发挥标准化与知识的交互作用，通过知识与技术标准的协同发展来实现利益最大化。

第二节 标准化与知识流动

一 知识流动

作为知识管理活动的重要组成部分，知识流动能够使标准知识实现由局部向普遍的转化。知识流动指的是基于一定转移机制，知识从知识源转移到接收方，接收方通过整合、吸收转化为自身知识，进而开展知识创新活动的过程④，具有动态性、制衡性、交叉性和增值性

---

① 李薇：《技术标准联盟的本质：基于对R&D联盟和专利联盟的辨析》，《科研管理》2014年第10期。
② 郝永亮、吴桂卿、綦伟：《浅谈标准化+》，《质量与认证》2017年第5期。
③ 金波：《"标准化+"服务产业的PDCA路径探索》，《中国标准导报》2016年第10期。
④ 蔡坚、杜兰英：《企业创新网络知识流动运行机理研究——基于系统动力学的视角》，《技术经济与管理研究》2015年第10期。

等鲜明特征[①]。

对于知识流动的过程划分，学者们大多将其分为知识获取、整合、应用、转移、扩散和共享等环节。在借鉴现有文献成果的基础上，本书将知识流动分为知识获取、知识应用和知识转移三个环节，并在"标准化+"情境下对知识流动的概念进行界定：知识流动，是指基于知识流动过程的各个环节，知识在参与技术标准化过程的诸多主体之间的转移与扩散，不同主体通过识别潜在标准化需求，进而形成技术标准以促进知识资源的合理配置。

学者们围绕知识流动开展的研究，多聚焦于特定情境下的影响因素、绩效评价、组成要素等层面展开，如 Zhang 将知识吸收能力、知识匹配度和行业开放度作为总投入，知识流动效果为总产出，以此实证分析了知识流动的影响因素[②]；Erden 利用生物制药公司的样本数据扩展了知识流动模型，证实知识流动会对企业绩效产生非线性影响[③]；吴悦等基于知识流动视角，从知识的共享、创造和优势形成三个阶段，探讨了产学研协同创新过程的协同作用[④]。而就主体联盟层面而言，多为探讨技术、创新、产学研联盟间的知识流动机制，尚缺乏知识流动视角下技术标准与知识的协同整合研究。技术标准化过程中不同参与主体之间的知识流动路径尚未明确，研究的理论深度仍需加强。

二 关系模型构建

技术标准化是一个循环往复的动态生命周期过程，本书将技术标准化动态生命周期过程分为开发期、实施期和推广期三个阶段，与知识流动的获取、应用和转移三个环节相匹配，以获取流、整合流、溢出流等知识流动组成要素为载体，实现技术标准与知识的协同转化，具体如图 2-1 所示：

---

① 许芳、徐国虎：《知识管理中的知识流动分析》，《情报科学》2003 年第 5 期。
② Zhang Wuyi and Xu Zhou, "The Identification of Knowledge Flow Influence Factors of Enterprises Based on Rough Sets", *Computing and Intelligent Systems*. Vol. 233, 2011, pp. 64-73.
③ Erden Zeynep, Von Krogh Georg, Sydler Renato and Klang David, "Knowledge-Flows and Firm Performance", *Journal of Business Research*, Vol. 67, No. 1, 2014, pp. 2777-2785.
④ 吴悦等：《知识流动视角下产学研协同创新过程的协同作用研究》，《兰州大学学报（社会科学版）》2016 年第 4 期。

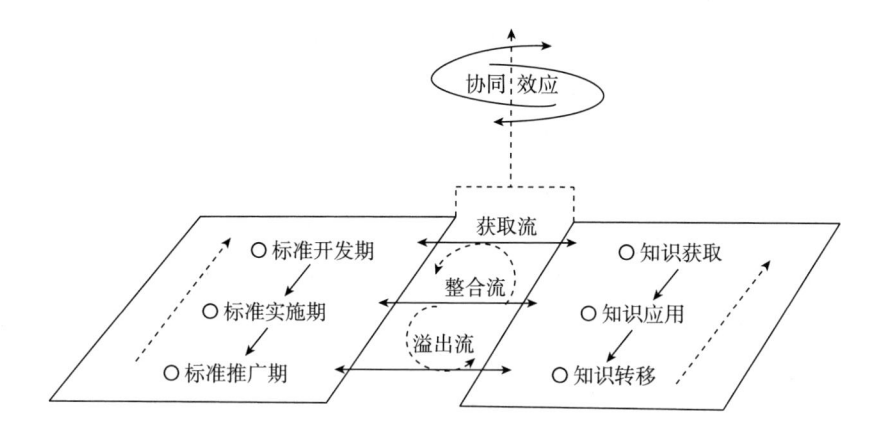

第二章　技术标准化与知识管理的战略协同机制

图 2-1 "标准化+知识"关系模型

（一）开发期——知识获取

该阶段作为技术标准化过程的起点，知识获取环节关系到整个技术标准化生命周期的发展态势，是技术标准化过程推进的原动力。技术标准化过程的知识获取，指的是标准化主体通过获取流来获得技术标准制定所需的知识，将其转变为技术标准制定的参考依据。

开发期始于标准化主体的技术研发，止于技术标准文本确定。各标准化主体通过知识获取来调动内外部知识资源为标准制定服务，结合知识存量积累来保证技术标准的可适用性，从而促进技术创新成果转化为技术标准，保障标准化工作有序开展。就知识获取环节而言，异质性主体充分掌握所需的标准成本、用户需求和市场前景等知识，能够确保技术知识专利具备先进性和适用性、技术标准性能成熟可靠。在此基础上，为知识流动的下一环节指明方向、提供知识应用的动力源泉。

（二）实施期——知识应用

该阶段作为技术标准化过程的过渡，知识应用环节关系到各标准化主体能否抢占先发优势，是技术标准的竞争优势来源。技术标准化过程的知识应用，指的是标准化主体通过整合流将技术标准知识进行整合并加以应用，从而促进技术标准化的快速实施。

实施期始于技术标准文本确定，止于标准的商用产品。企业作为标准化主体社会关系网络的中心，根据技术标准文本开发出相应的标准商用产品参与市场竞争。此时，知识应用与产品竞争相辅相成，成为企业获得竞争优势的重要支撑。因此，技术标准竞争的实质是知识应用的价值链竞争，谁能够应用标准化知识加快市场抢占速度、缩短技术标准实施周期，便可获得市场竞争的主动权。各标准化主体通过多元化渠道整合竞争情报信息，针对市场竞争态势采取相应知识应用策略，以提升组织生存发展能力。

（三）推广期——知识转移

该阶段作为技术标准化过程的关键，知识转移环节促使各标准化主体突破主体网络边界约束，是技术标准化生命周期进程的最终目标。技术标准化过程的知识转移，指的是基于溢出流建立标准化主体间的知识交互反馈机制，形成知识优势并维持技术标准的竞争优势。

推广期始于标准的商用产品，止于该标准完全退出市场。伴随着技术标准化的实现，产品和服务的市场竞争日趋激烈，标准化主体必须依托知识转移来努力维持其市场地位、保持技术活力以影响行业乃至国家标准的制定。正是通过知识流动的获取、应用和转移环节，技术标准化才成为与组织核心竞争力密切相关的要素，知识也得以更新和发展。这意味着知识转移能力越强，就越能够跨越组织界限促进技术标准创新。同时，依靠知识转移效能，为技术标准化过程与知识流动的下一循环周期奠定基础。

第三节 "标准化+知识"战略协同分析

一 行动者网络构成要素

技术标准化是行动者网络的复杂建构过程[①]，Latour 提出的行动者网络理论（Actor-Network Theory，ANT）为研究技术标准化过程的行动者网络提供了有效分析工具。譬如 Lee 以中国参与国际标准制定

[①] 裴涵：《技术标准化研究新论》，上海交通大学出版社 2011 年版，第 126 页。

为例，借助 ANT 从企业、行业联盟和政府层面分析技术标准制定过程[①]；田博文等从 ANT 视角探究了战略性新兴产业技术标准化的发展过程，解释分散行动者如何建构标准化行动者网络的过程[②]。虽然学者们运用 ANT 围绕技术标准化开展了一定研究，但聚焦于知识流动视角的成果缺乏。作为诸多异质性主体要素共同参与的建构过程，本书将从主体协同层面分析"标准化+知识"的作用机制，揭示关系网络的知识流动路径。

ANT 理论将行动者分为两类：人类行动者（个人、组织、团体等）和非人类行动者（物质、意识形态等），组织内部知识和外部知识在行动者网络的主体协同交互中，实现跨越组织边界的转移共享。诸多标准化参与主体充当行动者网络的"节点"，看似相对独立的节点彼此又交互错杂，致使不同行动者之间相互关联，构成庞大复杂的标准化知识关系网络。

如图 2-2 所示，按照在"标准化+知识"战略中的位置、角色和作用不同，可将行动者网络的参与主体分为核心行动者、主要行动者和共同行动者。其中，核心行动者位于行动者网络的主导位置，并通过与主要行动者的协同互动来开展标准化工作；共同行动者是指行动者网络中的非人类要素。三类行动者之间有机地联结组合，在技术标准化与知识流动的各环节发挥协同互动作用，促进知识、技术、技术标准与社会融合，形成正反馈的网络效应。

（一）核心行动者——企业

企业作为市场活动的主体，必须具备持续性的知识流动能力。在高技术产业如以信息技术为代表的新兴行业，凭借领先的技术规范、产品或服务占领市场份额，基于知识流动各环节将企业的事实标准上升为行业标准，进而掌握整个行业乃至国家标准制定的话语权。此

---

① Lee Heejin and Oh Sangjo, "A Standards War Waged by A Developing Country: Understanding International Standard Setting from the Actor-Network Perspective", *Journal of Strategic Information Systems*, Vol. 15, No. 3, 2006, pp. 177-195.

② 田博文、田志龙、史俊：《分散的行动者与物联网技术标准化发展战略》，《科技进步与对策》2017 年第 1 期。

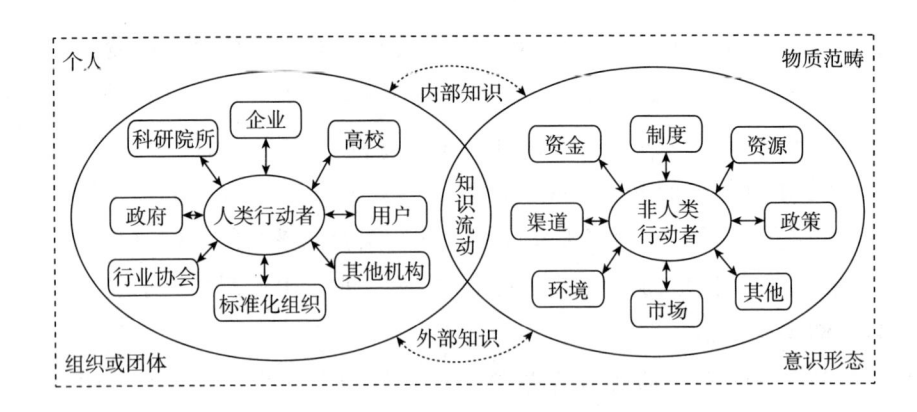

图 2-2　行动者网络构成要素

外，企业主要利用经济决策领域的知识资源，整合各来源渠道的知识流作为企业标准化决策的参考依据，实现知识资源的经济价值。

（二）主要行动者——政府

政府作为官方的标准化组织，通过相关法律政策、制度规范等知识流来制定正式标准，限定传统行业的标准进入门槛，以此作为规模化生产经营的依据，为企业参与市场活动提供支持。显然，政府代表公共治理领域的知识资源，由于不同区域、行业间的资源分布存在差异，政府主要是从宏观层面促进知识流动，努力达到知识资源配置的理想状态，充分发挥法定标准的示范效应，保障标准化工作顺利开展。

（三）主要行动者——用户

公众是技术标准形成的社会基石，无论是正式标准还是事实标准，知识流动的终端目标群体都是消费者。政府和企业以用户使用习惯为出发点，以满足用户需求为目标，所以用户同样会影响技术标准的形成及知识流动效果。需要注意的是，用户代表社会需求领域的知识资源，对技术标准及相关产品的使用偏好、消费习惯，皆会成为知识获取环节的获取流。相应地，企业开发以用户为目标使用群体的技术标准，在与用户知识获取、应用的互动反馈中，实现知识资源的社会价值。

(四) 共同行动者

由技术标准化的生命周期过程和知识流动的各环节出发，共同行动者在不同的协同匹配阶段中会产生不同影响。以成本为例，各行动者会根据成本来选择和调整技术标准，获取知识的手段和途径取决于成本高低。资源不仅会影响技术标准化进程的发展态势，还会决定行动者网络间的知识流动趋势，因而必须重视共同行动者在网络中的联结作用，确保实现"标准化+知识"战略的预期目标。

公司管理者和公共决策者更有效地影响知识流动效果[①]。实施"标准化+知识"战略，一方面，需要充分调动异质性主体参与标准知识管理的工作积极性，形成有效的利益协调机制，拓宽主体的参与途径；另一方面，异质性主体能够规范技术标准化过程的知识流动环节，为标准化知识提供自由流动的关系网络。依据 ANT 理论的分析框架，本书尝试概括了"标准化+知识"战略的组成要素，并从分析"转译"过程的四个阶段入手，如表 2-1 所示：

表 2-1　　　　　　　　　　行动者网络要素

行动者网络		主要内容说明
要素	行动者（Who）	人类行动者、非人类行动者
	场域（Where）	地方性、普遍性
	情境（Context）	文化、技术、地域、法律等
行动者网络分析	问题化	核心行动者确定知识获取渠道，识别市场需求，假定各方主体联盟接受的利益诉求
	兴趣化	借助知识资源，通过各种方式、手段，说服其他行动者参与技术标准化知识联盟
	招募	主要行动者和共同行动者接受相关利益，加入"标准化+知识"行动者网络
	动员	基于行动者网络建立主体间的标准化知识流动契约，行使合法权力参与联盟行动

---

① Appleyard Melissa M, "How Does Knowledge Flow? Interfirm Patterns in the Semiconductor Industry", *Strategic Management Journal*, Vol. 17, No. S2, 1996, pp. 137–154.

二 知识流动路径

由"标准化+知识"的协同机制分析可知,不仅标准化与知识是协同互动的周期循环过程,行动者网络的主体层面同样存在协同交互。知识流动强调知识活动过程,是技术标准化的风向标;技术标准化重视结果,对知识流动起到反馈作用,其流动路径如图 2-3 所示:

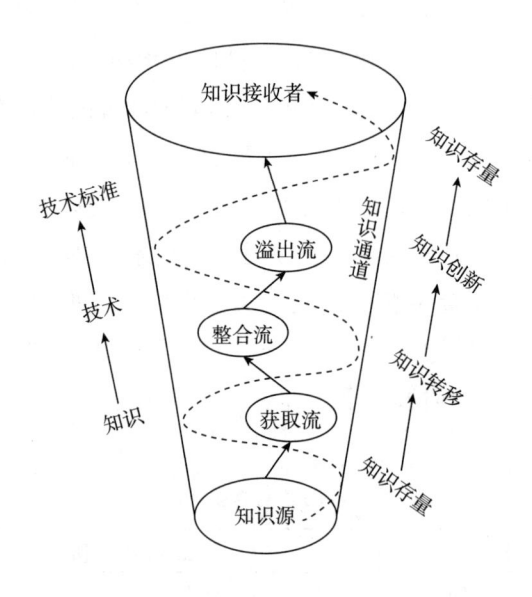

图 2-3 "标准化+知识"的知识流动路径

(1)知识流动是行动者网络中标准化主体协同交互的基本方式。标准化知识从知识源进行输出,通过获取流、整合流和溢出流等组成知识流动通道,到达知识接收者,实现标准化知识的转化。从知识通道来看,既包括核心行动者,即企业内部各部门之间的知识流动,又包括核心行动者与网络外部行动者,如与政府、公众、其他企业间的知识流动。行动者网络的各主体密切联系、相互影响,企业作为关键节点必须要兼顾内外部的知识流动,以期发挥知识资源的协同交互作用。

(2)"知识—技术—技术标准"是标准化与知识协同互动的重要转化路径。一方面,知识是技术形成的基础,知识资源是影响技术演进的根本动力；另一方面，技术是技术标准的本质内容，先进的技术标准会促进技术革新。首先，企业充分了解所处的社会关系网络态势，通过获取内外部知识以降低信息不对称，选择有价值的知识开展研发创新活动，使知识资源保持最佳配置状态；其次，知识转化为企业的核心专利技术，制定企业事实标准并指导生产经营活动；最后，通过竞争抢占市场份额，企业赢得技术标准的话语权和主导权，促成标准化知识由核心企业向整个行业的扩散转移。

（3）知识流动促进行动者网络主体的知识存量增加。"标准化+知识"的标准知识存量实现由局部向普遍的转变，调动各方主体参与技术标准化过程，有机连接了知识流动的各个环节。但是，各环节不可避免地存在"溢出效应"，如何充分发挥溢出效用为标准化工作服务，成为开展标准化工作所面临的现实问题。复杂的标准化行动者网络决定任何主体都不可能成为知识流动的旁观者，在原有知识存量的基础上，组织将自身的部分非核心知识进行转移扩散，同时基于合作、竞争关系吸收其他组织的知识，通过知识创新转化为新知识，增加组织原有的知识存量，从而提升主体间的标准化知识联盟能力。

三 战略矩阵构建

中国的技术标准已从政府主导转向企业自主制定，标准的市场化特征越发明显。标准化行动者网络由复杂的异质性要素联结而成，企业只有打破技术标准壁垒、促进知识跨组织流动，才能有效掌握技术标准制定的主导权和话语权。因此，本书以技术标准化与知识流动能力二者的发展匹配程度为依据，构建得到"标准化+知识"战略选择矩阵，并分析了各战略的主要目标和考虑要素，如图2-4所示：

（一）先导型

高技术标准化、高知识流动能力。知识资源决定企业的资源利用和配置效率，单个企业或者企业联盟在确定技术标准化、知识流动目标的基础上，为了形成符合市场趋势和用户需求的技术标准，调动内外部知识资源为标准化工作服务，提高知识流动效率以促进知识存量不断积累，促使知识溢出从而开发出先进适用的技术标准专利，采用保护手段抢占市场份额。

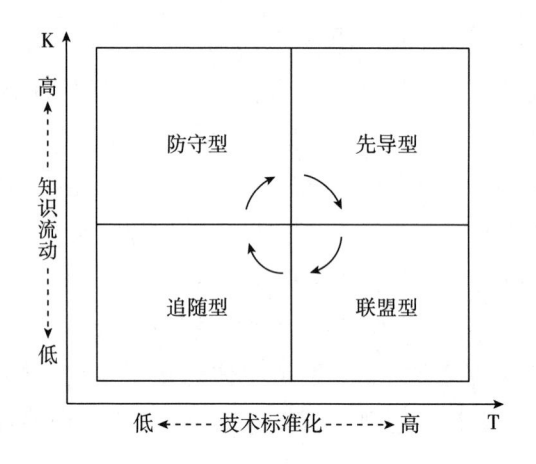

图 2-4 "标准化+知识"战略选择矩阵

（二）联盟型

高技术标准化、低知识流动能力。由于单个企业的知识、技术、资金等资源存在局限性，通过与其他主体形成战略联盟，既能取长补短，实现知识资源的合理配置，又可以降低企业的技术标准开发风险。知识应用环节所开发的技术标准专利，通过知识流动成为商用的标准商品，各主体共享专利并共同参与技术标准推广，实现协同价值。

（三）防守型

低技术标准化、高知识流动能力。当企业面临其他企业、联盟的进攻，导致自身技术标准化进程受到阻碍时，通过运用技术知识专利捍卫合法权益等进行主动防守的策略。企业的主要任务是维持市场份额和影响力，保持知识流通渠道畅通。化被动为主动，将外部知识内化为企业自身的知识，改进产品工艺流程进而促进技术标准升级，把握技术标准的演化方向。

（四）追随型

低技术标准化、低知识流动能力。由于企业在行动者网络中所处的位置相对落后，技术研发、知识流动能力欠佳，因而只能采取跟随核心企业的策略，将领先的行业标准作为生产经营活动的依据。并且，通过紧跟标准的市场发展趋势来降低知识流动成本，增加现有的知识存量，以便在激烈的市场竞争中获得技术标准的长远利益。

第四节　大数据驱动下的新趋势

在知识经济时代背景下，大数据已上升为国家战略，党的十九大报告明确指出"推动互联网、大数据、人工智能和实体经济深度融合"，习近平总书记也作出"大数据是信息化发展的新阶段"这一重要论断。党的二十大报告将网络强国和数字中国作为未来五年的发展重点，亦为大数据产业指明了发展方向。通过强化大数据标准化研制，对于加快技术与标准融合，推动国家大数据产业进程和实施国家大数据战略具有重要意义[①]。因此，针对大数据带来的新特点、新变化，有必要结合知识管理理论对技术标准化的知识管理工作重新进行认识和定位。

一　大数据驱动下的技术标准化演化进程

依据生命周期理论，技术标准化是包括技术标准形成、实施和扩散的生命周期过程[②]。学者们对其阶段划分的观点趋于一致，因此本书将从标准制定、实施和推广的三个阶段，探讨大数据对技术标准化生命周期进程产生的影响。

大数据具有明显的"4V"特征，即 Volume（规模性）、Variety（多样性）、Value（价值性）和 Velocity（高效性）。具体来说，指代的是数据体量巨大、数据类型繁多、价值密度低、处理速度快。大数据环境下，这些特征会潜移默化地影响到技术标准化进程，使企业标准化知识管理模式面临转型，所表现出的具体变化趋势可从以下方面进行归纳分析，具体如图 2-5 所示：

[①] 韩晶、王健全：《大数据标准化现状及展望》，《信息通信技术》2014 年第 6 期。
[②] 李保红、吕廷杰：《技术标准的经济学属性及有效形成模式分析》，《北京邮电大学学报（社会科学版）》2005 年第 2 期。

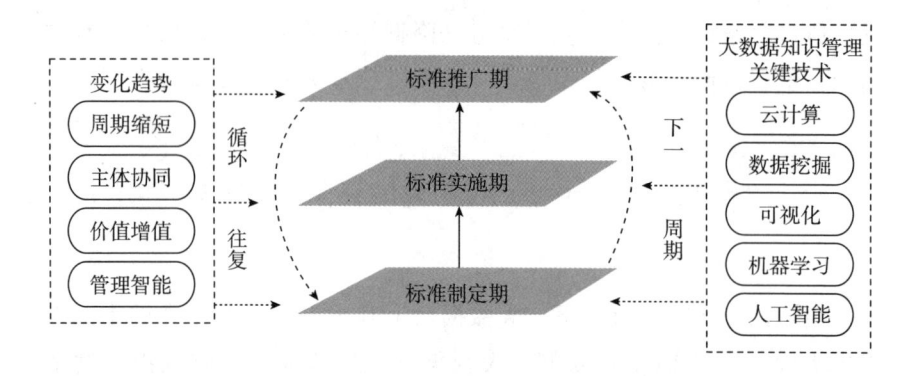

图 2-5　大数据驱动下的技术标准化演化进程

（一）周期缩短

标准化数据价值随着时间流逝而逐渐降低，对技术标准化周期进程的效率提出更高要求。具体而言，快速变化的大数据环境促使企业技术标准化生命周期演进过程的各个阶段均发生了变革，技术标准化知识管理的需求也不断升级，使得企业对市场发展趋势、用户需求有了更深层次的把握。同时，大数据集标准需求确定、数据获取与组织、大数据标准知识分析挖掘、数据推广应用、评价反馈等功能于一身，云计算也为技术标准化进程提供多种可选的最优处理方式。因此，在各阶段中企业的弹性应变能力得以提高，缩短了技术标准生命周期。

（二）主体协同

企业是技术标准化知识管理的主体，推行技术标准化为企业核心竞争力提供源泉。大数据环境下任何标准化主体都不是旁观者，企业内外部的知识信息通过各种渠道快速传播扩散，倘若不对这些知识资源加以规范利用，便会影响技术标准化知识管理的资源配置效率。因此，在大数据信息化应用平台基础上，建立以"企业为主体、政府为指导、市场为引领、用户为反馈"的技术标准化主体协同作用机制，挖掘主体间隐含的复杂关联信息，才能最有效地利用和发挥知识资源价值，实现大数据知识资源在各领域的全样本共享。

（三）价值增值

大数据将技术标准知识成果扩散为全社会的广泛使用价值，从政府、企业到社会公众扩大了覆盖的主体范围,虽降低了价值密度,但知识价值总量却呈几何级数增长。一方面,企业利用丰富的大数据资源建立自身的标准知识数据库,将知识资源转化为技术标准化知识管理过程所需的知识信息,为企业的战略决策提供精准支持,实现了经济价值;另一方面,大数据改变了社会公众的标准知识观念,其可视化功能使企业在与公众的互动反馈中了解其使用习惯,数据挖掘技术使企业轻松掌握大数据标准知识的应用程度和水平,挖掘各类有价值的标准知识,推动了社会价值的实现。

(四) 管理智能

"互联网+"大数据时代,人工智能的普及应用逐渐改变了传统的技术标准化知识管理模式。由大数据技术标准化知识管理系统替代人的智慧来推进技术标准化进程,实现模拟人类思维的重大技术突破,将人类从低端的标准知识整合积累中解放出来,转而从事高端的标准知识研发创新工作。借助人工智能实现大规模使用推广,规范了技术标准化知识管理模式,促进全行业范围内技术标准知识的与时俱进、更新换代,实现技术标准化知识管理流程的智能化。

二 大数据驱动下的知识管理对象

大数据时代,知识管理的鲜明特征便是知识"碎片化"。企业若要提高技术标准化知识管理能力,首要任务便是需要在技术标准化进程中准确识别知识管理的对象。知识管理对象包括显性知识和隐性知识两类,但面对大数据环境的不确定性、风险性,准确分辨二者界限对企业而言难度较大[1],企业通过对知识获取、积累、整合等方面的动态管理随之成为技术创新决策的重要保障。

依据知识管理的相关理论观点,对于知识管理的过程划分,学者们大多将其分为知识获取、整合、应用、转移、扩散和共享等环节。在借鉴现有研究成果的基础上,本书将知识流动分为知识获取、知识积累和知识整合三个环节,并在"标准化"情境下对知识流动的概念

---

[1] 杨俊祥、和金生:《知识管理内部驱动力与知识管理动态能力关系研究》,《科学学研究》2013年第2期。

进行界定：知识管理是指基于知识管理过程的各个环节，知识在参与技术标准化过程的诸多主体之间的转移与扩散，不同主体通过识别潜在的标准化知识，进而形成技术标准以促进知识资源的合理配置。因此，本书从技术标准化知识管理流程所涉及的基本环节出发，与技术标准化生命周期进程的各阶段相匹配，以此作为知识管理对象并结合大数据关键技术来实现企业的精细化管理，具体如图2-6所示：

图 2-6　大数据驱动下的知识管理对象

（一）知识获取——制定期

企业技术标准化进程始于技术标准的开发制定，此阶段的知识管理对象主要围绕标准制定活动，主要包括用户知识、员工知识和技术知识。①大数据对标准化提出新要求，要求技术标准制定必须充分了解用户需求，以用户的使用习惯、实际需要等知识信息作为选择技术标准的重要参考依据，从而迎合市场发展的主流趋势；②大数据确保标准开发流程的规范合理性，要求建设专业的标准化人才从业队伍，利用员工积淀的工作实践经验，为技术标准开发提供支撑动力，保障所开发技术标准性能的成熟可靠；③大数据为标准开发提供了丰富的技术资源，要求企业基于大数据技术平台设施加快知识创新研发步伐。大数据可视化技术促进了对技术标准知识的吸收理解，致使技术知识可以为标准制定服务，将大数据技术知识融入标准制定的实践中去。

（二）知识积累——实施期

企业技术标准化进程快速发展于技术标准的实施应用，此阶段的知识管理对象主要围绕标准实施活动，主要包括市场知识、业务知识和知识资产。①大数据挖掘创新了标准化的商业模式并诱发不同行业标准需求的差异化，企业以制定的技术标准为依据，生产商用产品参与市场竞争。因此，积累市场知识对于企业获得核心竞争力而言具有重要的战略意义。②从标准化业务流程的规划、组织到管理制度，大数据为业务提供了全方位支撑。企业通过采取有效的业务管理措施积累业务知识，为技术标准实施创造条件。③技术标准实施以知识资产应用为前提，企业将创新研发的技术标准知识申请知识专利，并转化积累为自身的知识资产。同时，大数据云计算技术满足了数据存储、数据安全和隐私性的标准化知识需求，将标准大数据转换成知识，从而服务于企业的决策选择。

（三）知识整合——推广期

企业技术标准化进程成熟于技术标准的推广扩散，此阶段的知识管理对象主要围绕标准推广活动，主要包括资源知识、外部情报和组织记忆。①传统的知识管理模式由于数据匮乏，已无法适应大数据形势下标准推广的新要求。企业推行技术标准化的最终目标，便是掌握行业标准制定的主动权与话语权，整合内外部知识资源为技术标准化服务，尤其是借助丰富的数据资源提升技术标准影响力。②大数据信息化沟通平台不仅可以规范企业产品生产和标准应用，同时为企业获取情报信息提供了可靠渠道。依托数据化信息平台宣传技术标准性能，掌握竞争对手情报信息和标准知识来适时调整生产经营战略，加强知识与其他资源的整合利用。③大数据应用领域众多，存储技术复杂多样，为企业标准化知识库提供了可靠的留存载体。大数据标准知识库会根据企业与客户、市场间的多向互动反馈及时更新，为技术标准化下一演化进程奠定基础。

三　大数据驱动下的"标准化+知识"协同机制

依据自组织的协同学理论，技术标准化与知识管理是一个复杂的协同演化过程。技术标准化与知识管理是企业核心能力形成的重要手段，二者存在协同互动的作用关系。知识管理是手段，用来规范技术标准化过程中的知识活动；技术标准化是行为，用来实现知识创新专利到标准商业化的周期转化过程。知识管理以技术标准化周期进程为导向，企业采取系列知识管理活动提升技术标准化能力，以赢得市场竞争优势。与此同时，伴随技术标准化过程的推进深化了知识管理的内涵。

基于大数据驱动背景，建立以大数据信息化应用平台为支撑、以政府、企业与公众联盟为主体、以大数据运行为手段、以知识流动为载体的技术标准化知识管理模型，探讨技术标准化与知识管理的协同机制，结合标准化主体间的协同作用，可以实现社会经济效益的价值最大化。具体如图2-7所示，其关键组成要素如下：首先是基础层，在大数据信息化应用平台上，大数据运行可有效提取、分析企业知识管理的海量数据；其次是流动层，知识数据流作为媒介载体，在知识提供者与知识接收者的协同互动中实时双向流动，知识共享为技术标准化的知识需求指明方向；最后是驱动层，在有效利用数据资源的基础上，发挥大数据对技术标准化与知识管理协同互动路径的驱动力，实现技术标准化知识管理的战略目标。

(一) 基础层

"大数据+技术标准化"意味着在新形势下，传统知识管理的方式方法要进行相应调整。海量知识信息具有典型的数据密集型特征，如果单纯依赖传统的小数据分析模式，显然已无法满足大数据环境下用户动态性的知识需求。而大数据知识管理的重难点，在于如何发现标准化知识需求来持续推动知识管理演化，并以大数据为纽带促进技术标准化与知识管理融合。由上文转型期特征分析得出，大数据虽体量巨大且资源类型繁多，但因其处理速度快，可实现对标准化知识的精准管理。从"数据—信息—知识—智慧"的价值链产出可以发现①，技术标准化知识管理是以数据为初始形态，最终演化凝聚为经由标准化智慧所迸发出大数据的驱动力，这正是在数据搜集、积累、分析和应用四个阶段中产生的。

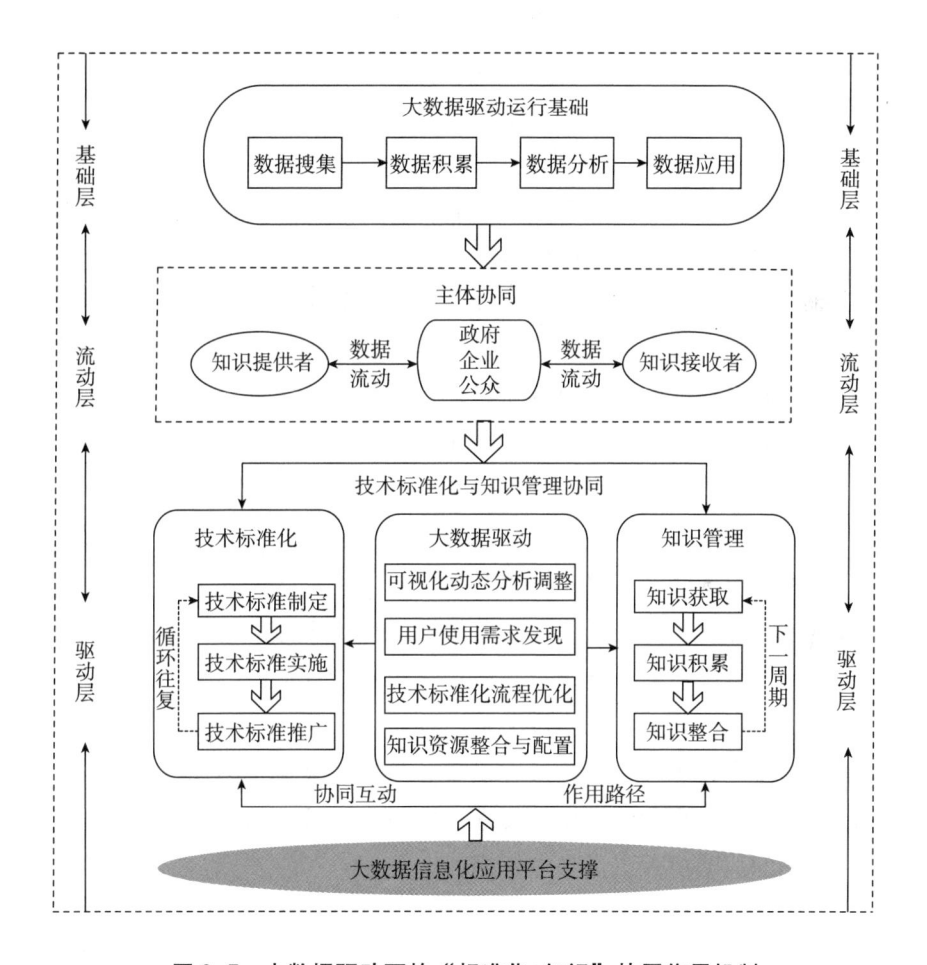

图 2-7 大数据驱动下的"标准化+知识"协同作用机制

1. 数据搜集

大数据可以弥补传统小数据集无法完整表达知识信息的不足，通

---

① 吴泽：《大数据时代知识管理的作用和方法创新》，《图书情报导刊》2016年第1期。

过对技术标准化的相关知识信息进行搜索，汇总得到包括显性、隐性的所有知识信息，其实质是获取标准化知识的资产化利益。数据碎片化时代，只有尽可能多地搜集数据信息形成海量样本，才能为数据的持续积累、分析奠定基础。物联网、互联网、云计算等大数据技术手段的应用，改变了原有标准化知识信息获取来源、处理手段的单一性问题，拓宽了标准化知识数据的来源渠道，直接提高了数据搜集效率。

2. 数据积累

大数据背景下技术标准化知识管理在实现企业经济价值的同时，对政府、公众同样产生了广泛的社会价值。企业在明晰知识管理对象的基础上，跨越组织界限阻碍，将内外部标准化信息相关的综合性知识统一纳入知识管理对象范畴，实现政府、企业与公众之间标准化知识互动流通的良性循环。通过知识吸收将与标准化主体相关的所有知识信息存储至自身数据知识库，以社会采集作为挖掘与分析的数据来源，平衡标准化知识水平。

3. 数据分析

搜集、积累的标准化原始数据类型复杂且质量参差不齐，通过运用大数据智能化分析技术，对知识数据库的技术标准情报信息和潜在价值进行挖掘，使其服务于技术标准化知识管理流程。具体而言，标准化知识管理的数据分析本质上是一种竞合分析，通过分析用户对技术标准的使用需求和市场的发展趋势，掌握竞争对手的标准化知识管理现状，加强标准化知识质量管理，进而形成可靠的文本报告，为技术标准化的战略决策提供参考依据。

4. 数据应用

标准化知识信息具有很强的时效性，必须及时、充分地与标准化实践应用相结合。推动大数据分析结果的实践应用关系到大数据驱动力的成效，是该过程所追求的最终目标。建立在了解用户行为、市场活动基础之上的标准化信息服务，坚持"一切用数据说话"的精细化管理，将标准化知识管理理念通过数据应用手段落地，直至技术标准满足用户需求、符合市场发展趋势，催生技术标准化知识管理活动的突破创新，为企业获得核心竞争优势保驾护航。

（二）流动层

技术标准化知识管理产生的广泛价值，决定了参与主体的不唯一性。企业、企业联盟、消费者、政府及标准化组织均会对技术标准化进程产生重要影响①。企业推行技术标准化参与市场活动，一方面要接受政府监管，规范自身生产经营活动；另一方面要以用户需求为出发点来制定实施技术标准，以占领市场份额谋取经济利益。因此，企业、政府与公众形成了技术标准化知识管理的主体联盟，既是知识提供者，又是知识接收者，以动态数据流为组成元素的知识信息在三者之间循环流动，降低了技术标准化知识管理的潜在市场风险。

1. 主体协同作用层面

政府作为官方的标准化组织，通过相关法律政策、制度规范来制定正式标准，限定传统行业的标准进入门槛，以此作为规模化生产经营的依据，为企业参与市场活动提供支撑；企业作为市场活动的主体，具备持续性的知识投入和创新能力，在高技术产业如以信息技术为代表的新兴行业，凭借领先的技术规范、产品或服务占领市场份额，进而将企业事实标准上升为行业标准，掌握整个行业乃至国家标准制定的话语权；公众是技术标准形成的社会基石，无论是正式标准还是事实标准，终端目标使用群体都是消费者。政府和企业以用户使用习惯为出发点、以满足用户需求为目标，因而从某种程度上讲，用户同样会影响技术标准的形成过程。

2. 大数据知识流动层面

在大数据环境中，知识提供者与知识接收者的界限逐渐模糊。在以企业为核心，政府和公众为辅的技术标准化知识管理体系中，协同互动作用路径必然涉及知识的流动和转移，各方主体间基于动态化、实时性的知识共享，知识管理过程的多向优化才得以实现。经过数据搜索、积累、分析和应用得到有价值的标准化知识，以数据流为载体

---

① 姜红、陆晓芳、余海晴：《技术标准化对产业创新的作用机理研究》，《社会科学战线》2010 年第 9 期。

在各方主体间循环流动、互为反馈，推动技术标准化进程的演化，共同实现企业技术标准化的战略目标。政府代表公共治理领域的数据资源，由于不同区域、行业间的数据资源存在差异，政府主要是从宏观层面整合大数据资源，努力达到资源配置合理的理想状态；企业代表经济决策领域的数据资源，主要是就不同来源渠道的数据进行整合，对数据进行分析挖掘，提取出有价值的知识作为企业标准化决策的重要依据，实现数据资源的经济价值；公众代表社会需求领域的数据资源，对技术标准及相关产品的使用偏好、消费习惯，都成为重要的大数据知识来源。反过来，企业开发技术标准以用户为目标使用群体，在与公众知识提供、接收的互动反馈中，实现数据资源的社会价值。

（三）驱动层

技术标准化与知识管理是企业核心能力形成的重要手段，二者存在协同互动的作用关系。以大数据信息化应用平台为支撑，依托大数据的强大驱动力，能够提升企业技术标准化知识管理能力，推动二者演化进程协调同步发展。

1. 可视化动态分析调整

作为重要的大数据应用技术手段，可视化技术近年来得到迅速发展广泛应用。可视化能够将标准化数据和信息转化为图形，影响着大数据知识的技术标准化进程。首先，可视化技术作为知识管理的重要手段，能够将数据知识、信息以生动直观的形式呈现给用户，促进知识吸收与理解；其次，可视化技术全面涵盖企业的标准化知识需求，能够准确发现企业技术标准化知识管理存在的问题与不足，促使企业实时调整生产经营活动；最后，可视化实现了对于标准化数据知识库的宏观掌控，促进了标准知识主体间的数据流动，优化了标准化知识管理流程。

2. 用户使用需求发现

大数据搜集、分析的数据集是以发现用户需求为来源渠道，大数据平台分析挖掘数据应用能力的高低，取决于用户需求满足的程度。面向政府、企业与用户主体间的知识流动性越高，越有利于捕捉用户需求，指引企业技术标准的开发方向。但大数据技术并非仅限于发现终端用户使用需求，而且还能将发现需求转化为引导需求、挖掘用户潜在需求，借以平衡主体间标准化知识管理的主动权，做到现有知识需求与历史需求的良好衔接、匹配，清除知识流动的障碍。

3. 技术标准化流程优化

技术标准化是从标准制定、实施到推广的生命周期过程，每阶段皆有其不同的知识管理侧重点，技术标准化流程价值评价的核心在于数据。大数据驱动的意义在于，通过数据的搜集、积累、分析、应用，能够在每阶段把控分析挖掘数据的质量，对数据质量提出要求并对其作出评估。通过大数据存储、挖掘技术的广泛应用，促使技术标准化流程发生变革和创新，保障了技术标准化过程实施结果的有效性，优化其知识数据的应用方式，充分提升标准数据的广泛性价值。

4. 知识资源整合与配置

大数据驱动下，知识资源的实际组成要素是数据资源，这是标准化知识管理的根本性资源。一般而言，知识管理从知识获取、积累到整合过程的整体实施效果，取决于知识管理对象的资源分布与配置情况。大数据实现了知识管理业务流程再造，而且知识创新改变了知识管理资源的传统分布架构，适应了智能化管理的新趋势。政府、企业与社会公众都是知识管理活动的参与者、引领者和推动者，大数据技术基于三者反馈互动的关系调度数据资源，在显性知识管理的原有基础上，提升隐性知识管理下的资源配置效率，为技术标准化工作提供有力支持。

四　基于大数据驱动的保障措施

大数据驱动作用背景下，技术标准化知识管理的动态周期过程在各方主体的数据流动过程中得以实现。从技术标准化与知识管理协同互动作用角度来看，知识流动与标准更迭已成为常态，大数据的动态复杂性对知识管理、技术标准化提出全新要求。因此，借助大数据驱动力，发挥技术标准化与知识管理的协同互动效用，对于提升政府公共领域治理效果、实现企业经济领域经营利润、拓宽公众社会领域应用范围等具有重要现实意义。

技术标准化知识管理是一个动态复杂的周期性过程，是需要调动社会各方实体广泛参与的集体行动。基于上文对大数据驱动下技术标准化知识管理模型构建的分析，结合大数据驱动对技术标准化、知识管理产生的影响，本书从政府、企业和公众等主体的协同互动层面出发，探讨了技术标准化知识管理的保障措施，以期对相关主体的决策提供参考依据。

（一）政府层面

发挥政府的干预和扶持作用。政府作为技术标准的掌舵者，要从宏观角度提供系统性的战略发展规划，引导技术标准化知识管理的演化方向，实现知识资源的合理配置。同时，技术标准化知识管理效果取决于大数据产业的发展水平，政府要加快出台相关法规政策来扶持企业大数据标准化应用，消除知识流动的跨区域、跨行业、跨文化等体制性障碍，以先进的大数据技术手段带动知识管理整体水平提升。就中国市场发展现状而言，高新技术企业尤其需要政府给予资源扶持，提供如新材料新能源行业发展所需的资金、生产设施，以促进技术标准化知识管理模式的更新换代，借助大数据集聚效应促使中国产业结构优化升级。

（二）企业层面

发挥企业的主导作用。企业作为技术标准的开拓者，要加快大数据驱动与技术标准化、知识管理融合的步伐，充分利用大数据资源为技术标准化知识管理服务。在动态复杂的市场环境中，以大数据技术信息化应用平台为支撑，加快大数据关键技术领域的突破式创新，并对企业技术标准化过程覆盖的知识管理对象实行精细化管理。通过知识获取、积累与整合，率先在整个行业扩散本企业的标准知识，引导整个行业技术标准化、知识管理的演化方向，从而帮助企业扩大市场份额、提升核心竞争优势。同时，企业作为政府与公众的数据流动中介，要尽可能减少信息不对称给知识流动带来的阻碍，形成知识管理联盟，共同开展技术标准化活动。

（三）公众层面

发挥公众的引导和促进作用。公众作为技术标准的使用者，要促进事实标准形成，并基于自身的知识积累和消费习惯，为技术标准化知识管理方向提供引导。事实上，技术标准的性能关系到用户实际使用感受，企业数据信息来源于用户的消费选择。因此，公众需要及时与企业沟通反馈技术标准需求，促使企业针对性选择技术标准开展生产经营活动。同时，用户知识作为重要的知识管理对象，应依靠大数据分析挖掘技术来分析用户信息、发现用户需求。借助数据检索技术融合海量用户数据信息形成知识库，使用户标准化知识需求在政府、企业主体间实现实时共享，维持用户消费选择的稳定性，实现数据流流动的社会价值。

第三章　知识创新成果与技术标准的协同转化机理

知识经济时代，随着技术的进步和组织知识管理的复杂化，驱动着组织管理的变革与创新。技术作为推动经济增长的重要动力得到快速发展，深刻改变了传统的标准体系和标准管理体制。据世界知识产权组织最新发布的 2022 年全球创新指数（GII）报告结果显示，中国已攀升至世界上最具创新性经济体第 11 位，排名连续十年稳步提升，位居 36 个中高收入经济体之首，在创新方面取得了突破性进展。面临创新发展趋势，企业要想在激烈的市场竞争中占据主动地位，就必须持续开展知识创新活动，开发、应用领先的技术，并上升为包含自身核心专利的技术标准。然而，当前知识、技术等资源与标准的现实应用尚存在脱节现象，如何有效调动知识资源为标准化工作服务，促进知识创新成果与技术标准的转化，成为中国经济社会发展面临的重要现实问题。

第一节　协同转化的时间演进过程分析

一　协同系统要素组成

知识创新是技术创新的基础，技术是知识创新成果在商业实践活动中的初次运用。同样地，技术标准是企业知识资源的有机组成部分，也是企业知识资源的精华所在，标准的产生与迭代符合知识转化的一般规律。因此，技术标准化实际上是知识创新的过程，即企业内生知识变量的外显化。企业核心竞争优势的提升，正是源于知识创新成果转化和技术标准化能力，二者相互影响、相互促进，而"知识—技术—技术标准"成为标准化与知识协同互动的重要转化路径[1]。知识创新成果与技术标准的协同演化过程的要素主要存在四种形式：知识创新成果、技术、专利、技术标准。首先，从知识创新与技术的关系来看，知识创新是技术变革的基础，为技术创新提供知识指导，是新技术和新发明的源泉，亦是促进科技进步和经济增长的革命性力量[2]；其次，就技术与专利而言，专利作为衡量技术创新与产出的重要指标，能够推动技术创新，并为社会经济的健康发展而服务；最后，专利与技术标准之间的联系日趋紧密，专利对技术标准的促进作用显著。技术标准逐步突破技术规范的范畴，朝吸纳一定专利技术的方向发展[3]。

目前，学术界一方面多集中探讨技术创新、技术标准的协同互动关系与形成路径，另一方面则围绕专利与技术、技术标准的作用机制展开分析，忽略了知识创新成果与技术标准协同系统的整体性，因而选取该过程的某一演化路径进行分析难免存在局限。如蒋明琳虽从协同要素的转化着手，构建了技术创新、专利、标准的协同转化模型，建立了协同转化的关键评价指标体系[4]，但仅探讨了技术、专利与技术标准三者之间的关系。实际上，知识创新是决定技术创新能否发生的前导因素，协同转化过程以知识创新成果为原点，并决定着协同转化这一过程能否真正发生。

追根溯源，协同学思想由德国知名物理学家哈肯率先提出[5]，旨在探究不同事物间的共性特征及其协同机理，即开放系统在外界物质、能量驱动和在子系统的相互作用之下，如何以自组织的形式达成

---

[1] 吴玉浩、姜红、刘文韬：《基于知识流动视角的"标准化+知识"战略协同机制研究》，《情报杂志》2018 年第 8 期。

[2] 王玉梅：《基于技术创新过程的知识创新运行机理分析与网络模型的构建》，《科学学与科学技术管理》2010 年第 9 期。

[3] 张米尔、国伟、纪勇：《技术专利与技术标准相互作用的实证研究》，《科研管理》2013 年第 4 期。

[4] 蒋明琳：《技术创新成果、专利、标准的协同转化机理研究》，经济管理出版社 2016 年版，第 58 页。

[5] 哈肯：《协同学》，原子能出版社 1984 年版。

时间、空间或功能上的有序结构①。该理论认为，自然界存有众多不同时间、空间跨度的系统，尽管其结构属性千差万别，但各系统均无法脱离整个环境而独立存在，系统之间实际上是相互影响、相互合作的。同时，每个系统均由若干子系统构成，其结构、行为和特征并非是子系统的简单加总。而且，子系统之间在一定条件下亦可产生协同作用，进而对系统发挥整体协同效应，使系统得以实现从无序到有序的状态转变。因此，依据协同学理论的观点，知识创新成果与技术标准的协同系统由知识、技术、专利和技术标准四个子系统组成，在外参量驱动和子系统的相互作用下，以自组织的方式形成时间有序结构的演化形态。基于此，本书构建了"知识→技术→专利→技术标准"的协同转化路径，将知识创新纳入时间演化进程，旨在打开知识创新成果与技术标准转化过程的"黑箱"，进一步明晰四者间的协同发展关系，具体如图 3-1 所示：

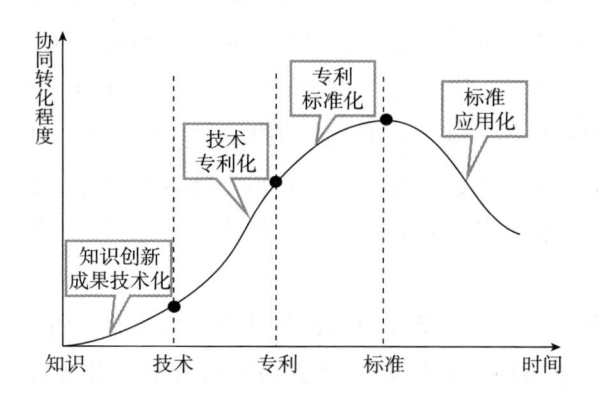

图 3-1 知识创新成果与技术标准的时间演进过程

二 时间演进过程分析

知识创新成果的形态转化作为一个连续跃迁过程，以实现知识创新成果效益最大化为目标，最终达到较高的市场化水平。"知识→技

---

① 王康、王晓慧：《产业技术创新战略联盟的技术竞争情报协同服务模式研究》，《情报科学》2018 年第 10 期。

术→专利→技术标准"的转化路径，沿时间轴遵循正向的协同演化轨迹，存在时间上的先后次序。该动态过程以知识创新成果为起点，经过技术、专利两个环节，最终转化为技术标准。与此相对应，知识创新成果经过了由"知识创新成果技术化→技术成果专利化→专利标准化→标准应用化"四个阶段所构成的连续递进过程。知识是技术、专利、标准得以形成和推广的前提，而技术、专利、标准是知识创新成果市场化、产业化的保障，其具体演化过程如图3-2所示。

（一）知识创新成果技术化

知识创新是一个循环往复、螺旋上升的过程，学者们对其研究较为细致深入，在借鉴相关研究的基础上[1]，本书将知识创新过程划分为知识获取、知识整合、知识共享、知识创造和知识应用5个环节。在该阶段，知识获取指的是各方主体在组织内外部通过多种渠道获得有价值的知识；知识整合是组织将获取到的众多知识进行筛选重组，使得组织内外部的知识得以转化，融合内化为自身的知识；知识共享是将知识自上而下进行交流分享，以促进主体之间知识的沟通与交换；知识创造要求企业有效融合新旧知识，拓宽现有知识存量的广度及深度；知识应用是知识创新的目标，知识最终为了解决企业的问题而服务，并转化为现实的应用价值。

知识创新成果主要包括原材料和产品，以及生产的技术和工艺流程，乃至组织的管理流程、方法。为了促使知识创新成果转化为先进技术，企业必须兼顾内部知识创造与外部知识吸收，既需要将自身内部的知识库进行重组，还要从外界环境及其他主体吸收有价值的知识，最终转化为知识成果产出。

（二）技术成果专利化

当今市场竞争日趋激烈，技术发展迅速、产品周期缩短，专利已成为企业获取市场竞争优势的重要手段。组织借助知识创新所积累的大量技术知识，开展系列基础性研发活动，形成了原始创新或突破性

---

[1] 叶英平、卢艳秋、肖艳红：《基于网络嵌入的知识创新模型构建》，《图书情报工作》2017年第7期。

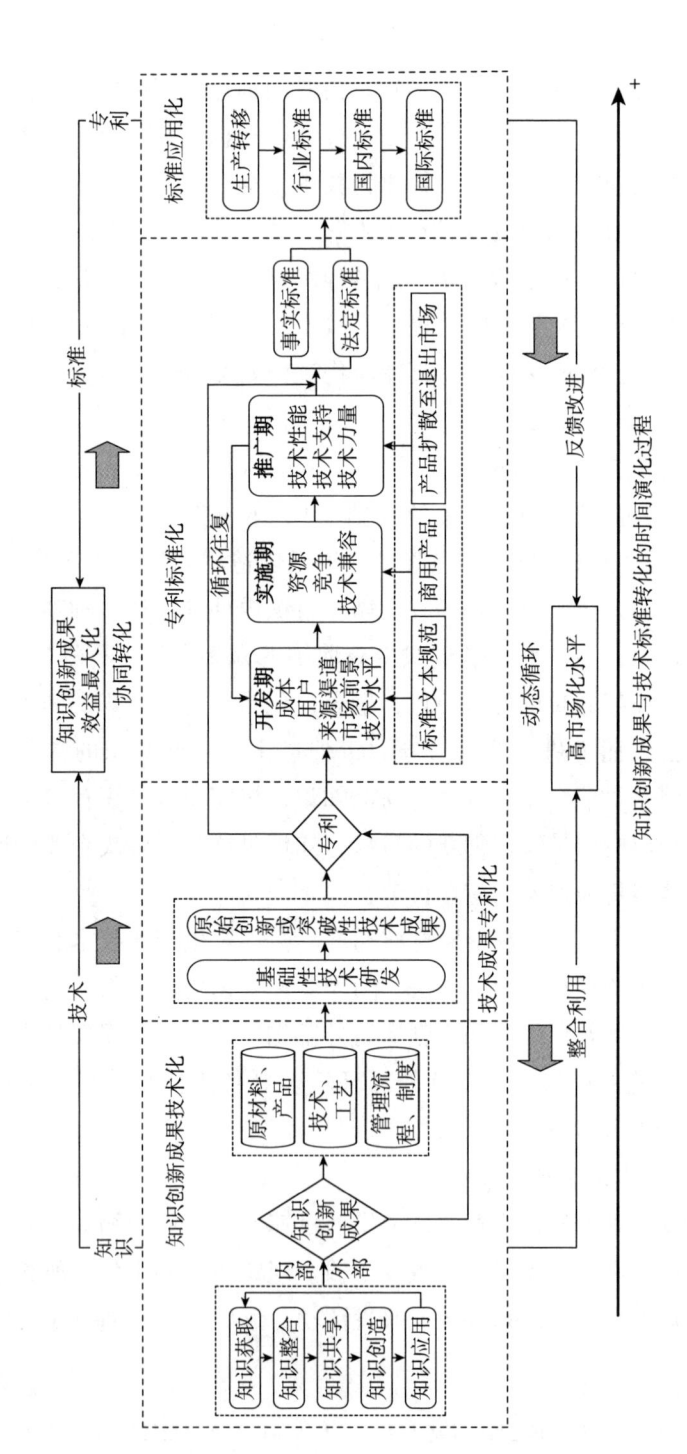

图 3-2 知识创新成果、技术、专利、技术标准的协同转化路径

的技术成果。通过将技术成果转化为专利，能够有效缩短技术投入周期、降低技术风险，发挥对于技术创新成果的保护效应。

技术成果能够反映企业技术水平的先进性，推动技术成果向专利转化，可使技术成果受到相应法律保护。企业拥有核心专利的情况，关系到市场竞争态势，影响甚至决定着技术标准未来的发展走向。故企业应重视技术研发，提高专利申请质量，从而形成专利技术壁垒来为标准形成奠定基础。

（三）专利标准化

专利与标准的融合发展，是保持标准活力与应对市场竞争的需要。推动技术由专利向技术标准转化，可以帮助企业赢得市场竞争优势，掌握市场竞争的主动权和话语权。按照专利演进路径的不同走向，可将标准分为事实标准或法定标准。事实标准是企业以核心专利技术进行产品研发投入市场推广，并基于市场和用户的选择不断优化改进专利技术，最终使其上升为事实标准；法定标准是由政府主导，直接将核心专利转化为法定标准，将其作为生产应用的市场活动准则。依据生命周期理论的观点，可将技术标准化动态过程细分为开发、实施、推广和应用等阶段，且呈现出一定的周期性规律[1]。

1. 开发期

该环节形成了标准文本规范。一项新兴技术专利转化为标准，企业须做出自主或合作研发的渠道战略选择[2]。同时，需要考虑所需的成本和投资回报率，并尽可能满足用户需求，让用户参与到技术标准的制定过程中[3]。此外，企业应选择具有广阔市场前景的技术标准，并不断提高技术标准的可靠性和适用性。

2. 实施期

该环节以标准文本为依据，生产商用产品。政策、资金和人际关

---

[1] 姜红、吴玉浩、高思芃：《技术标准化与知识管理关系研究：生命周期视角》，《科技进步与对策》2018年第13期。

[2] 王珊珊、许艳真、李力：《新兴产业技术标准化：过程、网络属性及演化规律》，《科学学研究》2014年第8期。

[3] Söderström Eva, "Formulating a General Standards Life Cycle", *Advanced Information Systems Engineering*, Vol. 13, No. 2, 2004, pp. 263-275.

系管理，都会对技术标准化过程产生影响。能否掌握技术标准的核心知识产权，关系到企业能否抓住潜在的市场机会。因此，企业应充分调动所掌握的知识资源，及时获得市场需求信息、减少信息不对称，适时调整原有技术标准[①]。

3. 推广期

产品扩散直至退出市场。伴随着企业技术标准化的实现，产品和服务的市场竞争日趋激烈，企业需努力维持其市场地位、保持技术活力。企业技术标准的推广和扩散，离不开与产品服务配套的资源服务力量。技术标准化的动态演进过程中，企业应不断优化产品和服务，采取创新激励，保持市场领先优势。

4. 标准应用化

知识创新成果与技术标准的协同转化，最终目标是为了提高企业自身产品和服务的市场竞争力，以实现利益最大化。伴随着产品的销售、推广和企业市场份额的扩大，技术标准的应用范围也随之拓展。企业将企业标准转化为整个行业的标准，实现整个行业内的标准垄断，进而由行业标准上升为国家的法定标准，实现国家层面的统一市场规范。技术专利持有人为了谋取更大利益，会进一步拓宽标准价值链，在全球范围内形成标准垄断，国际标准由此发挥支配作用。

总体而言，从时间协同层面来看，技术标准的生成过程，即是知识、技术、专利和标准等客体要素相衔接的协同转化过程，且呈现出"知识创新成果技术化→技术成果专利化→专利标准化→标准应用化"的生命周期运动轨迹。伴随着技术标准制定、实施和推广的阶段性演进，在该时间协同跃迁的动态变化过程中，各要素彼此之间相互关联、相互作用，促使知识创新成果完成了序变式转化，实现由暂时有序到无序的过渡、再上升至更高层次的有序循环，由此确保了技术标准的生成质量，并有助于实现技术标准价值链的最优化。

[①] Bergman Inger, Gunnarson Sven and Risnen Christine, "Decoupling and Standardization in the Projectification of a Company", *International Journal of Managing Projects in Business*, Vol. 6, No. 1, 2013, pp. 106-128.

第二节 协同转化的空间结构分析

一 协同转化场域的空间运行机制

知识创新成果与技术标准化的协同演化,并非是个体的孤立活动过程,而是与外界环境的交互过程。企业与外部各方主体基于企业内部创新系统,通过社会关系在外部形成交互式开放空间扩散网络。根据熊彼特创新理论的相关观点,社会关系网络是技术变革和创新的实现路径。引入社会学理论,剖析技术标准化的主体建构过程,分析各方主体共同建构空间的协同演化运行机制,可以更好地理解其社会关系特征和变迁路径。

区别于传统的技术标准理论视角,法国社会学家布迪厄提出的场域(Field)—惯习理论(Habitus),为把握中国情境下的技术标准化问题提供了一个崭新的研究视角,对于知识创新成果与技术标准化的协同关系研究具有重要参考价值。所谓场域,是在各种位置之间存在的客观关系网络,且场域中的位置附着在某种资本、权利之上,是相关行动者博弈互动的社会空间;惯习则是一个开放的性情倾向系统,可不断地随经验而变,且在这些经验的影响下不断强化、调整自身结构[1]。

知识创新成果与技术标准转化,两者间存在由知识向实践转化的关系,是场域、资本、惯习相互作用的产物,与场域之间的衔接密切相关。就本书情境而言,知识创新成果与技术标准的实践转化过程,是行动者在一定场域中凭借各自拥有的资本,在特定惯习指导下,为提高自身的场域位置以及资本的数量、质量所采取的活动。图3-3表明了场域中各方主体的空间组织形式及关系网络分布,由于布迪厄主张场域边界和惯习的"模糊",故采用虚线框表示场域边界。

---

[1] 乐国林等:《管理研究与实践的互动关系研究:基于场域与效能的探索》,经济管理出版社2017年版,第34页。

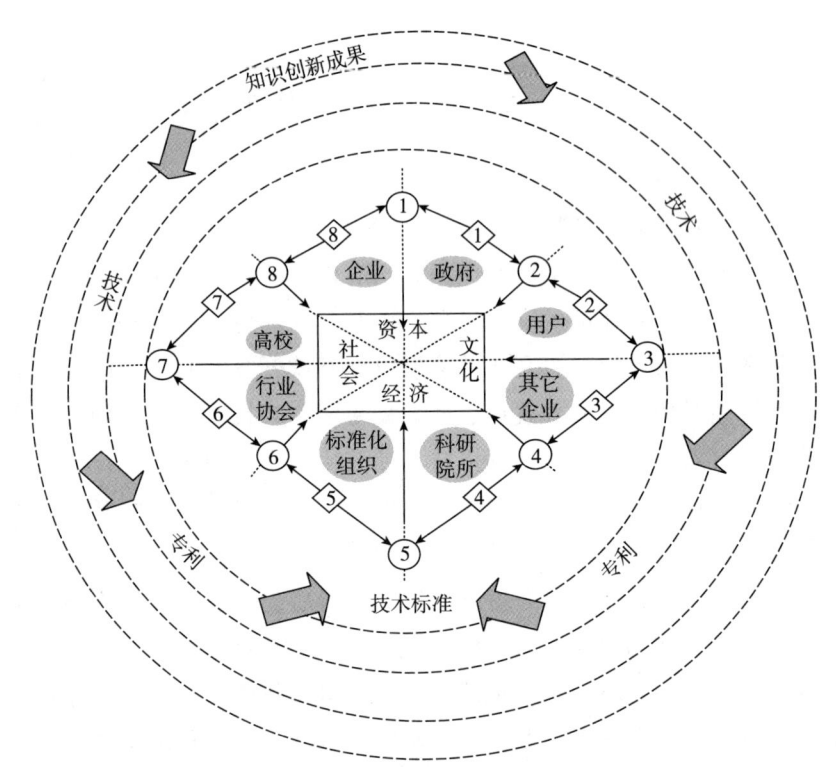

○：代表协同转化场域中的诸多行动者　◇：代表各行动者的惯习
→：代表资本间的争夺与惯习的作用

图 3-3　知识创新成果与技术标准协同转化的场域

(一) 协同转化场域的主体分析

众多异质性主体在场域中确定自身位置，并在权力结构关系中采取行动，继而引发场域结构的变革①。因此，场域作为相互支持、制约、竞争合作的整体，不仅要对场域中单个主体进行分析，也要对所有主体间的关联予以挖掘。如图 3-4 所示，协同转化场域组织层面的行动者包括企业、政府、用户、高校、行业协会、标准化组织及科研院所等主体，还包括个体层面的企业领导者、组织管理人员、员工、

---

① Lindell Johan, "Bourdieusian Media Studies: Returning Social Theory to Old and New Media", *Distinktion Scandinavian Journal of Social Theory*, Vol. 16, No. 3, 2015, pp. 362-377.

专家学者与咨询顾问等主体。依据国家法律法规、行业政策等场域规则，基于主体间权力利益的互动来调整、重塑市场关系和组织关系，谋求知识创新成果与技术标准转化所带来的社会经济效益。

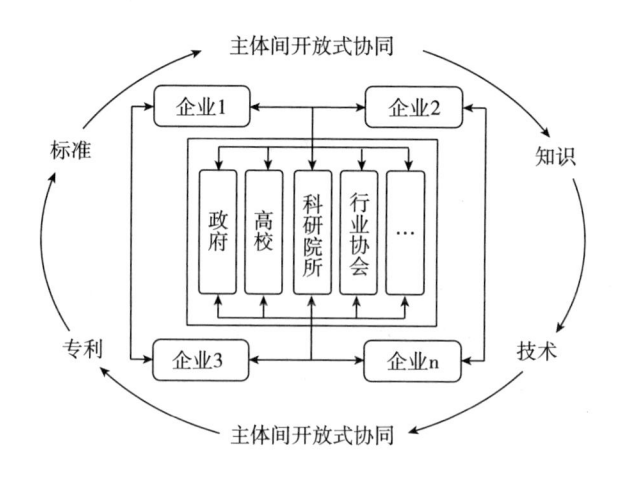

图 3-4　空间协同演化的多主体结构

一方面，企业作为协同转化过程中的主要行动者，尽管在场域空间处于支配地位，但政府作为场域游戏规则的制定者，为企业提供了开展生产经营活动的依据。政府的标准化导向能力、公共服务与管理水平，关系到企业市场竞争优势的获取，影响着企业在场域中所处的位置。另一方面，企业促使知识创新成果转化为技术标准，最终目标是为消费者所接受、扩大用户安装基础、获取市场份额。因此，能否实现用户价值、满足用户需求，关系到标准演化的前景走向。此外，场域内部主体之间的关系错综复杂，除了场域行动者主体要素，主体的外部环境与内部条件同样会影响场域的关系网络位置，如商业文化积淀、战略契机把握、技术的突破性与代继性等要素。

（二）协同转化场域的资本分析

协同转化场域是依附于某种资本形式的客观位置关系网络，由于技术标准的生成过程具有累积性，在分析主体间协同互动关系时，还需借助资本观念来考察场域内的资本积累和再生产效应，对其功能特性予以分析。究其根源，场域是由不同资本要素构成的社会关系空间，基于资本的利益交换是主体间协同合作的出发点。由于资本在场域内的分布并非是完全均匀的，占据不同位置的主体凭借标准化经验来争夺和积累相应资本，并在资本的融合转化中挖掘自身潜在的生产能力，以赢得更多战略决策选择。同时，资本利用和再生产也影响和塑造着场域结构，使得主体间的标准化互动更为活跃，从而不断拓宽场域空间和场域半径，所引入的新资本亦可为场域源源不断地注入活力。其中，协同转化场域的资本分为经济资本、文化资本、社会资本三种基本类型，具体要素组成、特征如表3-1所示。其中经济资本是最为有效的形式，三种资本之间可以互相转换，且最终都可转换为显性的经济资本。资本的相互转化与增值既是资本数量、结构、分布改变的过程，也会随之带来场域的位置与结构变化。

表3-1　　　　　　　　协同转化场域的资本构成

资本种类	要素组成	特征
经济资本	资产、利润	显性
社会资本	社会声誉、关系网络、社会地位	隐性
文化资本	人才资本、企业文化、品牌、资格认定、行业影响力	

"场域结构→资本竞争→策略"是协同转化场域运行的动力机制，技术标准的协同演化依靠场域内的资本变迁得以维系，资本力量制衡是生成技术标准的先决条件。在社会建构空间里，由于场域内资本类型的差异性、组合方式的不同，造成资本结构中标准行动者的位置和潜在处境不同。一方面，场域内的资本存量越大，所催生的技术标准价值链效益也就更为可观。在资本作用下，嵌入标准化工作的知识吸收与扩散的速度显著加快，这有利于形成合理有序的场域秩序和规则，并可优化场域内的资源结构及分布状态，使整个场域保持较高稳定性。另一方面，拥有不同资本的行动者所扮演的角色不同，场域内所累积的资本质量越高，就越能够调动主体的参与积极性。借助一定的链接渠道，主体所占据的位置也可得到改善，则围绕知识、技术、

专利和标准的互动对接就会越发精准，利益相关者之间就技术标准制定达成一致共识，知识创新成果和技术标准逐渐演化为一个有机整体。这促使协同转化场域空间的影响力不断扩大，技术标准生成演化的效率也随之提升。

（三）协同转化场域的惯习分析

惯习作为在协同转化实践过程中可预见、稳定的性情倾向系统，行动者在前反思的思维模式下，能够指导协同转化场域中行动者的策略，在行动者未实施策略之前事先指导主体的行为。场域结构潜移默化地决定着标准化主体的惯习策略，场域的制度、文化、规则、价值观的不同导致惯习有所差异。场域内部的协同转化过程中，各方行动者的相对独立和场域结构差异，导致新旧惯习不匹配和结构关系的矛盾冲突。

就场域主体的惯习而言，企业推动知识创新成果向技术标准的转化，通过标准的推广扩散，抢占市场份额、争夺经济资本，最终是为了实现利益最大化的经营目标。同时，企业无意识地采取利润惯习行为，不仅需要判断标准的潜在效益，还要考虑获得政府的扶持、用户的认可，在与其他企业激烈的资本竞争中占据有利的场域位置，以便尽可能赢得更多社会资本和文化资本；政府更多的是为行动者提供制度、规则要求的准则惯习，为企业间的资本争夺限定活动范围，为知识创新成果与技术标准把握正确的转化方向，一定程度上维持场域运转秩序，保持场域结构相对稳定；用户是技术标准转化的终端使用群体，通常采取使用惯习提升自身资本数量，当选择的技术标准无法满足使用需求时，便会谋求一个更好的位置和获得更多资本的技术标准平台，因而需要重点关注用户的使用黏性、使用惯习行为的稳定性。

面临知识经济时代的大变革，当前技术标准场域的碎片化、分散化特征越发突出，众多外部力量趋向于经由关系空间网络介入技术标准生成过程，以期改造和重构传统惯习来降低环境不确定性。一方面，就惯习的结构性功能而言，主体在场域内会逐渐形成技术标准生成模式的前提设定。该设定经由惯习使主体的资源状态和行为逻辑外化于场域，并在特定的标准化情境中自发地认可场域规则，使场域结构体系更为明晰化、具体化，从而形成合力来生产高质量的技术标准。另一方面，针对惯习的建构性功能，标准生成惯习会促动协同转化场域的构建。各主体在日常标准化工作中持续累积实践经验，深入捕捉和洞悉标准化发展趋势，由此不断强化或调整自身惯习，对场域予以反思和重构。

总体而言，从空间协同层面来看，技术标准的生成过程，亦是诸多利益相关者围绕资本和惯习的主体间协同互动过程。由于技术标准具有鲜明的多元、多源性，这就注定了单个主体在提供资源要素时难免产生局限性。通过建构多元协同的社会关系空间，群策群力来融合场域内多元化主体所持有的各类知识资源，恰好为技术标准生成创造了有利条件。这不仅为技术标准系统的自组织演进提供了强大的动力来源，并可使其在协同进程中始终保持高效运转，进而提升技术标准生成的正确性和时效性。

二 协同转化场域的模式分析

由上述分析可知，技术标准生成便是主体在特定场域内凭借所持有的资本，并在惯习牵引下为调节自身位置及获取特定资本而采取的能动性实践活动。协同转化场域为知识、技术、专利和标准之间的转化衔接提供了一定场所，而作为联结资本与场域的惯习则为主体的标准化实践提供行为准则，资本则是生产技术标准的动力源泉。因此，场域、资本与惯习之间的相互作用使生成高质量的技术标准成为可能。如图3-5所示，总体而言，协同转化过程是以高文化资本的知识创新主体向标准化主体转移为主。该过程以知识创新成果的文化资本为起点，以专利和标准为中介和桥梁，伴随着文化资本、社会资本、经济资本的相互转化和增值，形成场域结构和位置的变化。作为场域与资本间的渠道，惯习也会随之发生变化。

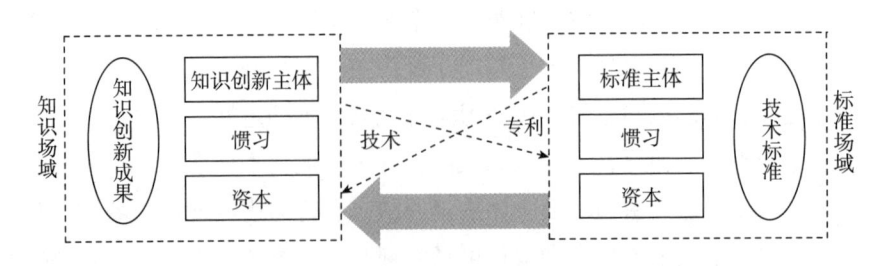

图 3-5 场域惯习下知识创新成果向技术标准转化的基本模式

加入场域的不同组织和个体均持有特定目标，凭借场域内的资本积累和惯习养成为技术标准演进给予有力支持，而技术标准生成目标的实现又为场域内的资本积累和惯习养成提供资源沃土和成长空间。因此，知识场域与标准场域主体在组织内部力量与外界条件的推动下，建立了"知识创新成果→技术→专利→技术标准"的联系。在知识场域，知识创新主体借助丰富的文化资本围绕技术知识开展创新活动，以便提高标准主体的推广效能。与此相对应，标准主体将生产经营活动中产生的显性知识与隐性知识等文化资本反馈传递给知识创新主体，开始下一周期的动态循环。知识创新主体吸收标准主体的文化资本后进行整合分析，充分调动知识库的知识存量，优化完善知识创新成果。最后，经过技术、专利的层层传递，知识创新成果返回到标准主体，并最终整合内化为自身资本。在整个协同转化过程中，惯习基于主体间的互动潜移默化地发挥交互作用，影响场域的结构和位置。由此，场域构建与技术标准生成演化始终维持着较为稳定的互动关系，实现了多源和全源的关联融合，如此循环往复，联结成为紧密联系、不可分割的有机整体。

三 惯习差异引发的障碍分析

协同转化的不同场域之间存在交叉关联，但同时也是一个充满冲突和竞争的社会空间。对各方主体而言，知识创新成果向技术标准的转化过程中，各场域间行动者固有的属性早已以惯习的形式内化为自身的一部分。由于惯习的倾向，行动者侧重选择与自身资源条件、过去经验相符的最佳匹配、实现成功的行为方式，而并非是有意识的计算和选择[1]。由于惯习的持久性、系统性和可转移性，当主体身处标准化场域中，却仍然固守知识场域中的既有惯习，因而不可避免地存在一系列障碍，导致惯习冲突的出现。

现实中，知识场域与标准场域之间存在割裂，分处多场域的惯习也存在差异，各方主体面临不对称、不稳定的场域结构时，会出现无

---

[1] Holmes Stephen, "An Invitation to Reflexive Sociology", *Educational Review*, Vol. 71, No. 4, 2019, p. 540.

法接受知识创新成果、技术专利等混乱情况，甚至出现互相排斥的情形。从非相容性的场域层面来看，知识场域主体往往考虑知识创新成果的先进性、技术性，一般不考虑对企业利润最大化目标产生的影响。而标准场域主体更多地是侧重标准的应用性、经济性，排斥那些不能增加经济效益的知识创新成果，仅选择有利于增加企业利润的技术专利，影响了两者协同转化的效果。惯习冲突导致标准的应用障碍，造成场域结构冲突，进而影响了场域之间的演化衔接。

第三节 闪联标准工作解析

一 案例选择

为了进一步明晰知识创新成果与技术标准的协同转化机理，根植于中国的技术标准工作实践，紧跟知识经济时代发展趋势，本书选取闪联标准予以实例验证。闪联作为源于中国的国际标准，是以闪联产业联盟（以下简称闪联）为载体来组织开展技术标准工作。闪联联盟发轫于2003年7月，是中国标准建设产业化发展最快、成果产出最多的标准组织。其中，闪联（IGRS）标准深耕信息设备资源共享协同服务领域，这是中国第一个"3C协同产业技术标准"，而闪联1.0所涵盖的7项技术标准也成为中国3C协同领域首个完整的ISO国际标准体系，有效填补了中国IT产业在ISO标准制定领域的空白。闪联标准的迅猛发展，与其高度重视技术标准工作密不可分。贯彻公平、开放和兼容的合作理念，闪联已与国内外众多标准组织建立了紧密的联系和合作，汇聚了大量优势科研院所和强势企业的资源，对其标准化工作产生了重要推动作用。目前，还未有以闪联标准为研究对象的技术标准协同研究。回顾闪联标准的19年发展历程，其技术标准生成路径与上文分析较为一致。因此，通过提炼和总结闪联标准的生成规律，对于中国标准化工作具有一定理论指导意义和实践应用价值。

二 闪联标准的时间协同

闪联标准从准备研制到落地实施历经十余年打磨,坚持有效整合联盟资源、采撷和利用技术标准参与产业竞争,是闪联矢志不渝的追求。为了构建面向未来的技术标准网络,培育资源共享、价值整合的联盟共同体,闪联围绕完整的标准化生命周期进程,从标准研制、标准运作试点、标准技术研发、标准产业化等各个方面洞悉国内外3C产业发展态势、了解相关技术标准的最新动态。

就时间协同系统要素而言,业界以往普遍采用相对独立的系统来简单共享外界知识资源,其功能发挥十分有限,难以满足移动互联网和智能终端市场快速发展所需。在新形势下,为了避免信息孤岛、重复和交叉研发所带来的知识资源浪费,闪联统筹规划其标准化流程,注重从智慧教育、智能家居、智能音频、智能家电等不同领域整合各方资源。在闪联标准所绘制的战略蓝图里,知识、技术、专利与标准是浑然一体的。为此,闪联推出"普适计算软硬件关键技术与应用"项目,基于云计算、物联网等基础性技术的普适计算平台,跨越了不同嵌入式系统的限制,将互联互通的终端设备数据整合为前后台应用服务信息,进而提炼为适用于各种终端内容、应用及服务的知识创新成果,使不同设备之间的数据、信息与知识形成协同联动态势,由此确立了闪联标准生成的基本方向,最终生成以智能互联、资源共享、协同服务为关键特征的闪联标准。同时,闪联还设立信息产业协会和信息技术工程中心来推动设备数据、信息资源、知识产权和技术标准之间的无缝衔接,以此推动技术标准发展进而获取利益,在此良性循环中闪联标准的产业化生态体系已然成形。

针对其时间演进过程,随着科技的高速发展,新产品和应用逐渐趋于成熟,用户在使用智能物联网设备时也催生了一些新的标准需求,促使现有的闪联标准体系增加补充新的知识,随之完成新一轮时间协同进程的演化,以支持更为安全可靠且具有多样性的产品、应用和服务类型。这充分契合了当前市场需求,可进一步促进3C产业发展,推动传统信息终端的调整与升级,孕育出闪联标准新型服务业态和巨大的市场空间。遵循"技术专利化、专利标准化、标准产业化"

的战略方针，通过打造与标准相配套的协同转化体系，闪联标准不仅在国内保持标准制定的前瞻性，还可精准把握行业走向和国际趋势。目前，闪联已成功注册"闪联"商标，发布各项标准近50项，推出联盟产品1000余种，展现出强大的技术标准创新实力。由此可见，闪联作为3C协同标准，其最大特征正是在于将众多领域内的知识、技术和专利相联结，从技术和市场需求出发，不断推动技术标准融合和升级，使闪联标准的制定和实施极具灵活性和创新性，才能在技术、产业、产品及体制等方面节节开花。

三 闪联标准的空间协同

互联互通的技术标准无法被某家企业所垄断，闪联致力于激励成员就技术标准进行协同推广，以此来联合发布技术解决方案，妥善解决品牌产品之间的关联性问题。面临技术标准背后激烈的利益争夺，仅追求标准制定并非是闪联的核心目标，更重要的是在研判利用知识创新成果的基础上应用和推广技术标准，形成高效的标准化经验积累，以便捕捉机会来谋求竞争优势。

围绕协同转化场域空间的组织形式，在3C产业融合发展机遇下，闪联作为一个关系纽带，将隶属于家庭、办公、个人移动等不同领域的各方成员相集结，共同制定标准来建立完备合理的空间组织体系，带动联盟成员实现群体突破，并使每个成员皆可按照标准价值链在场域内找到自身定位，通过主体协同显著提升了现有技术标准之间的互操作性和易用性。具体而言，在场域内部层面，闪联标准工作组下设策略联盟组、技术组、知识产权组、认证组及市场组等不同组织机构，联盟成员分为核心会员、推广会员、普通会员和观察会员等类型，使各主体在自身最为擅长的领域参与闪联标准工作，凭借组织结构创新发挥知识资源真正的服务价值；在场域外部层面，通过北京国际科技博览会、亚洲家庭网络标准委员会、美国CES消费电子展等海内外系列大型活动，闪联注重集聚场域情报优势来凝聚知识资源，持续改进和优化标准性能，确保自身在技术方面保持领军地位。近年来，闪联这一主体开放式场域已陆续拓展到中国台湾、日韩及欧美等地的一些国际知名企业，例如中国台湾骅讯电子、意法半导体、荷兰飞利浦及韩国 LG 电子等大公司纷纷加盟，搭建了广泛的技术标准主体协同互动网络，促使闪联在亚洲乃至全球的影响力不断提升，"中国硅谷"的品牌形象也早已深入人心。

从协同转化场域空间的组织过程来看，聚焦于闪联标准产业化这一核心目标，为了避免联盟成员之间的利益牵绊影响场域内的关系状态，闪联在技术标准工作中尽可能兼顾各方利益，致力于打造安全可信平台和构建标准化组织运营的场域新业态。在资本积累方面，作为一个开放的平台，闪联不予设置门槛。而且，闪联每年均会在 ISO/IEC 大会汇报标准相关的技术提案，得到 ISO/IEC 众多专家支持认可并通过国际决议批准立项，这对扩大闪联标准影响力而言意义深远，可吸引更多成员加入场域来参与闪联标准的制定工作，将其进一步凝结为生成闪联标准的强大资本力量。在惯习养成方面，闪联当前确立了会员级别、多样化许可条例及组织治理等场域规则，建立了一整套公开、透明的自律化场域运行机制，突破了主体间的组织界限隔阂，以期在最大限度上调动协同效应发挥。此举为一些企业和组织的知识产权成果提供了可靠保障，专利池内所披露的技术专利数量与日俱增。而且，依赖知识创新成果分享机制、平台激励机制、透明化投票表决机制和争议仲裁等决策体系，在场域内形成了清晰高效的分工和协调机制，借此不断创新技术标准生成模式，促进闪联协同转化场域的和谐健康发展。

总体而言，闪联标准的生成与演进是整个闪联发展的原动力，其实质是整合与协同。秉持数字 3C 协同理念，闪联以标准为纽带形成了大企业联合知识创新模式，借助成熟领先的运转体系制定并推广闪联标准，大规模、深层次地开展闪联标准工作并积极推进生成机制创新，踊跃开展标准化国际合作以抢占制高点，这正是闪联模式的成功之道。在加速推进标准国际化的进程中，闪联始终将知识创新成果作为技术标准生成的先决形态，并注重激发主体间的跨领域协同活力，顺应了技术标准的演化发展规律，恰好印证了建构在知识应用基础上的标准才能持续焕发生命力。其发展经验表明，标准要素时间协同是实现互联互通的重要抓手，多元主体空间协同是增强标准竞争力的有效路径，由此为闪联标准的规模化应用奠定了坚实的市场基础。由此，可从中归纳得到以下实践启示：

（一）协同转化的路径层面

面临错综复杂的环境条件变化，为了提高协同转化的效率和效果，应从知识创新过程的各环节入手，整合利用内外部知识资源，在更大范围内实现知识资源要素的互联共享，积极开展技术知识创新活动，获取核心专利技术，为选择最优的技术标准奠定基础。同时，为了满足日趋个性化、定制化和智能化的标准化需求，应增强技术标准评价的及时性和反馈性，通过最终转化结果来调整知识创新成果，从而实现知识创新成果与技术标准的紧密结合，解放知识生产力并不断丰富标准应用场景，解决知识、技术等资源与标准现实应用的脱节问题。

（二）场域惯习的主体层面

由于场域结构的不稳定、资本数量和质量的差异，导致主体之间存在惯习冲突与资本争夺。因此，应增强场域主体关系网络之间的转化衔接，建立知识创新成果与技术标准的良性互动平台，形成以知识创新管理为基础，技术、专利为组成要素的转化链条。为了充分释放主体的标准化活力，需要建立市场驱动、政府引导、企业为主、社会参与、开放融合的技术标准协同工作格局，就标准化持续深化主体间的全方位合作，这是实现标准化目标的重要路径。譬如企业是知识创新成果标准化的执行者，应积极寻求政府支持、满足用户需求，组建或加入场域的标准联盟，实现场域主体间的资本共享与优势互补，以保障场域空间转化机制的稳定。

（三）协同管理的战略层面

在协同理念指引下，知识创新成果转化为技术标准，转化为组织的经济效益，才能实现最终的市场化目标。技术标准活动强调以战略为导向，整合标准知识和标准化战略可为企业创造独特的竞争优势。立足新发展阶段，加快实施人才、专利、技术标准三大科技发展战略，积极推动学习型组织建设，健全科技创新人才激励机制，加强知识产权成果的运用和保护，将必要技术专利纳入技术标准，进而实现企业价值的增值，增强中国的国际竞争优势。进一步地，以知识创新引导标准化实践，提出特定标准匹配问题的解决方案，基于标准化经验积累提出相应的整体性技术解决方案，能够强化标准的实施应用，为企业可持续发展提供有力支撑。

第四章　基于专利分析的技术标准化能力演化

知识经济和技术经济环境下，由于市场竞争的激烈性和风险的不确定性，大大加快了技术标准更新换代的速度，企业的技术标准化生命周期不断缩短。探讨技术标准化能力演化过程以了解市场用户需求和技术标准发展态势，对于企业提高创新效率和培养核心竞争优势而言具有重要的战略意义。鉴于专利数量与专利信息的成长已成为大势所趋，专利分析工具的重要性也在不断加强。企业只有充分掌握信息情报资源才能制定科学合理的技术标准，而专利文献正是技术信息最有效的载体。据世界知识产权组织统计，专利文献中包含了世界上95%以上的研发成果。倘若能够有效利用专利文献，不仅可以缩短60%的研发时间，还能够节省40%的研发经费。因此，借助对专利情报的分析能够明确技术标准化演化过程的侧重点，有效判断技术标准化的行业发展方向，指导企业做出正确决策以提升其技术标准化能力。

第一节　专利分析与专利地图

一　专利分析

专利分析又称专利情报分析、专利信息分析，其概念最早由 Seidel 提出，指的是对专利文献中包含的技术、经济、法律等信息通过科学的加工、整理与分析，进行深度挖掘与缜密剖析，形成具有较高商业与技术价值的情报[①]。作为技术标准化的有效预测工具，专利分

---

① 方曙、张娴、肖国华：《专利情报分析方法及应用研究》，《图书情报知识》2007年第4期。

析可为技术标准化决策提供参考依据，是企业制定标准化战略和增强核心竞争力的基础和前提。Brockhoff 指出，专利包含着与技术发展和创新意图有关的规范化数据，并且是可以灵活使用的数据[1]，基于专利分析可以反映技术标准化演化过程的某些特点，因而专利已成为衡量技术发展水平和技术标准化能力的工具。专利分析作为企业获取技术情报的重要方法，实践中所采用的分析方法主要有定量分析法、定性分析法、拟定量分析法和专利地图法。

二 专利地图

关于专利地图（Patent Map）的研究最早由日本发起，通过将专利信息"地图化"，对专利文献中的各类信息进行挖掘与剖析，以图表形式将专利分析结果展现出来，为专利从业者提供及时全面的专利情报[2]。专利作为成熟可靠的技术标准化表现形式，体现了技术标准的性能和水平，体现出技术标准化对于企业核心竞争力的贡献作用。

国内的相关文献多是按照专利地图的不同类型，结合专利地图的不同分析方法对企业的发展状况、战略制定和机会预测等方面进行研究。从发展定位和战略布局层面来看，如武建龙等构建企业研发定位分析框架，以哈药集团为例从专利视角为企业的研发战略管理提供建议[3]；蒋贵凰等构建区域知识战略定位模型，以北京市为例对区域知识战略定位提供策略选择[4]；贾丽臻等从专利布局角度结合专利地图，构建四种模型简化企业专利布局设计流程，并选取某金刚石企业进行验证[5]。从机会预测层面来看，如王兴旺等构建了基于专利地图的技术预测体系，探讨了专利与技术预测间的联系[6]；金泳锋等通过分析整理专利地图

---

[1] Brockhoff Klaus, "Instruments for Patent Data Analysis in Business Firms", *Technovation*, Vol. 12, No. 1, 1992, pp. 41-59.

[2] 肖沪卫：《专利地图方法与应用》，上海交通大学出版社 2011 年版，第 3 页。

[3] 武建龙、陶微微、王宏起：《基于专利地图的企业研发定位方法及实证研究》，《科学学研究》2009 年第 2 期。

[4] 蒋贵凰、李艳、钟少颖：《区域知识战略定位方法研究——专利地图法的应用》，《情报理论与实践》2014 年第 11 期。

[5] 贾丽臻等：《基于专利地图的企业专利布局设计研究》，《工程设计学报》2013 年第 3 期。

[6] 王兴旺、汤琰洁：《基于专利地图的技术预测体系构建及其实证研究》，《情报理论与实践》2013 年第 3 期。

信息，分析技术创新风险的影响因素并对风险做出预测①。

基于以上文献成果梳理可以看出，当前专利地图的相关研究领域分布较为集中，鉴于专利地图在企业专利战略决策中扮演着重要角色，因而将专利地图与技术标准化相结合进行研究，剖析技术标准化能力演化过程的内在规律和机制，可以成为指导企业技术标准化研发方向的重要参考。

专利信息是技术标准化最为有效的载体，而专利地图可以清晰直观地展现企业的技术标准化能力，指明技术标准化的发展趋势，为企业的技术标准化管理提供决策支持和信息保障。常用的专利地图分析方法主要有：①时间变化趋势分析：依据时间变化对指标进行分析，了解整体的发展趋势；②重点技术领域分析：依据国际专利分类号对某一技术领域的专利进行统计，了解技术的集中分类；③技术生命周期分析：依据某一技术在不同时段内的专利申请数量与申请人数量之间的关系，了解该领域的发展状态。专利作为评价技术标准化能力的重要衡量依据，可以较好地反映出企业的技术标准化水平②。专利地图按照分析应用的不同层面，主要分为专利管理地图、专利技术地图和专利权力地图三类。

由于在企业实际经营过程中，各种管理与技术活动本就联系密切，所以各类型的专利地图并无法做到严格区分，难以界定某一地图的绘制用途是单纯满足管理需要，或是仅为技术开发而服务③，故需要结合技术标准化的具体情境选择相应的专利地图。

第二节 基于专利地图的技术标准化能力演化

一 技术标准化能力

企业作为技术标准化的重要参与主体，灵活利用各类专利情报信

---

① 金泳锋、唐春：《专利地图对技术创新风险的认知及预测初探》，《电子知识产权》2008年第7期。

② 潘扬：《专利地图及其分析方法》，《杭州科技》2011年第3期。

③ 张帆、肖国华、张娴：《专利地图典型应用研究》，《科技管理研究》2008年第2期。

息为技术标准化服务,通过渐进式技术专利研发积累,掌握技术标准化的市场话语权,能够提高市场竞争力,实现企业的经济利益,进而产生广泛的社会影响。国内外学者围绕技术标准化能力开展的研究,多集中于标准化能力指标体系构建、能力评价及提升对策等方面。关于技术标准化能力的指标构建与评价,研究主要涉及三个层面:一是企业层面,曾德明等从技术优势、技术标准制定和标准推广三个模块构建了企业技术标准能力的指标体系[1];伍燕妮等基于企业技术标准能力的内外部影响因素,构建了企业技术标准化能力评价的指标体系框架[2]。二是产业层面,王珊珊等从专利化、产业化和市场化三个方面划分了产业技术标准化能力的结构维度[3];孙耀吾等将基于R&D及协作、技术专利化、专利产业化和标准产业化能力的技术标准化能力链作为产业技术能力的主要测度指标[4]。三是区域层面,元岳采用因子分析法建立了四阶层框架结构的技术标准创制能力指标体系,其中包含潜在资源、活动能力和环境三个一级指标[5]。关于技术标准化能力提升对策的研究,贾晓等从企业技术标准化能力提升视角,从标准化组织机构建设、文件体系和标准化工作实施等方面对企业管理能力的提升进行分析[6];姜红等从积极和消极方面分析技术标准化与产业创新能力提升的相互作用[7];邹思明基于网络嵌入性社会资本,对如何开展技术多元活动以提升技术标准化能力决策提供参考[8]。

总体而言,技术标准已成为企业开展市场竞争来掌握主动权和话

---

[1] 曾德明、伍燕妮、吴文华:《企业技术标准化能力指标体系构建》,《科技管理研究》2005年第8期。
[2] 伍燕妮等:《企业技术标准化能力指标设定与测度》,《科技与管理》2005年第3期。
[3] 王珊珊、武建龙、王宏起:《产业技术标准化能力的结构维度与评价指标研究》,《科学学与科学技术管理》2013年第6期。
[4] 孙耀吾、胡林辉、胡志勇:《技术标准化能力链:高技术产业技术能力研究新维度》,《财经理论与实践》2007年第6期。
[5] 元岳:《区域技术标准创制能力评价的因子分析法》,《科技进步与对策》2010年第17期。
[6] 贾晓、魏敏真:《企业标准化能力提升探析》,《航空标准化与质量》2017年第1期。
[7] 姜红、陆晓芳、余海晴:《技术标准化对产业创新的作用机理研究》,《社会科学战线》2010年第9期。
[8] 邹思明:《网络嵌入性社会资本对企业技术标准化能力的影响研究》,博士学位论文,湖南大学,2015年。

语权的战略工具,相关学者对其已开展了一定研究,虽然构建了技术标准化的指标体系但尚未深入。因而本书结合技术标准化过程的动态生命周期特征构建技术标准化能力指标体系,以完整刻画技术标准化能力的演化过程。

二 专利地图与技术标准化能力

企业技术标准化能力的影响因素错综复杂,如何将技术标准化能力可视化,揭示企业技术标准化能力演化之间的作用关系,是企业参与市场活动所面临的重要现实问题。随着技术专利与技术标准日益融合,产业竞争规则正发生着深刻改变[1]。专利与技术标准化联系紧密,专利情报反映了技术发展的最新行业动态,是技术标准化情报的重要来源。如果泛泛采用专利分析工具对技术标准化进行分析,则研究往往缺少针对性。专利地图通过有效挖掘技术专利信息,总结并分析技术标准化态势和市场需求,能够为技术标准化指明发展方向,提升技术标准化能力,因而对于加快企业技术标准化进程具有重要意义。

作为重要的专利分析方法,国内外学者已从不同角度对专利地图与技术之间的关系开展了大量研究。从技术创新层面来看,Lee 等提出一种基于关键字的技术创新活动的专利地图分析方法[2];蒋玉石等从微观和宏观层面构建基于专利地图的技术创新分析框架,为技术创新工作提供支撑手段[3]。从技术竞争层面看,Chen 等创建了外观设计的专利地图,为企业制定技术设计战略提供借鉴[4];王兴旺等深入探讨了专利地图与技术竞争间的联系,阐述了基于专利地图的技术竞争三维分析法[5]。从技术预测层面看,Gu 等认为专利地图可以清晰描述

---

[1] 冯永琴、张米尔:《基于专利地图的技术标准与技术专利关系研究》,《科学学研究》2011年第8期。

[2] Lee Sungjoo, Yoon Byungun and Park Yongtae, "An Approach to Discovering New Technology Opportunities: Keyword-Based Patent Map Approach", *Technovation*, Vol. 29, No. 6-7, 2009, pp. 481-497.

[3] 蒋玉石、康宇航:《基于专利地图的技术创新可视化研究》,《科研管理》2013年第10期。

[4] Chen Alfred and Chen Rain, "Design Patent Map: An Innovative Measure for Corporative Design Strategies", *Engineering Management Journal*, Vol. 19, No. 3, 2007, pp. 14-29.

[5] 王兴旺、孙济庆:《专利地图在技术竞争分析中的应用研究》,《图书情报工作》2009年第12期。

技术发展状况，通过对全球 CNT-FED 技术进行分析和预测，为相关产业的研发战略提供指导①；陈旭等结合情景分析和专利地图法构建企业技术预见模式，通过关键技术选择提升企业技术预见的系统科学性②。

经以上研究分析可知，尽管目前关于结合专利地图对技术创新、预测及竞争局势进行分析的研究成果较多，但是将专利地图与技术标准化相结合的研究成果缺乏，并没有聚焦于技术标准化能力演化视角的系统研究成果，技术标准化能力演化过程的作用路径和机理尚不明确。因此，建立在技术标准化动态生命周期过程阶段划分的基础之上，本书拟确立技术标准化能力指标体系，构建技术标准化能力的演化分析框架，借助专利地图来展示企业的技术标准化能力演化，以了解企业所处的技术标准化市场发展状况，并结合实证研究以提升企业的技术标准化能力。

三 技术标准化能力演化过程分析

所谓技术标准化能力演化，就是伴随着技术标准化的动态生命周期过程，企业从不同时空维度推进技术标准的战略选择及整体优化组合的能力。企业通过制定符合市场发展趋势的技术标准，并在生产标准商用产品的基础上分析竞争对手状况，采取科学合理的技术标准战略决策。根据对技术标准化动态生命周期过程的分析，本书将从三个阶段全面考察技术标准化能力演化过程，即涵盖技术标准开发能力、技术标准实施能力及技术标准推广能力，其详细内容如表 4-1 所示：

技术专利化、专利标准化和标准产业化逐步成为保护技术创新成果和提升技术标准化能力的重要手段。专利强调技术创新活动的流程，是技术标准化的风向标；技术标准化重视结果，对专利效能起到反馈作用。基于以上分析可以发现，技术标准化与技术专利既是动态的生命周期循环过程，也是螺旋上升的协同互动过程，二者相辅相

---

① Gu Chengjian and Huang Lucheng, "The Study on CNT-FED for Emerging Technology Forecasting by Using Patent Management Map", *IEEC 2009: First International Symposium on Information Engineering and Electronic Commerce, Proceedings*, 2009, pp. 654-658.

② 陈旭、施国良：《基于情景分析和专利地图的企业技术预见模式》，《情报杂志》2016 年第 5 期。

成、相互交织，具体演化过程如图4-1所示。

表4-1　　　　　　　　　　企业技术标准化能力

能力指标	专利活动	主要内容说明
技术标准开发能力	技术专利化	围绕技术标准的选择与制定，企业开展系列技术专利研发活动：①根据投入与前期收益测算，企业需要控制技术标准化的学习、采纳等成本；②从用户角度开发技术标准，制定满足用户实际需要的技术标准；③技术标准与市场需求的匹配性，企业选择的技术标准要顺应时代发展趋势，具有广阔的市场前景；④开发渠道战略选择，包括自主开发或与其他企业合作研发；⑤确定技术标准的水平，是否成熟可靠、先进适用
技术标准实施能力	专利标准化	企业将技术专利以技术标准文本规范的形式呈现，指导企业生产标准的商用产品参与市场竞争：①兼容性，即企业的技术标准与原有标准实现良好匹配，与竞争对手所用技术标准的兼容互补程度；②企业是否控制技术标准的核心技术专利，在行业中所处的位置以及对市场竞争者的开放程度；③企业内外部资源，包括信息、人力、资金等资源，国家的政策法规支持
技术标准推广能力	标准产业化	企业促进技术标准的推广，维持并扩大市场竞争优势和影响力：①社会各界所提供的支持力量，包括良好的信息化沟通平台、科研体系、市场环境和企业配套的营销推广能力等；②优化技术标准性能，在技术核心专利的基础上进行产品创新，改进工艺设计流程来提高创新效率；③提高技术标准价值，使技术标准产生广泛影响，实现企业的经济、社会效益

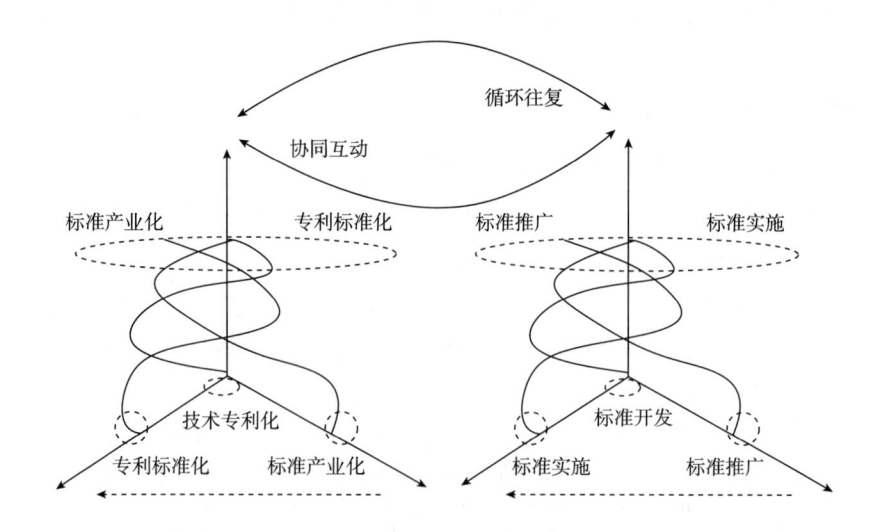

图4-1　技术标准化能力演化过程

(一) 开发能力——→技术专利化

技术专利研发作为技术标准化活动进程的起点，决定了企业整个技术标准化生命周期的发展态势，是技术标准化过程推进的原动力。通过研发符合企业实际与市场需求的核心技术专利，可以为技术标准化的下一阶段指明方向、提供技术标准竞争的动力源泉。技术创新成果必须实现专利化才能维护企业的正当利益，但只有在满足成本最小化、利益最大化的前提下进行技术专利创新研发，企业才能够获得竞争优势。

(二) 实施能力——→专利标准化

该阶段作为技术标准化与专利活动的过渡中介期，关系到企业技术标准能否占据市场领先地位、抢占先发优势。企业根据核心技术专利信息生产标准化的商用产品参与市场竞争，此时技术竞争与产品竞争相辅相成，成为获得竞争优势的重要支撑。企业针对市场竞争态势采取有针对性的技术标准化竞争策略，充分调动内外部资源为技术标准化服务，以此提升组织整体的生存和发展能力。

(三) 推广能力——→标准产业化

作为企业技术标准化生命周期的终极目标，企业要想在激烈的市场竞争中占有一席之地，维持并扩大其市场竞争优势和影响力，必须依靠技术标准的扩散能力，使用户加深对技术标准及其产品的理解，建立企业与用户的双向反馈互动机制。此时，企业收回前期的技术创新研发成本，同时借助用户反馈不断改进技术标准和产品工艺流程，为下一循环周期的技术创新做好准备。

四 基于专利地图的技术标准化能力演化过程分析

通过对技术专利文献的挖掘与剖析，运用专利地图沿时间序列对企业技术标准化能力演化过程进行分析整合，将专利情报信息结合清晰直观的专利地图加以刻画，能够使企业了解所制定开发的技术标准是否满足用户需求和市场潮流，明确技术标准的主要分布领域及其演化趋势，掌握竞争对手的状况从而开发标准的商用产品参与市场竞争。

专利地图与技术标准化能力演化的分析框架如图4-2所示，依据专利地图常用的分析方法，可以有效揭示专利地图与技术标准化能力之间的联系，专利分析是基础前提，专利地图为专利分析与技术标准

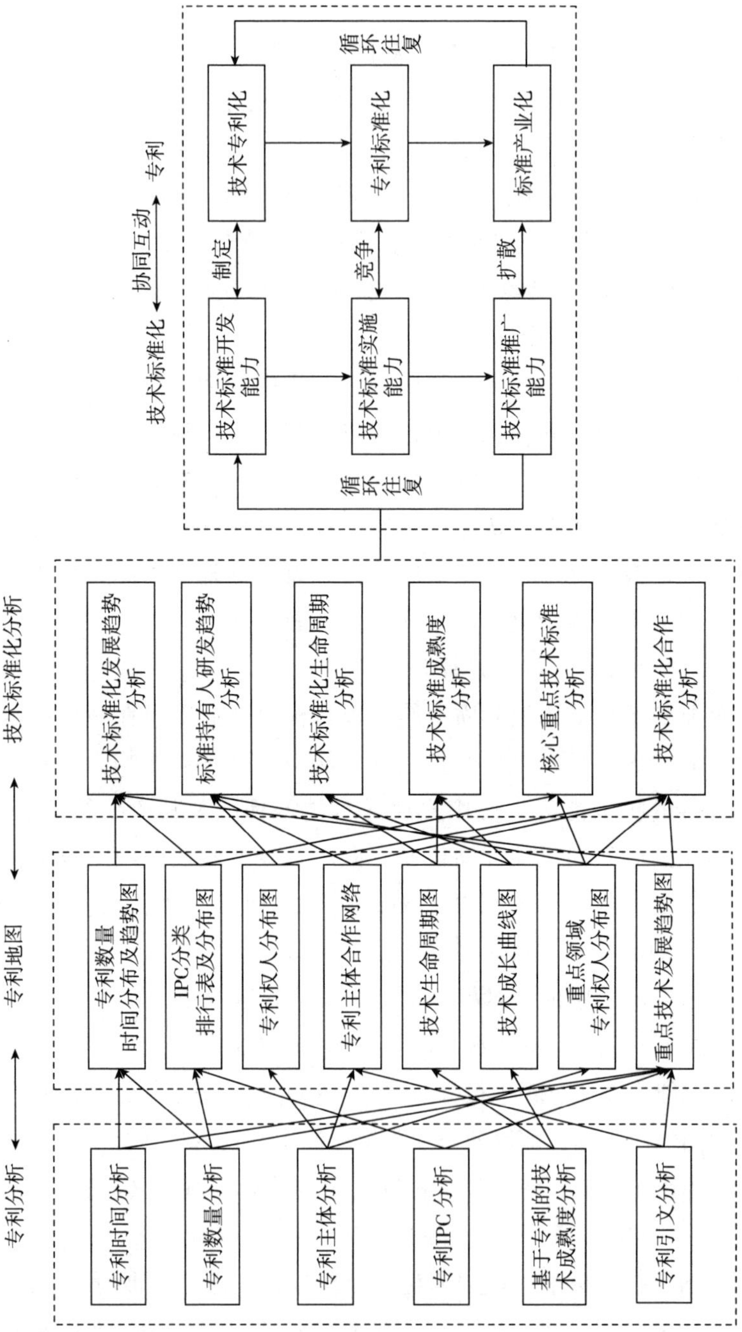

图 4-2 专利地图与技术标准化能力演化的分析框架

化搭建了中介桥梁,技术标准化能力与技术专利间存在协同互动的作用关系。技术标准化分析包括技术标准化发展趋势、标准持有人研发趋势、技术标准化生命周期、技术标准成熟度、核心重点技术标准和技术标准化合作分析等内容。

(一) 技术标准化生命周期/成熟度分析

通过技术生命周期图和技术成长曲线图的绘制,可以对企业技术标准化的生命周期过程进行分析。我们将不同时段内某一技术专利的申请人数量与专利申请数量间的关系转化为技术生命周期图,为企业的技术标准化决策提供参考依据。采用的计量参数为技术生长率(v)、技术成熟系数(α)和新技术特征系数(N),根据 v、α、N 随时间序列的变化情况分析某项技术标准的发展阶段[1]。连续计算数年,若 N 值越大,则意味着新技术特征越明显,技术标准的应用推广潜力越大;若 v 值递增,则反映该技术标准处于开发或竞争阶段;若 α 值递减,则表明处于技术标准推广阶段,其计算公式如下:

$$v = a/A \tag{4-1}$$

$$\alpha = a/(a+b) \tag{4-2}$$

$$N = (v^2 + \alpha^2)^{1/2} \tag{4-3}$$

其中,a 为当年某技术领域的发明专利申请或授权数量;A 为追溯某技术领域近 5 年来的发明专利累积申请或授权数量;b 为当年某技术领域的实用新型专利申请数量。

(二) 核心重点技术标准分析

按照 IPC(International Patent Classification)对某技术领域进行归纳统计,可以得到该技术标准分类的集中分布情况。技术领域内研发主体的专利占有量信息是专利地图中的基础模块,能够展现不同主体对该领域技术标准的掌握情况。通过对市场竞争对手的 IPC 分析,可发现其重点投入研发领域并预测发展趋势,为企业技术标准开发方向提供借鉴。

(三) 技术标准化发展趋势分析

激烈的市场竞争使技术标准更新速度不断加快,按照时间序列对

---

[1] 潘扬:《专利地图及其分析方法》,《杭州科技》2011 年第 3 期。

专利数量等若干指标进行分析，了解其技术标准化开发制定时间、专利技术发展过程及企业对技术专利的研发投入等情况，可以揭示技术标准化的整体发展趋势。此外，还可以通过 IPC 分析确定技术领域主要竞争对手的活跃度，把握行业技术标准的重点研发领域，预测技术标准化的发展方向。

（四）标准持有人研发趋势

通过绘制专利权人分布图，可以展示某技术领域内技术标准的主体分布情况，企业可根据实际需要选择合适主体进行技术标准合作以实现双赢。通过技术领域内的若干核心标准专利持有人，可将整个技术标准的研发趋势以点带线连接起来，分析技术标准主体间具有相互引证关系的申请人之间的技术关联性，揭示专利主体之间的合作联系脉络，帮助企业做出最优的技术标准战略决策。

第三节　比亚迪公司实例分析

为了进一步阐述企业技术标准化能力的演化过程，本书以比亚迪汽车有限公司（以下简称比亚迪）为例进行实例验证。近年来，国家大力推动新能源汽车高质量发展，先后出台了诸如《节能与新能源汽车产业发展规划（2012—2020）》《新能源汽车产业发展规划（2021—2035）》等系列政策，作为中国的新兴行业，新能源汽车适应了产业转型升级的战略要求，具有广阔的市场发展前景。

汽车产业涉及众多技术领域，相应地，与汽车产业相关的专利文献是海量数据。根据 2017 年中国新能源汽车销量排行榜显示，比亚迪稳居国产新能源乘用车销量榜首，且有效专利稳居专利总量榜首，而北汽新能源和知豆分列第二位和第三位。因此，本书选取比亚迪这一头部车企对其进行专利情报分析，通过专利地图制作来揭示其技术标准化能力的演化过程，可为新能源汽车行业发展提供参考。

一 专利地图绘制与比亚迪的技术标准化

本书所采用的分析工具主要是 Thomson Innovation 专利分析工具、Microsoft Office Excel 和 SPSS 21.0 等软件，所采用的检索方案如表 4-2 所示：

表 4-2　　　　　　比亚迪汽车有限公司相关专利检索方案

方案	具体说明
检索时间	2018 年 1 月
检索平台	中国知识产权网：http://www.cnipr.com/
检索范围	发明专利、实用新型专利以及外观设计专利（不含港台地区）
检索关键词	比亚迪股份有限公司、汽车；比亚迪汽车有限公司；比亚迪汽车工业有限公司

（一）企业研发及技术标准开发

通过对比亚迪相关的专利情报数据检索，根据 IPC 分析统计得到近年来公司新能源汽车技术的关注焦点，具体分类结果如表 4-3 所示，可以发现：①车辆相关配件（B60R）和电动车辆（B60L）的研发实力较强，专利数量分别为 168 项、133 项，比亚迪在这些领域加大了研发投入力度，围绕新能源汽车的重点领域开发技术标准，培育技术创新偏好以把握新能源汽车行业的技术标准演化方向，推进技术标准化整体进程；②新能源汽车作为新兴行业，业内竞争的实质是技术专利和技术标准的竞争，比亚迪重视技术研发，多样化的技术专利类别为其赢得了可观的市场份额，因而能够保持销量领先的位置。

表 4-3　　　　　　比亚迪汽车有限公司 IPC 分布

IPC 代码	技术类别	专利数量（项）
B60R	不包含在其他类目中的车辆、车辆配件或车辆部件	168
B60L	电动车辆动力装置；车辆辅助装备的供电；一般车辆的电力制动系统；车辆的磁悬置或悬浮；电动车辆的监控操作变量；电动车辆的电气安全装置	133

续表

IPC 代码	技术类别	专利数量（项）
B60K	车辆动力装置或传动装置的布置或安装；两个以上不同的原动机的布置或安装；辅助驱动装置；车辆用仪表或仪表板；与车辆动力装置的冷却、进气、排气或燃料供给结合的布置	129
H01M	用于直接转变化学能为电能的方法或装置，例如电池组	117
B60H	车辆客室或货室专用加热、冷却、通风或其他空气处理设备的布置或装置	100
H02J	供电或配电的电路装置或系统；电能存储系统	82
B62D	机动车；挂车	68
B60W	不同类型或不同功能的车辆子系统的联合控制；专门适用于混合动力车辆的控制系统；不与某一特定子系统的控制相关联的道路车辆驾驶控制系统	52
B60T	车辆制动控制系统或其部件；一般制动控制系统或其部件；一般制动元件	39
F16H	传动装置	36

资料来源：根据中国知识产权网（http：//www.cnipr.com/）整理所得。

（二）技术标准化的整体发展趋势

了解企业所处行业的技术标准化发展趋势，能够帮助企业预测技术标准化的发展方向，使企业做出正确的技术标准化决策。通过将比亚迪和北京汽车股份有限公司、知豆电动汽车有限公司等主要市场竞争对手进行对比，分析行业的历年专利申请数量情况，可以展现目前比亚迪所处新能源汽车行业的发展前景，如图4-3所示：①2008—2017年，新能源汽车行业虽有所波动，但整体呈平稳上升态势，新能源汽车创新主体的技术标准创新热情持续高涨；②比亚迪处于专利申请数量的快速增长阶段，专利储备总量在市场具有一定优势，专利申请活跃度较高；③比亚迪与行业整体的发展走势趋于一致，其历年专利申请数量远高于北汽集团和知豆公司，拥有良好的行业发展前景；④新能源汽车行业的技术标准趋于成熟并朝大规模商业化发展，比亚迪作为行业领先者，引领着整个新能源汽车行业技术标准的演化进程。

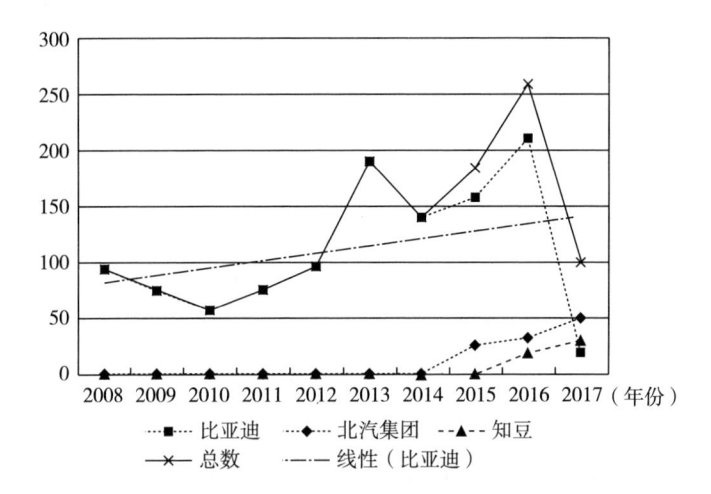

图 4-3　历年专利申请

资料来源：根据中国知识产权网（http://www.cnipr.com/）整理所得。

（三）重点技术标准及发展现状

按照 IPC 分类号对检索的专利情报信息进行分类排序，对新能源汽车技术领域进行归纳统计，可以判断该技术标准分类的集中分布情况，并确定重点技术标准的发展现状及知识产权保护情况。由图 4-4 的 IPC 竞争对手分布统计可以发现：①目前新能源汽车行业的技术标准主要集中在 B60、H01 和 H02 等领域，且 B60 的专利申请数量为 650 项，在各技术领域所占比重最高；②技术创新研发投入与专利申请数量存在正相关，专利申请数量能够反映知识产权保护工作的开展情况，因而比亚迪在行业重点技术标准领域的知识投入与保护力度较大；③相较于北汽集团和知豆公司等主要竞争对手，比亚迪存在明显的技术优势和专利数量优势，在重点技术领域的技术标准竞争中掌握着市场主动权和话语权，通过将企业自身的技术标准辐射扩散到整个行业，乃至上升为行业标准并引领行业重点技术领域热点变化；④在竞争激烈的市场形势下，比亚迪不仅需要保持原有重点技术领域的竞争优势，还要注重其他技术标准领域的创新投入，形成技术壁垒以巩固在新能源汽车行业所处的领先位置，以降低市场追随者超越的可能性。

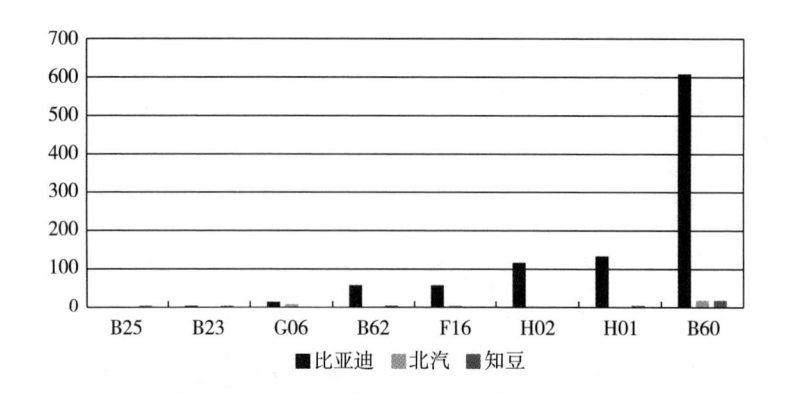

图 4-4　IPC 竞争对手分布

资料来源：根据中国知识产权网（http://www.cnipr.com/）整理所得。

（四）技术标准化生命周期

比亚迪处于新能源汽车行业的领先位置，其公司的技术标准演化态势能够反映整个行业技术标准化的生命周期情况。从表 4-3 比亚迪 IPC 分类号重点分布的技术类别入手，通过专利检索获取数据之后，运用上文公式（4-1）计算技术生长率（v）、公式（4-2）计算技术成熟系数（α），再根据公式（4-3）计算新技术特征系数（N），能够揭示技术标准化生命周期过程所处的具体阶段，针对性提升企业的技术标准化能力。

通过 Excel 计算绘制其时间序列变化如图 4-5 所示：①自 2007 年以来，技术成长率 v 值从最初的 0.037 保持递增势头，表明新能源汽车行业技术标准已越过开发期，处于激烈的市场竞争阶段；②技术成熟系数 α 值处于 0.8 左右浮动保持高位运行，表明新能源汽车技术工艺趋于稳定；③新技术特征 N 值与 α 值变化规律相似，从 0.828 开始波动呈总体缓慢上升趋势，意味着新能源汽车行业的技术特征明显，技术标准的应用推广潜力巨大，市场前景广阔。

技术标准化的动态生命周期过程分为开发、实施和推广三个阶段，相对应的技术标准化能力分为标准开发、实施和推广能力。标准开发期，企业通过增加技术专利研发投入，形成技术标准文本规范；标准实施期，企业依据技术标准文本规范生产可商用的标准产品，开展市场竞争以占据技术标准主动权和话语权；标准推广期，在核心专利基础上形成新的技术专利，促进技术创新，为新的技术标准开发做好准备。

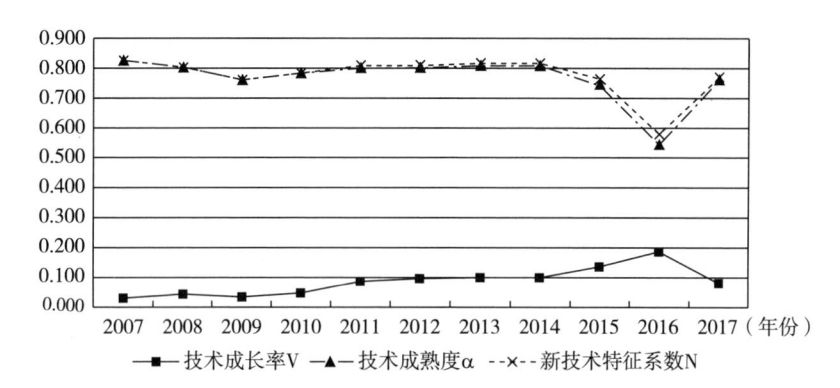

图 4-5　新能源汽车技术 V、α、N 值的时间序列变化

资料来源：根据中国知识产权网（http：//www.cnipr.com/）计算所得。

技术发展阶段坐标图以技术生长率（v=a/A）作为 Y 轴，技术成熟系数（α=a/（a+b））作为 X 轴，其中 a 表示 2015 年和 2016 年发明专利申请量，A 表示 2007 年至 2017 年发明专利累积申请量，b 表示 2015 年和 2016 年实用新型专利申请数量。新能源汽车行业主要技术领域的发展阶段如图 4-6 所示，B60H 位于坐标轴的右上方，则该项技术标准处于实施发展阶段，应加大技术标准研发投入力度；B60K 位于左下方，则该项技术标准处于推广成熟阶段，应继续保持技术标准研发投入强度；B60W 位于右下方，则该项技术标准处于开发萌芽阶段，应控制技术标准研发投入幅度。

二　比亚迪的技术标准化能力分析

科学技术是第一生产力，企业在行业层面的竞争力，归根结底体现在技术标准水平和创新能力。检索分析比亚迪汽车相关的专利数据，反映出比亚迪的技术标准开发现状、重点技术标准分布和技术标准化发展趋势情况。比亚迪基于自身技术标准化发展实际，不断提升技术标准化能力，对于培养新能源汽车竞争优势、指引汽车产业整体发展而言具有重要战略意义。

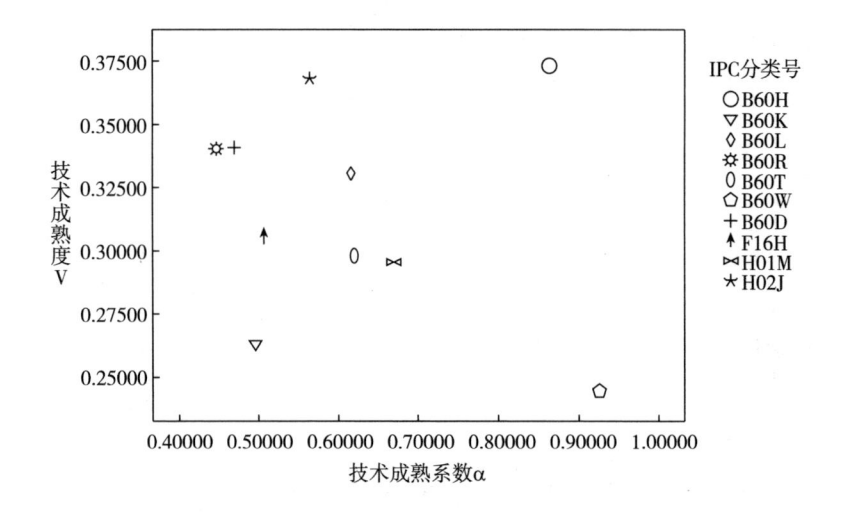

图 4-6 技术发展阶段

资料来源：根据中国知识产权网（http://www.cnipr.com/）计算所得。

通过对比亚迪相关的专利情报进行分析，清晰展现了比亚迪的技术标准化能力情况。从技术标准开发能力层面来看，比亚迪在业内重点技术标准领域掌握着绝对的话语权和主动权；从技术标准实施能力层面来看，比亚迪的各项技术标准之间实现了良好的兼容性，将技术标准优势转化为企业的市场竞争优势；从技术标准推广能力层面来看，比亚迪的各项技术标准得到了市场的认可和使用，产生了广泛的社会影响。

推进专利与技术标准化的协同发展，提升企业对标准与专利战略布局及运营的实操能力，是企业获得核心竞争优势和推动产业升级创新的必然选择。总体而言，当前比亚迪具有一定专利储备，专利申请趋势较为稳定，在新能源汽车行业长期处于领先位置，这与其较高的技术标准化能力密切相关。加之国家推动扶持新能源汽车、重点发展纯电动汽车，新能源汽车专利技术存在巨大发展空间，在国内竞争对手专利申请数量爆发式增长的形势下，比亚迪必须要增强技术创新意识，加快核心技术专利研发速度以提升技术标准化能力，保持市场领先位置。

第五章　面向标准竞争优势的动态知识管理能力

鉴于技术标准化过程的变化演进，构建与标准竞争优势相匹配的知识管理能力也是一个动态过程。动态知识管理能力是技术标准竞争优势的重要来源，借助动态知识管理能力来加强技术标准化流程管理，维持企业技术标准的市场竞争优势，是新形势下知识管理研究关注的重点。技术标准作为组织竞争优势的重要内生来源，企业之间的竞争已转向标准竞争，并逐渐演变为以资源和能力为基础的核心能力较量，能否掌握技术标准制定的主导权和话语权，关系到企业的市场竞争态势。知识一直是企业的重要战略资源，为了适应动态变化的市场环境，企业必须要将其充分运用来促进动态知识管理能力的形成和演化，以此带动技术标准竞争优势提升。组织面临的环境动态性越高，则动态能力对组织绩效的影响越显著。在此形势下，提升动态知识管理能力来有效协调内外部关系，成为企业持续获取技术标准竞争优势的关键。

第一节　面向技术标准化的动态知识管理能力

一　动态知识管理能力

Teece 最早提出了动态能力的概念，认为动态能力作为组织竞争优势的来源，是企业对内外部竞争能力进行整合、构建和重置以适应快速变化的外部环境的能力[1]。以综合能力观和动态能力观为基础，

---

[1] Teece David J, Pisano Gary and Shuen Amy, "Dynamic Capabilities and Strategic Management", *Strategic Management Journal*, Vol. 18, No. 7, 1997, pp. 509–533.

动态知识管理能力指的是在动态环境条件下,企业为了获取技术标准竞争优势而对知识的生产、传播、加工及利用等各个环节进行管理的活动,并在此过程中表现出持续学习、适应、更新、创造和整合内外部知识的能力[1]。从中可以看出,其概念主要包含以下三个层面的含义:①动态知识管理能力强调组织对知识资源的动态配置能力,其目标是为了实现知识资源的战略价值;②动态知识管理能力高低表现为企业对技术和市场等环境不确定性的反应速度和效率;③主要应变方式是与环境动态性相适应的组织管理流程调整。现有研究多探讨知识管理与动态能力之间的作用关系,如 Van 从知识管理角度揭示了组织如何培养发展动态能力[2],但忽视了知识管理处于动态发展的环境之中,自身本就是组织重要的动态能力。近年来,部分学者已认识到动态知识管理能力对于组织发展的重要性,譬如 Cheng 等证实了动态知识管理能力对组织创新绩效的影响[3]。

总体而言,动态知识管理能力的相关研究大多局限于组织整体层面的静态分析,鲜有研究探讨知识管理能力的动态演化过程,聚焦于微观领域的实践应用研究不足,且未能从知识视角更深层次地挖掘动态能力与技术标准化的互动关系,对动态知识管理能力转化为技术标准竞争优势的机理尚缺乏深入思考。标准竞争优势的形成实质上是动态能力发挥作用的结果,故而本书通过剖析动态知识管理能力的形成过程与提升路径,以期为企业培育和塑造技术标准竞争优势提供合理化建议。

二 关键知识构成要素

以技术标准化过程中的知识可见度为依据,可将知识分为显性知识和隐性知识[4]。显性知识包括指导企业标准制定和商品生产中可被

---

[1] 王江:《企业动态知识竞争力及其识别系统》,《科学学研究》2008 年第 2 期。

[2] Van Reijsen Jurriaan, Helms Remko, Batenburg Ronald and Foorthuis Ralph, "The Impact of Knowledge Management and Social Capital on Dynamic Capability in Organizations", *Knowledge Management Research & Practice*, Vol. 13, No. 4, 2015, pp. 401-417.

[3] Cheng Colin C J, Yang Chenlung and Sheu Chwen, "Effects of Open Innovation and Knowledge-Base Dynamic Capabilities on Radical Innovation: An Empirical Study", *Journal of Engineering and Technology Management*, Vol. 41, 2016, pp. 79-91.

[4] Dougherty Jude P, "Personal Knowledge: Towards a Post-Critical Philosophy", *Review of Metaphysics*, Vol. 70, No. 1, 2016, pp. 148-149.

准确描述的知识，通常以技术标准文本规范的形式存在；隐性知识是企业日常生产经营活动中所积累的经验，会对企业的市场活动产生潜在影响。隐性知识代表了组织知识资源中最不易被模仿和借鉴的部分，并且可以通过学习投入转化为显性知识。按照技术标准化过程中知识载体的不同，还可将知识细分为个人、群体、组织及组织之间的知识。个人知识是组织知识的来源，组织知识是某一组织所特有的信息、过程、价值和信念的集合，并经由知识流动和共享与其他组织建立联系。显性知识和隐性知识、个人知识和组织知识之间的相互转化，是知识演变过程的关键环节[1]。事实上，动态知识管理能力演化的最终目标是获取和维持技术标准竞争优势。Nielsen 基于不同知识在企业能力中发挥作用的差异，将其划分为具体性知识、整合性知识和配置性知识[2]，据此得到技术标准化过程的关键知识构成要素，具体如表 5-1 所示：

表 5-1　　　　　　　动态知识管理能力的知识层次

演化形式	主要内容说明
具体性知识	企业制定和推广技术标准所需的各领域知识，以技术标准文本规范的形式呈现
整合性知识	企业同时将众多领域的具体性知识进行有效整合
配置性知识	企业充分开采和利用具体性知识与整合性知识，使其发挥知识价值

三　动态知识管理能力特征

动态能力的提升以知识为基础，而动态能力亦可增强技术标准竞争优势，动态知识管理能力反映出企业知识资源的价值发挥程度及对外界环境做出反应调整的能力。从其概念内涵和外延出发，主要表现出以下特征。

---

[1] Nonaka Ikujiro, "A Dynamic Theory of Organization Knowledge", *Organization Science*, Vol. 5, No. 1, 1994, pp. 14-37.

[2] Nielsen Anders Paarup, "Knowledge Development and the Development of Core Competencies", Proceeding of the 7th International Forum on Technology Management, Koyto, Japan, 1997.

1. 价值性

组织通过知识创新成果标准化，推动知识向技术标准转化，以此实现对知识资源的充分利用。创造价值是动态知识管理能力的重要现实特征，知识价值最终在技术标准竞争力中得以体现，这就要求企业关注知识价值，在不确定性环境下有效整合知识资源，快速响应用户的技术标准化需求，使其转化为技术标准竞争优势。

2. 协同性

与组织内外部环境实现协同，是动态知识管理能力形成的重要积累过程。企业结合技术标准的市场竞争态势来协调自身知识资源，从其他外部组织吸纳自身所需的标准化知识资源，并在动态变化的环境之中获取区别于竞争对手的异质性知识。在外部环境变化与内部动态知识管理能力反馈的协同交互下，达到了对企业关键流程进行有效管理的目标。

3. 开拓性

动态知识管理能力的预见开拓性，主要体现在企业选择的技术标准具有广阔的市场前景。能否顺应市场发展潮流、满足用户的技术标准使用需求，关系到技术标准的竞争力水平。动态知识管理能力能够帮助企业形成技术标准竞争壁垒，在标准核心专利的基础上进行产品创新，并改进产品的设计和工艺流程，提高工艺创新效率，为企业带来潜在的商业机会。

4. 流程完整性

技术标准化是循环往复的动态生命周期过程，这也就决定了动态知识管理能力成为一种持续的集体性学习方式。动态知识管理能力表现为平衡现有知识、获取新知识、整合创造新知识的系统演变过程，通过对技术标准的竞争水平予以评估反馈，提高了企业的技术标准化工作效率，建立了与持续性竞争优势相一致的知识结构。

四 影响因素

动态知识管理能力与技术标准化存在互为反馈的作用关系，技术标准化活动嵌入在动态知识管理能力的演化过程之中，并反过来对标准竞争优势产生影响。既然动态知识管理能力是由众多因素共同决定的演变过程，那么从过程和内容角度分析能力高低影响因素的集合，便对于企业的学习和进化具有重要意义。

1. 学习能力

动态知识管理能力作为以开放式学习为导向的连续性学习过程，企业只有凭借组织学习来获取自身稀缺的、有价值的知识资源，并将知识资源与动态知识管理能力有效整合，才能帮助组织取得持续性标准竞争优势。随着市场环境的复杂性和不确定性增加，组织之间的边界越发模糊，因而企业深入学习技术标准制定所需的异质性知识，开展组织之间的知识资源和经验共享，有助于形成资源整合与知识创造能力的系统性惯例。

2. 吸收能力

企业要想在激烈的技术标准竞争中占据有利位置，就必须充分吸收市场对产品与服务的需求信息，充分掌握标准制定所需的信息资源。具体来说，技术标准不仅需要与企业原有的标准相匹配，还应与竞争对手的技术标准兼容。因此，企业既要吸收组织外部的异质性知识，具备识别和认知信息的能力，又要拥有内部知识的理解和消化能力，从而实现内外优势互补，提高自身的知识创造能力。

3. 整合能力

建立有效的知识整合机制，是动态知识管理能力发挥作用的前提，也是知识资源不断深入拓展的要求。企业跨越组织职能界限来提升知识转移柔性，对技术标准制定所依赖的专业性知识资源进行整合，使组织具备与产品配套的能力和资源力量。同时，企业整合潜在的标准化知识来开发更具商业价值的核心产品专利，为技术标准信息化提供了良好的沟通平台，进而提高了动态知识管理能力。

4. 利用能力

企业与环境之间存在紧密的共生进化关系，通过内外部知识的吸收整合，在知识创造、转化、商业化的基础之上，组织将标准化知识运用到技术标准化工作流程的各个环节。知识的高效运用有助于降低技术标准化成本并改善知识流转效率，促使企业开辟全新的产品市场，进而推动技术标准市场需求升级，由此提升了动态知识管理能力并得以保持技术标准的持续性竞争优势。

第二节 动态知识管理能力形成机理

一 动态知识管理能力的演化逻辑

在"知识传导—动态能力—企业成长"[①] 的逻辑关系基础上，本书从过程和内容视角剖析了技术标准化情境下动态知识管理能力的演化逻辑，即伴随着技术标准从开发期、实施期再到推广期的生命周期演化过程，动态知识管理能力作为企业成长的动因，知识转化经由动态知识管理能力间接影响企业成长，如图 5-1 所示。

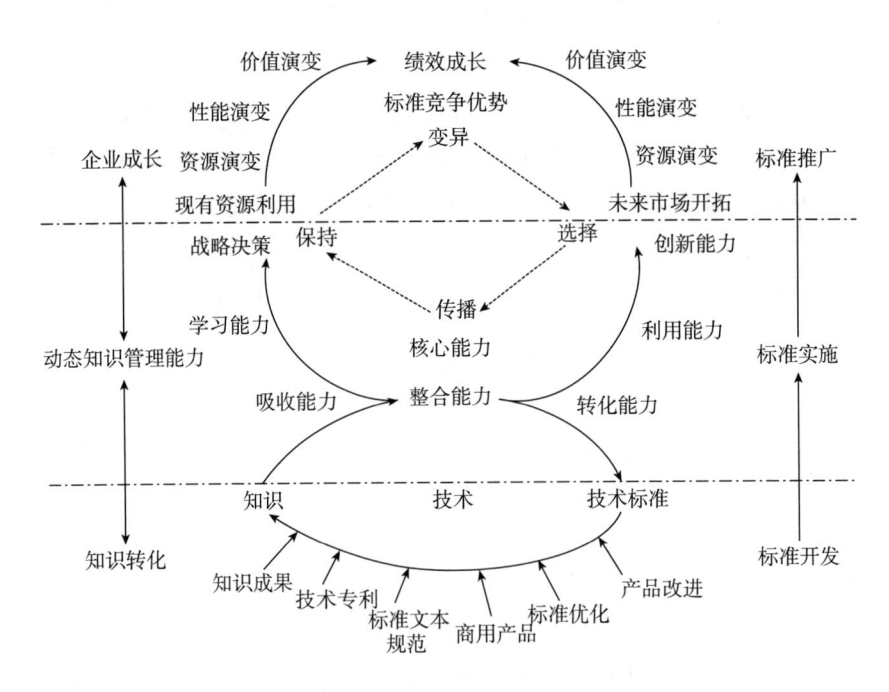

图 5-1 动态知识管理能力的演化逻辑

---

① 江积海：《知识传导、动态能力与后发企业成长研究——中兴通讯的案例研究》，《科研管理》2006 年第 1 期。

（1）"知识→技术→技术标准"是知识转化的重要路径。知识创新成果是企业核心技术专利的重要来源渠道，借此实现了知识与技术两者之间的实时转化。同时，在核心技术专利的基础上确立技术标准文本规范，为技术标准的制定提供方向性指导，最终促进了技术标准形成。随后，企业开始生产以技术标准为载体的商用产品参与市场活动，为赢得市场竞争优势提供了有力保障。但是，企业需要在动态变化的市场环境中不断优化技术标准性能，及时改进商用产品来快速响应用户需求，争取将企业事实标准上升为行业标准乃至法定标准，以技术标准竞争优势为依托来实现组织的经济效益与社会效益。

（2）组织之间的资源竞争已转向知识和能力的竞争，动态知识管理能力是知识资源的集合，提升动态知识管理能力来培育技术标准竞争优势已成为企业在动态变化的市场环境下的必然选择。动态知识管理能力的形成过程由"知识吸收能力→整合能力→转化能力→利用能力→创新能力"等环节组成，并且通过知识活动各环节的层层积累丰富了异质性知识库的知识存量。当然，企业学习能力作为动态知识管理能力的核心组成部分，促进了企业与外界环境的适应性调整，并建立了企业与其他组织的互动联系。动态能力建立在知识演进基础之上，而企业又在核心知识能力的基础上做出保持技术标准竞争优势的战略决策，维持了组织知识结构的动态稳定。

（3）技术标准的竞争优势来源于知识资源的竞争能力，因而组织充分利用现有的知识资源来发挥其价值，借助动态知识管理能力来开拓技术标准的市场份额，成为企业维持稳定成长的内在平衡机制。一方面，资源演变、性能演变、价值演变和绩效成长作为企业成长的主要表现形式，意味着组织的知识资源来源广泛、技术标准性能的优化改进及知识价值的去边缘化；另一方面，企业成长是借助变异→选择→传播→保持等途径得以实现，并推动着知识动态管理流程的优化、改进或重构。由此可以看出，技术标准竞争优势作为企业成长的支持力量，本质上是动态知识管理能力发挥作用的结果。

二 动态知识管理能力的整合分析

由过程和内容视角对动态知识管理能力的演化逻辑进行剖析，可以看出动态知识管理能力对技术标准竞争优势的促动作用是一个环环相扣的动态演化过程，基于此知识才能转化为动态知识管理能力，并进一步推动企业成长。动态知识管理能力作为关键的联系纽带，其内在组成要素必然发挥着重要作用。按照 Teece 提出的动态能力形成分析框架，流程、位置和路径正是动态知识管理能力的重要组成维度[1]，其中流程是基础性组成部分，能力嵌入在流程之中，而位置和路径又能塑造流程。基于不确定性和复杂性的组织环境，本书构建了企业技术标准化过程的动态知识管理能力分析框架，旨在优化组织战略性知识资产的配置模式，明晰提升技术标准竞争优势的关键流程和核心路径。

（1）流程是企业内部管理和组织过程的方式，包括协调整合、学习和重构转型三个方面。技术标准竞争对企业内外部的协调整合方式提出了全新要求，通过对组织现有资源的内在价值予以识别并将其整合创造为新的技术标准；学习是对企业技术标准性能的反复验证，并且贯穿于技术标准化模式的创新活动之中。组织间合作和伙伴关系是组织学习的重要工具，有助于组织防止战略盲点，预测和发现新的市场机会；瞬息万变的市场环境要求组织具备重构转型能力，这实际上是由学习而获取的弹性组织技能，根据对市场竞争态势与竞争对手的现状评估所作出的内外部快速重组与变革。

（2）位置主要指代企业的特定资产，是动态知识管理能力形成的重要载体，决定着企业的市场份额和盈利能力。组织的管理、规则和程序作为企业技术标准化活动的固有资产，关系到标准化工作秩序的稳定性；以知识产权为代表的知识资产关乎技术标准的先进性和可靠性，能否有效实施知识产权保护、研发核心技术专利，形成其他企业难以复制和替代的技术资产，会对技术标准的市场竞争态势产生重要影响；互补性资产以组织的社会关系资产为依托，与其他企业建立合作联系来寻找与自身互补的优势资源，整合技术标准的上下游价值

---

[1] Teece David and Pisano Gary, "The Dynamic Capabilities of Firms: An Introduction", *Industrial and Corporate Change*, Vol. 3, No. 3, 1994, pp. 537-556.

链，促使企业开发全新的技术标准与商用产品，为企业长远发展提供了有力支撑。

（3）路径是企业标准化战略制定和未来市场机会选择的重要参考依据，涵盖路径依赖和技术机会两个方面。一方面，组织当前位置和未来路径影响着企业的发展轨迹，核心能力自身所产生的核心刚性，以及企业以往的技术标准化投资与惯例，会限制其未来的技术标准化活动；另一方面，技术标准化领域的发展状况归因于企业所面临的技术机会，而企业的创新活动可以催生技术机会，技术机会的深度和宽度会影响组织在研发活动的数量和水平方面的选择。实际上，动态知识管理能力可以避免由技术和制度路径依赖以及由此导致的锁定风险[1]，技术机会可以内生于企业参与的技术标准基础性研究。这就要求组织打破原有技术标准的路径依赖性，在外部市场环境刺激下捕捉和获取新知识。

第三节 动态知识管理能力提升路径

一 动态知识管理能力提升机理

由动态知识管理能力的形成机理分析可知，技术标准知识是动态知识管理能力与企业成长的基础。知识资源作为企业重要的战略性资源，只有拥有与技术标准竞争优势相关的异质性知识资源，才能开发和制定出满足市场及用户需求的技术标准，由此增强动态知识管理能力并带动组织绩效提升。换言之，技术标准知识的属性特征与动态知识管理能力提升密切相关。因此，本书由知识基础观入手，以动态知识管理能力提升为出发点，在此将技术标准化知识分为标准知识深度和标准知识宽度两个维度，将知识整合机制纳入动态知识管理能力提升的概念模型，以揭示企业动态知识管理能力提升与技术标准竞争优

---

[1] Cordes Philip and Hülsmann Michael, "How Knowledge-Based Dynamic Capabilities Help to Avoid and Cope with Path Dependencies in the Electric Mobility Sector", *Evolutionary Paths Towards the Mobility Patterns of the Future*, 2014, pp.169-186.

势的内在作用关系，如图 5-2 所示。

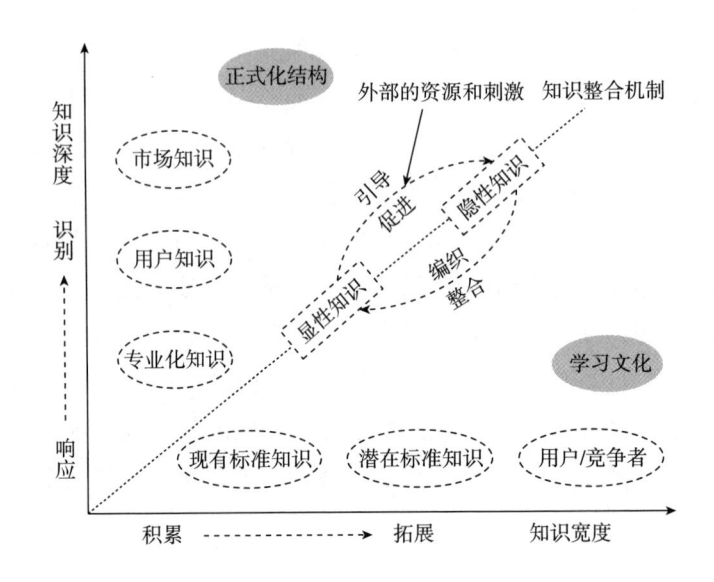

图 5-2 动态知识管理能力提升机理

（1）知识宽度是企业拥有技术标准化知识的范围，代表组织对不同技术标准化知识的熟悉程度。企业现有的标准化知识和潜在的标准化知识，以及从用户和竞争者处获取的标准化信息和知识，如技术标准的发展趋势、用户需求、标准化战略等，是评价标准化知识宽度的主要依据。伴随着技术标准化过程的推进，企业渐渐积累了各领域不同的标准化知识，因而知识宽度较广的企业拥有更为广阔的知识资源获取渠道，能够敏锐地捕捉到技术标准机会，并对自身技术标准化活动的调整有的放矢。然而，标准化知识宽度同时也降低了组织异质性知识资源的利用效率，跨层次的知识转移变得越发复杂，无法充分发挥内外部知识资源的整合价值。此外，用户需求和竞争者战略在动态的市场环境中是实时变化的，频繁的变化也对企业标准化知识的广泛性产生挑战。当标准化知识宽度很高时，并非所有的知识信息都可用于技术标准的制定和推广，这要求企业必须筛选出对增强技术标准竞争优势有益的核心知识，在不确定环境下做出合理的标准化战略决策。

（2）知识深度是企业拥有高度专业化知识的程度和数量，反映组织掌握知识的复杂度。就技术标准化情境而言，知识深度主要涵盖专业化知识、用户知识和市场知识。专业化知识是企业自身所具有的不易被外界模仿和替代的标准化知识，蕴含着企业知识产权和技术专利的核心部分。不仅如此，知识深度意味着企业还能够对用户需求和市场机会做出针对性分析，根据市场环境的不确定性来及时预测潜在风险，从而在激烈的市场竞争中快速响应，将其内化为自身的技术标准竞争优势。基于标准化知识的长期积累，企业开发出差异化的商用产品来争夺市场份额，而这正是源于组织对市场和用户知识深入、透彻的分析。除此之外，一旦组织深入掌握标准化知识，便可以促进企业与其他组织及用户建立高质量的合作关系，有助于企业更加系统地了解和应用标准化知识，从而通过跨领域的知识结合来对技术标准价值给予准确判断。

（3）显性知识和隐性知识的转化，是组织知识演化过程中动态知识管理能力的重要来源[①]。在外界资源刺激下，基于知识转化的知识整合机制确保了两者之间的灵活转换。难以传递的知识经由引导、促进、编织和整合等作用机制为组织带来技术标准竞争优势，丰富了异质性知识资源库的知识存量。一方面，知识整合机制建立了企业标准化各相关部门、企业与其他组织之间的水平联系，为知识流动绩效提供了交互反馈的路径，这也保证了技术标准化战略由制定到落地的实施效果；另一方面，知识整合机制协调了企业的组织结构，打破了知识共享的组织界限障碍，实现了知识供给者与知识需求者之间的精准对接。事实上，企业必须经过知识整合过程才能充分利用丰富的知识资源，知识整合机制保持了标准知识深度与标准知识宽度的动态平衡，最终影响到企业的动态知识管理能力，实现了标准化知识在组织内外部的全方位有机整合。

---

① Cheng Colin C J, Yang Chenlung and Sheu Chwen, "Effects of Open Innovation and Knowledge-Based Dynamic Capabilities on Radical Innovation: An Empirical Study", *Journal of Engineering and Technology Management*, Vol. 41, 2016, pp. 79-91.

（4）企业内部知识资源的分配模式和使用状况，与整个组织的作用发挥密切相关，主要包括学习文化与正式化结构两个层面。首先，与学习型组织相对应的学习文化带动了整个企业的创新氛围提升，在组织现有知识存量的基础上增加新知识，促进了标准化知识的吸收、利用、扩散和传播，并通过知识资源共享推动了技术标准的转型升级。其次，市场环境的复杂不确定性及知识资源的分布不均，对企业内部与组织之间的协作沟通提出了更高要求。只有合理的组织结构才能提供良好的知识整合平台，而正式化的组织结构恰好强调企业技术标准化工作中的惯例和流程，在内隐知识向外显知识转化的过程中弱化了知识主体之间的密集交流，强化了知识宽度和知识深度对知识整合机制产生的影响。最后，组织只有将技术标准化业务流程的各种资源和具体能力有效整合，才能在动荡的环境中铸就综合的动态知识管理能力。

二　动态知识管理能力提升的路径模型

由动态知识管理能力的提升机理可知，知识整合机制从标准知识宽度和知识深度两个层次将显性知识与隐性知识有效整合，从而带动了组织动态知识管理能力显著提升。换言之，组织的知识资本驱动着动态知识管理能力提升，知识能力决定着动态知识管理能力的提升路径。文化能力、技术能力和结构能力作为组织知识能力的三项基础能力[1]，拥有这些能力的企业便可实现知识资本的最大化收益。日本学者野中郁次郎在《创造知识的企业》一书中正式提出 SECI 模型，从隐性和显性两个维度将知识类型予以划分，S（Socialization）社会化、E（Externalization）外部化、C（Combination）组合化、I（Internalization）内部化联结成为 SECI 模型螺旋上升的 4 个知识转化阶段[2]，由此组成了知识转化的核心能力。按照动态知识管理能力的演化逻辑，除了知识

---

[1] Gold Andrew H, Malhotra Arvind and Segars Albert H, "Knowledge Management: An Organizational Capabilities Perspective", *Journal of Management Information Systems*, Vol. 18, No. 1, 2001, pp. 185-214.

[2] 野中郁次郎、竹内弘高：《创造知识的企业》，知识产权出版社 2006 年版，第 72-74 页。

基础能力、知识转化能力等组成部分之外，还应当涵盖知识内化为标准竞争优势的应用能力。借助企业知识库的知识流动建立联系，通过知识库知识存量的循环流转形成了动态知识管理能力提升路径的三层结构模型，主要包括基础层、转化层和应用层，其中基础层是整合结构模型的根基，转化层是丰富企业知识库的重要环节，应用层则是知识价值实现的主要环节，如图 5-3 所示：

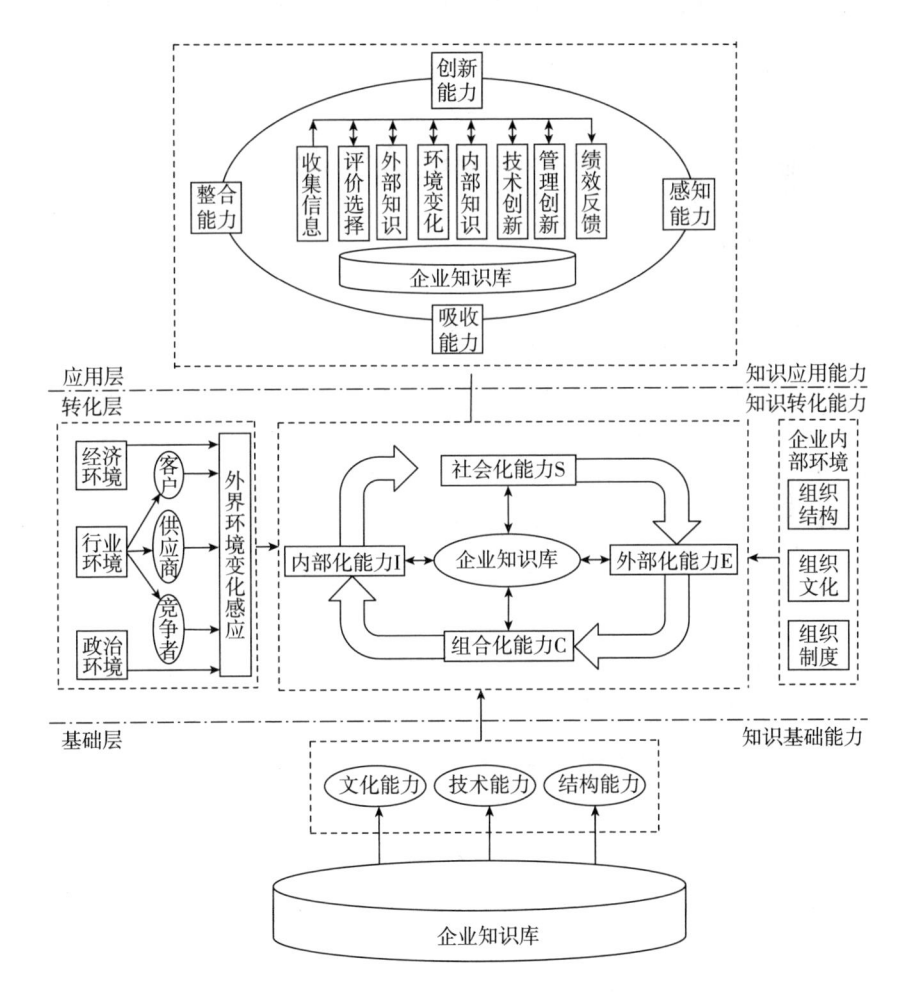

图 5-3 动态知识管理能力提升的三层结构模型

（一）基础层

作为动态知识管理能力提升与价值发挥的基本保障，由文化能力、技术能力和结构能力等知识基础能力所构成的基础层，正是企业保持技术标准竞争优势的支撑力量。

1. 文化能力

主要强调组织文化对知识资源利用效率的作用。组织文化影响着企业技术标准化的工作模式和研发体系，关系到异质性知识库中知识存量的更新和增加，从而决定着企业的技术标准市场行为。同时，要想在复杂不确定的市场环境中快速响应用户需求，组织还需要不断从外界获取对提升技术标准竞争力有益的知识，而组织文化恰好贯穿动态知识管理能力由形成到提升的全过程，在知识获取、吸收、创新等活动中扮演着重要角色。

2. 技术能力

主要是指企业对知识产权和技术专利的应用能力，是影响组织动态知识管理能力提升的关键因素，对技术标准竞争力具有决定性影响。倘若企业的技术标准体系可以为技术标准制定及推广提供有力支持，具备与产品配套的技术研发能力，并且可以在技术标准核心专利的基础上开发出更具竞争优势的商用产品，则意味着组织的技术能力较强，能够顺利完成知识创新成果标准化的过渡。

3. 结构能力

侧重于考察组织结构对动态知识管理能力的影响。企业内部和组织之间的知识共享和信息交流随着组织结构的不同，其技术标准的形成路径和效果也随之变化，从而影响知识资源的配置模式与效率。系统合理的组织结构能够有效协调技术标准化的工作流程，降低企业学习、采纳等投资成本，并增加技术标准化战略的弹性，使企业拥有庞大的用户规模进而获得理想的投资回报率。

（二）转化层

作为基础层与应用层的交互连接层面，组织大多数的技术标准化知识活动都是在转化层完成的。转化层的运行效率取决于知识基础能力的水平，并影响着转化层的绩效产出，在内外部环境的共同作用下，转化层主要是知识的转化分类以及螺旋互动过程。按照 Nonaka 所提出的 SECI 知识螺旋模型，基于隐性知识与显性知识间多次循环的螺旋上升完成了知识转化过程，通过动态知识管理能力跃迁实现技术标准的价值增值。

（1）社会化是指个体或组织间分享隐性知识的过程。隐性知识多为存在于个体和企业内部不易编码化、不易传递给外界的知识。对技术标准而言，隐性知识体现为企业对技术标准需求的认知、标准形成惯例、企业家和技术人员心智模式、未成型的研究设想等。由于技术和市场的不确定性，企业无法预知哪种技术会成为最终的主导设计。因此，企业需要通过隐性知识的交流和分享，分析、掌握和预测市场或者用户的标准需求、技术前景，并内化为全企业整体的标准化意识。标准化主体通过知识识别、挖掘和提炼分析等方式获得技术标准规划和研制所需的知识和信息，将其转变为技术标准制定的参考依据。

（2）外部化是指对隐性知识表达明晰化的过程。外部化不仅可以从模糊的隐性知识中提炼出技术创新的新知识，有利于技术标准的开发形成，还可通过知识创造活动进一步印证和实现社会化阶段产生的创新想法和标准需求。技术标准作为经过编码的显性知识，其研制和开发实际上是知识外部化的过程。在技术标准开发期，技术专家通过 R&D 活动将模糊抽象的创新想法转化为以专利形式存在的新技术，创造出新知识。在此基础上，将分散的技术标准知识集成化，隐性的技术标准知识显性化、规范化，并经多方协商将核心技术转化为标准，确定技术规范的详细框架，最终形成技术标准文本。因此，外部化活动具体化为知识创造，为技术标准化奠定技术基础。

（3）组合化是指各种显性知识的系统组合过程，也是知识的重构过程。外部化阶段形成的技术标准文本还只是建立在技术体系上的技术规范，唯有根据标准文本进行产品开发，并将组织内外部与技术标准相关的异质性知识进行整合并加以应用，在标准核心专利基础上开发出可商用产品。这是因为，通过知识的商业化应用才能推动技术标准的实施和扩散，借助动态知识管理能力提升为企业占据市场份额，获得标准的实际应用价值，进而维持技术标准的竞争优势。因此，组合化活动具体化为知识应用，是技术标准商用的必要途径。

（4）内部化是指显性知识转化为企业隐性知识的过程，是动态知识管理能力得以持续提升的基础。标准知识内部化是基于标准扩散促进知识升华的过程，也是突破企业边界的知识转移过程。企业在显性知识（技术标准）基础上，再次进行显性知识向隐性知识的转化，与用户建立多层次的知识交互反馈机制，保证及时获得外部市场对企业知识创新成果的反馈，并内化为员工的隐性知识，成为新一轮知识创新的基础，促进标准迭代和创新，为新的技术标准产生积蓄力量。标准产品进入市场后，倘若能够获得较广的用户安装基础，则代表技术标准得到了市场的认可和广泛扩散，完成了动态知识管理能力的螺旋式上升过程。因此，内部化活动具体化为知识转移，推动着技术标准的扩散和升级。

（5）急剧变化的内外部环境决定知识转化能力的成效，它强调环境因素对知识转化过程所产生的影响。譬如经济、行业和政治等外部环境要求企业具备足够的市场风险意识和危机意识，对可能干扰知识转变过程各环节的因素做好防范。内部环境则需要企业协调知识资源与标准化利益的分配，营造良好的组织环境为技术与管理创新创造条件，在内外部环境协同互动下掌控技术标准战略的实施方向。

（三）应用层

动态知识管理能力伴随着组织知识管理过程在应用层发挥效用，真正实现了动态环境下技术标准的应用和扩散，同时带动了企业绩效提升。应用层的知识应用能力主要包括企业对动态环境的感知能力、外部知识的吸收能力、内外部异质性知识资源的整合能力及标准化知识的创新能力[①]。

（1）感知能力并非是企业的具体行为，而是组织的思维方式和惯例。如何在动态变化的市场环境中感知技术标准的演进趋势，如何准

---

① Gonzalez R V Dominguez and Melo T Massaroli, "Linkage between Dynamics Capabilities and Knowledge Management Factors: A Structural Equation Model", *Management Decision*, Vol. 55, No. 10, 2017, pp. 2256-2276.

确获取并感知有价值的、稀缺的知识资源，进而有效消化和吸收知识来为技术标准服务，其影响贯穿于整个动态知识管理能力演化过程。企业基于观察、评价和选择等过程的感知对市场环境信息进行整理和筛选，并结合自身知识能力对发展机会和不利因素做出评价和选择，以便制定理性的技术标准化战略决策。

（2）吸收能力是企业将外部知识转化为技术标准的现实生产力，认识其价值并将其吸收应用的能力。在企业技术标准化战略目标的指引下，根据组织内外部环境变化所引发的机会和威胁，有目的、有选择地获取和吸纳外部异质性知识，并将其转化应用为内部知识，借助内外部知识资源的有效整合来及时应对组织环境变化，通过技术标准的核心竞争力实现知识价值。

（3）整合能力以知识应用为目的，主要表现为企业对内部流程和惯例的优化，综合应用现有知识与所获取的外部知识来调整设计标准化战略，提升企业内部各部门与不同组织之间的耦合协同。同时，进一步对自身知识库予以扩充丰富，以满足内外部环境变化对动态知识管理能力的要求，并借助知识资源的重新整合来优化技术标准创新网络，形成系统的标准知识体系。

（4）创新能力以满足用户需求为目标，包含技术创新和管理创新两个核心环节，通过两者间的交互作用来响应用户需求，应用技术标准为用户开发和配置商用产品。鉴于创新能力对组织绩效的正向影响作用，因而根据绩效反馈的结果优化知识资源的配置模式，安排和部署内外部知识资源为技术标准化的市场活动创造机会，有助于获得新的技术标准竞争优势，进而带动组织绩效提升。

第二部分
基于联盟的标准化知识体系

第六章 技术标准联盟的知识生态系统构建

屹立在数字化经济浪潮中，市场和技术环境的不确定性与复杂性加剧了标准化过程的风险，企业单纯依赖自有知识库已无法有效捕捉并快速响应用户的标准需求。技术标准联盟的出现，恰好弥补了单个企业无法掌握制定技术标准所需的所有知识资源的局限，通过吸纳和集聚知识资源促进了联盟成员之间的合作，充分发挥联盟的平台、纽带和智库作用，进而促进技术标准的转化应用。然而在实践中，技术标准要素与知识要素的结合使技术标准联盟的组织边界越发模糊，缺乏有效治理机制成为制约技术标准联盟长远发展的壁垒。联盟秩序与联盟成员间技术、信息及情报等各种知识形态的顺利流转和转化密切相关，良好的治理机制可以使技术标准联盟接近于一个知识生态的自适应系统。既然知识生态系统是每个技术标准联盟的客观存在，那么在复杂、动态的知识生态环境中，如何优化知识生态系统的资源要素配置？如何推进技术标准联盟知识生态系统的演化进程？如何推进技术标准联盟有效治理与稳定运行？探讨这些问题，对于促进知识主体联盟合作、提升知识价值具有重要的现实意义。

第一节 研究概述

一 技术标准联盟

技术标准联盟作为标准化战略的重要内容，是企业参与标准化市场活动的重要组织形式，也是企业参与标准竞争的必然选择。20世纪90

年代,技术标准联盟的概念由 Axelrod[①] 正式提出,但当前学者们对其内涵的理解并未达成一致。通常而言,技术标准联盟是以拥有较强 R&D 实力和关键技术知识产权的企业为核心,多家企业联合制定技术标准,并将技术标准市场化作为战略目标的联盟组织[②]。随着技术标准竞争格局的变化,技术标准联盟的内涵也随之丰富,但其实质仍然是以建立技术标准为根本任务的特殊战略联盟形式[③]。联盟成员除了不可或缺的企业之外,用户、政府、高校、科研机构和行业协会等组织也会参与其中,这体现了技术标准在行业内的广泛影响力和联动效应。

标准化与研发合作紧密相关,企业参与技术标准联盟的出发点便是获取其他组织的资源和能力。技术标准联盟为企业提供了全新知识资源,为联盟成员弥补创新相关的知识资源劣势创造机会,由此为企业自身注入创新动力[④]。事实上,技术标准联盟为标准化战略实施提供依托,是企业参与标准化活动的重要组织形式,在联合开发、制定、实施和推广技术标准等环节中发挥关键作用。该联盟通常是围绕特定技术而建立,重点关注联盟成员之间的利益协调,即就参与者之间的利益达成一致,通过联盟确立和扩散技术标准并借此实现价值创造[⑤]。与正式的标准制定组织相比,联盟的运行体制更为灵活,对市场需求的反应更为敏捷,所制定的技术标准更具战略影响力[⑥]。

技术标准联盟的现有研究成果,主要是围绕联盟动因、合作伙伴

[①] Axelrod Robert and Mitchell Will, "Coalition Formation in Standard-Setting Alliances", *Management Science*, Vol. 41, No. 9, 1995, pp. 1493-1508.

[②] Hemphill Thomas A, Cooperative Strategy and Technology Standards-Setting: A Study of U. S. Wireless Telecommunications Industry Standards Development, Ph. D. dissertation, George Washington University, 2005.

[③] 李薇:《技术标准联盟的本质:基于对 R&D 联盟和专利联盟的辨析》,《科研管理》2014 年第 10 期。

[④] Blind Knut and Mangelsdorf Axel, "Alliance Formation of SMEs: Empirical Evidence from Standardization Committees", *IEEE Transactions on Engineering Management*, Vol. 60, No. 1, 2013, pp. 148-156.

[⑤] 程虹、刘芸:《利益一致性的标准理论框架与体制创新——"联盟标准"的案例研究》,《宏观质量研究》2013 年第 2 期。

[⑥] Pohlmann Tim, "Attributes and Dynamic Development Phases of Informal ICT Standards Consortia", *SSRN Electronic Journal*, 2010.

选择、联盟治理和绩效评价等方面展开。企业参与标准联盟的动机主要包括降低市场不确定性、解决技术问题、获取知识、影响监管及进入市场等[1]。随着研究的深入，学者们发现技术标准联盟具有规模更大、结构半开放、存在双重竞争和"花车效应"等独特之处[2]。根据技术标准设定不同阶段下企业的行为模式，曾德明等将标准联盟分为折中妥协式、多企业协作式和混合式三类[3]。近年来，随着网络、信息、通信技术的快速发展，涌现出如 Bluetooth、GSM 等一大批成功的标准联盟，其形成条件、运行模式、竞争战略等问题开始受到学者们的高度关注[4]。

然而，作为一种相对新颖的组织形态，关系复杂、多决策中心和利益冲突等原因使得技术标准联盟容易出现不欢而散或逐渐解体的状况，因此，学者们开始关注技术标准联盟的稳定发展问题。例如，张琰飞等构建了基于谈判的技术标准联盟成员利益协调模型[5]；Wang 探讨了技术标准联盟不同阶段下的动态资源匹配模型[6]；李庆满等探讨了技术标准联盟成员的选择、联盟的治理构架和性质[7]；章文等运用博弈多智能体模型模拟技术标准联盟演化轨迹并挖掘其治理要点[8]；李冬梅等基于社会网络理论探讨了技术发起者的网络中心性和网络关系强度对标准联盟的影响路径[9]；张运生等以 AVS 为研究对象，探讨

---

[1] Blind Knut and Mangelsdorf Axel, "Motives to Standardize: Empirical Evidence from Germany", *Technovation*, Vol. 48-49, 2016, pp. 13-24.

[2] 代义华、张平：《技术标准联盟基本问题的评述》，《科技管理研究》2005 年第 1 期。

[3] 曾德明、方放、王道平：《技术标准联盟的构建动因及模式研究》，《科学管理研究》2007 年第 1 期。

[4] 孙耀吾、裴蓓：《企业技术标准联盟治理综述》，《软科学》2009 年第 1 期。

[5] 张琰飞、吴文华：《基于谈判的技术标准联盟成员利益协调研究》，《科研管理》2011 年第 2 期。

[6] Wang Daoping, Wei Xiaoyan and Fang Fang, "Resource Evolution of Standard Alliance by Technical Standardization". *Chinese Management Studies*, Vol. 10, No. 4, 2016, pp. 787-801.

[7] 李庆满、杨皎平：《集群视角下中小企业技术标准联盟的构建与治理研究》，《科技进步与对策》2012 年第 23 期。

[8] 章文、李代平：《基于博弈多智能体的企业标准联盟治理研究》，《中国科技论坛》2014 年第 9 期。

[9] 李冬梅、宋志红：《网络模式、标准联盟与主导设计的产生》，《科学学研究》2017 年第 3 期。

了高技术产业技术标准联盟的治理结构及其具体治理机制[1]。通过以上文献梳理可以看出,学者们就技术标准联盟的稳态发展已开展了大量研究,但都只是从宏观或中观的单一层面出发,尚未建立一个较为完整的协同演化分析框架来解释技术标准联盟的演化规律。技术标准联盟具有典型的复杂系统特征,是联盟主体间以及联盟主体与外部环境之间多层次共同演化的结果。因此,有必要寻找新的理论,以全面、系统地考察技术标准联盟的演化规律。

二 知识生态系统

生态学是以特定环境内的族群关系为研究对象的科学,主要是研究特定范围内生物之间、生物与环境之间的相互关系。生态系统则是由生物群落和非生物环境构成的整体[2]。实际上,自然生态系统与知识生态系统有许多相似之处。自然生态系统是环境系统和生物系统的总和,环境作为生物群落的物质基础,能够影响生物群落的分布状态;生物系统既是环境的适应者,又是环境的改造者[3]。其中,生物系统中的生产者和消费者由于取食而形成单向食物链关系,沿着每一环节逐级向上,其个体数目和能量逐渐减少,于是形成阶梯状"底宽上尖"的生态金字塔。

知识生态学是一门利用生态学的理论和方法来研究知识及知识系统活动规律的衍生学科。自 Por 于 1991 年提出知识生态系统概念以来[4],其基本原理和研究方法被越来越多地借用和移植到社会学、管理学、情报学等领域的研究中,并产生了大量的研究成果和启示。与自然生态系统一样,知识生态系统同样由生物成分和非生物成分组成,知识主体可类比为自然界的生物成分,知识环境即非生物成分。

---

[1] 张运生、张利飞:《高技术产业技术标准联盟治理模式分析》,《科研管理》2007年第6期。

[2] Looijen Rick C and Van Andel Jelte, "Ecological Communities: Conceptual Problems and Definition", *Perspectives in Plant Ecology, Evolution and Systematics*, Vol. 2, No. 2, 1999, pp. 210-222.

[3] 文祯中:《生态学概论》,南京大学出版社2011年版,第52页。

[4] Por George, "What is a Knowledge Ecosystem", http://www.co-i-l.com/coil/knowledge-garden/kd/kes.shtml.

知识作为知识生态系统的功能基础，在知识群落中的动态流转过程与自然生态系统中的能量循环和物质转化也有一定相似性。知识主体与知识主体、知识生态环境之间通过知识交换，形成了有机统一的整体，即为知识生态系统。

知识生态学具有广阔的发展和应用空间，形成了创新系统、组织知识管理及竞争战略等不同研究进路。创新系统研究进路主要关注创新过程中不同行动者之间的知识传递与互动[1]；组织生态知识管理研究进路的代表学者陈灯能从种群生态学出发，推演出知识生态 DICE 模型，从知识分布、互动、竞争和演化角度研究组织知识生态演化，将知识生态理论的研究对象从生物个体延伸到组织、产业层次[2]。竞争战略研究进路将知识生态理论与竞争战略理论相结合，把技术战略概念化为知识搜索、知识产生和知识演化的过程[3]。可见，不同的研究进路都强调知识与环境互动过程中知识的演替和进化，知识生态系统理论适用于所有与环境相关的研究领域，是一个极具解释力的分析框架。

三　技术标准联盟知识生态系统

技术标准与知识密不可分，战略联盟是企业之间知识转移和交换的手段[4]。事实上，技术标准联盟的本质是知识联盟，技术标准联盟的变迁同样也是知识生态系统的演化过程。本书认为，技术标准联盟知识生态系统是一个综合概念，是技术标准联盟知识主体之间、知识主体与知识环境之间不断进行知识流动、知识循环而形成的动态开放系统，既包括知识生态系统的组成要素，又涵盖这些要素间的相互作用机制。

从技术标准联盟与知识生态系统两者的研究来看，学者们多由专利、知识产权战略、知识转移、知识外溢等角度探讨其与技术标准联盟之间的作用关系。譬如高照军从全球产业链嵌入视角分析了技术标

---

[1] 龙跃、顾新、廖元和：《基于知识生态转化的产业技术创新主从协调研究》，《科学学与科学技术管理》2018 年第 2 期。

[2] 陈灯能：《知识生态理论的建构与实证》，博士学位论文，中山大学，2004 年。

[3] 梁永霞、李正风：《知识生态学研究的几种进路》，《情报理论与实践》2011 年第 6 期。

[4] Buckley Peter J, Glaister Keith W, Klijn Elko and Tan Hui, "Knowledge Accession and Knowledge Acquisition in Strategic Alliances: The Impact of Supplementary and Complementary Dimensions", *British Journal of Management*, Vol. 20, No. 4, 2010, pp. 598-609.

准联盟跨层次知识外溢的过程机理[①]，Zhang 等的研究证实了企业内部知识对于战略联盟形成的影响[②]，王珊珊等认为专利活动冲突会影响技术标准联盟的稳定性与标准化绩效[③]，而聚焦于知识生态视角下的技术标准联盟研究成果较为缺乏。此外，知识生态系统的研究对象多为企业、图书馆、网络社区等，联盟的稳定与治理多围绕产学研联盟、战略联盟、技术创新联盟等主体展开，结合知识生态系统探讨技术标准联盟稳态机制的研究还很少见。

通过以上文献梳理可以看出，学者们分别就技术标准联盟和知识生态系统已开展了大量研究。其中，对于技术标准联盟的研究，主要集中于产生动因、伙伴选择、影响因素、联盟类型和联盟治理，联盟的标准制定与扩散、绩效评价等层面；从知识生态系统角度看，多围绕知识生态系统的特征、组成架构、功能、生态位、关系及进化等方面开展研究。但是，技术标准联盟与知识生态系统两者之间的整合研究较少，知识生态视角下技术标准联盟演化的机理研究尤为缺乏。鉴于此，本书从知识生态视角入手，结合技术标准联盟情境，旨在阐明其知识生态系统的内在演化规律，以期为优化技术标准联盟知识生态系统的知识生态链、提升知识生态位水平提供理论支撑，同时拓展利益协调与治理的研究思路。

第二节 技术标准联盟知识生态系统解析

一 组成要素

技术标准联盟的知识活动只有遵从生物学规律，才可能实现知识

[①] 高照军：《全球产业链嵌入视角下技术标准联盟跨层次知识外溢的过程机理》，《管理现代化》2015 年第 5 期。

[②] Zhang Jing, Baden-fuller Charles and Mangematin Vincent, "Technological Knowledge Base, R&D Organization Structure and Alliance Formation: Evidence from the Biopharmaceutical Industry", *Research Policy*, Vol. 36, No. 4, 2007, pp. 515-528.

[③] 王珊珊、占思奇、王玉冬：《产业技术标准联盟专利冲突可拓模型与策略生成》，《科学学研究》2016 年第 10 期。

生态系统的可持续发展。知识生态系统的演化过程隐喻为生物对外界变化做出的应答过程，根据演化经济学的相关观点，本书将两大生态系统进行对比（见表6-1）。在知识生态系统中，知识活动的基本主体单元是企业、政府和行业协会等，各主体联结组成多种群落，群落通过与物种间互动合作、共生进化形成一个动态的系统整体演化局面。

表6-1 技术标准联盟知识生态系统的生物学隐喻

生物学隐喻	技术标准联盟知识生态系统
物种	标准化主体
种群	某类标准化主体集合
群落	多种标准化主体形成群居共生关系
基因（库）	惯例（库）
变异	全新的标准化思想、模式、路径等
繁殖	学习、采用——上升为所属行业的标准规范
选择	市场竞争
生境	标准资源与网络

（一）知识

作为整个技术标准联盟知识生态系统的基础组成部分，知识资源的可利用度关乎整个系统的演化方向，对于标准战略实施的作用日益突出。知识主体如何在技术标准联盟中有效利用知识资源，成为提升标准竞争力、争夺市场话语权的核心任务。在知识主体与知识环境的作用过程中，不同结构层次、不同规模的知识主体之间以知识流动为载体，使技术标准联盟知识库得到快速积累更新，实现了知识价值的持续增值。以知识归属的主体范围为依据，可将技术标准联盟知识生态系统中的知识分为三类：个体知识、种群知识和群落知识。在技术标准联盟组建初期，单个企业拥有标准制定所需的知识创新成果、技术、专利等都属于个体知识范畴；随着联盟成员之间在业务上的交流合作日益密切，标准知识逐渐跨越组织界限，具有共同利益目标的成员进行知识共享，个体知识便过渡到了种群知识；紧接着政府、行业协会、标准化组织及用户都加入到技术标准联盟中,知识来源渠道得以拓宽,种群知识集聚演化为群落知识,形成了具有特定功能的种群知识集合。由此,联盟成员通过知识管理活动与各方标准化主体建立合作关系,并从不同对象获取差异性关系资本,最终完成由个体知识、种群知识再到群落知识的演化。

(二) 知识主体

作为整个技术标准联盟知识生态系统的主导者,知识主体是推动知识生态系统演化的原动力,影响着知识的潜在演化方向。作为技术标准联盟知识生态系统中的行动者,各知识主体通过组建或参与技术标准联盟来开展技术标准化活动,以此建立各联盟成员间的联系,保持知识资源的最佳配置状态。知识生态系统中的知识主体按照持有者等级,可将其细分为知识个体、知识种群和知识群落。知识个体指的是在技术标准联盟中发挥基础纽带作用的组织,并且拥有制定标准所需的知识能力;知识种群是技术标准联盟中具有相近知识能力的组织,通过知识整合和分布来共享知识资源,将知识存量水平相近或互补的知识个体有效集聚,即由知识个体所组成的集合体,为进一步向知识群落过渡奠定基础;知识群落作为知识主体演化的最高形式,是各知识主体、知识种群与联盟环境之间彼此适应融合的产物,是技术标准联盟中涉及标准制定、应用、推广活动的所有成员集合。经过由个体到种群各知识流动环节的积累,技术标准联盟的知识存量得到补充和更新,并且能够充分利用所累积的知识资源对技术标准联盟进行知识战略部署。

(三) 知识环境

环境要素与知识主体之间存在相互影响、相互调和的交互作用。一方面,知识环境为知识主体提供制定技术标准所需的知识资源,并降低了标准开发的风险和不确定性;另一方面,知识主体反过来影响和改造知识环境的资源配置状态,进而影响知识的价值发挥和应用范围。就技术标准联盟知识生态系统而言,技术标准联盟的知识环境涵盖社会经济水平、技术条件、国家政策制度、社会网络资本、文化环境等要素①。社会经济水平是知识生态系统运行的经济基础；知识生态系统的技术条件关系到知识生态系统运转的效率和流畅性；国家政策制度、社会网络资本、文化环境能够为知识主体提供更多资源和机会，影响着知识主体的知识活动和联盟行为。总体而言，这些环境要素与知识主体之间存在相互影响、相互调和的交互作用。因此，知识主体必须适应动态变化的知识环境，维持技术标准联盟运行秩序的稳定，从而达到降低风险、获得超额利润的目标。

知识、知识主体与环境之间的相互调控，是技术标准联盟知识生态系统自我调节能力的重要体现。只有知识生态系统中各要素协同进化，才能实现系统的整体进化。本书构建了技术标准联盟知识生态系统的三维要素模型（见图6-1），以便系统分析知识生态系统的组成要素及要素间的作用关系。在该模型中确定了知识生态系统的三大组成要素：知识、知识主体、知识环境，以及这些要素之间的作用关系："知识—知识主体—知识主体"和"知识—知识主体—知识环境"。事实上，技术标准联盟内的每个知识主体并非是完全孤立的，以知识流为联结纽带与周围的知识主体和知识环境进行交互，并将零散的、不易利用的知识转化为系统化的、易利用的知识，加速了知识流动的速度和效率，依赖"知识个体→知识种群→知识群落"的演化路径形成了生态共生、协同进化的知识生态系统。因此，应努力寻求知识生态系统要素之间利益协调的相对平衡点，保障技术标准联盟的稳定运行。

二 系统演化特征

（一）标准导向性

传统的知识联盟生态系统一般是将知识互补、合作创新、成本和风险共担、进入市场以及相互学习等作为协同演进的内在动力，并且随着发展阶段的推进不断变化。但技术标准联盟知识生态系统从诞生之初就具有明确的标准导向，各知识主体围绕某一特定的标准组建联

---

① 叶飞、周蓉、张红：《产学研合作过程中知识转移绩效的关键影响因素研究》，《工业技术经济》2009年第6期。

盟，在联盟平台上通过合作研发或专利技术共享等知识交互方式推动标准化进程。

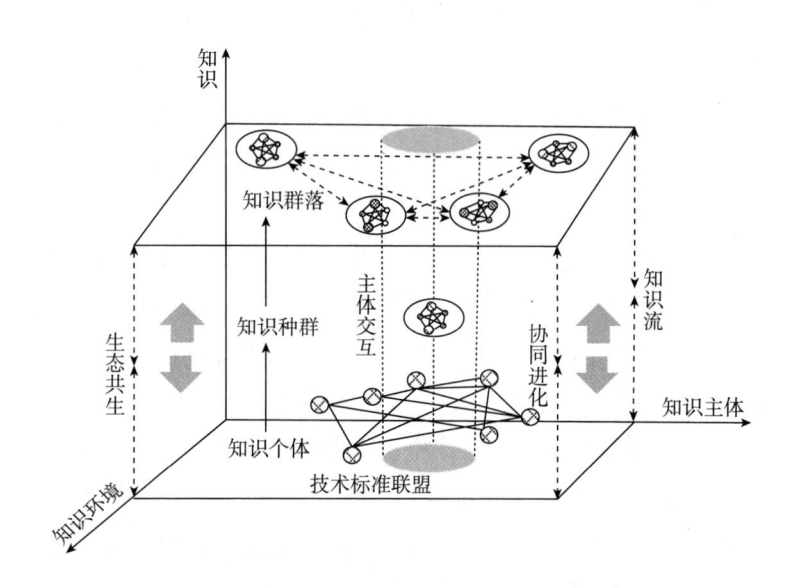

图 6-1　技术标准联盟知识生态系统的三维要素模型

（二）价值流转性

知识流动是知识生态系统的基本功能，基于技术标准联盟成员间的知识链，知识得以在联盟成员之间跨越组织界限流动，经过"技术—专利—标准—产品"等知识形态转换，将各知识主体联结为拥有稳定秩序的技术标准联盟。在动态、开放的知识生态系统中，通过知识流动各环节来发挥知识的服务价值，将知识转化为标准生产力，能够增强知识主体的标准核心竞争力，知识主体之间实现优势互补、风险共担、利益共分、知识共享，激发整个联盟的创新活力，加快知识向标准的转化速度，进而优化技术标准联盟的知识资源配置模式，最终联结为秩序稳定的技术标准联盟。

（三）全局整体性

技术标准化是一个动态演进的生命周期过程，可细分为开发期、实施期和推广期。技术标准联盟知识生态系统是由知识、知识主体和知识环境等要素组成的有机整体。由于各知识主体组建或参与联盟的动机不同，联盟成员之间也存在异质性。因此，必须妥善处理好知识主体、知识环境、标准需求之间的作用关系，做到以联盟成员为知识主体、协调利益诉求、兼顾知识生态环境。

（四）自组织性

技术标准联盟知识生态系统具有紧密的成员关系、密切的R&D合作和专利池合作关系，具备自组织、自调控的调节能力。知识生态系统实际上是吸收、发现知识资源，并经过知识加工、处理的再增值过程。技术标准联盟知识生态系统需要不断与外界进行能量、物质、知识信息的交换，经历从无序到有序的状态，继而从新的无序到新的有序的自我组织过程，以形成平衡的系统结构。

（五）层次开放性

一切生态系统本质上都具有开放性。但是，技术标准联盟知识生态系统是一个分层开放的系统，即在核心成员层面上联盟是封闭的，只有少数掌握着关键专利和核心技术的企业能够进入[1]，强大的知识产权为核心层企业带来了谈判优势和较高的联盟地位，使其能够以较低成本获得其他核心企业的技术知识。为了鼓励更多厂商投入资源并采用该标准，联盟对于那些不拥有知识产权的潜在普通成员和用户来说又是付费开放的。这种分层开放的联盟结构使整个系统富有生机与活力，保障了技术标准联盟知识生态系统的新陈代谢和向上发展。

三　知识生态系统的演化阶段

知识主体在技术标准联盟中所处的知识生态位不同，导致其拥有的知识资源数量、类型都存在差异。根据物种进化理论，在有限的生存资源和空间内，倘若联盟成员不能与其他知识主体建立紧密联系，适应联盟内外部的知识生态环境，提升自身的技术标准化能力，则可能面临被"淘汰"的风险。

从技术标准联盟的运行秩序来看，知识管理动机与技术标准联盟

---

[1] Keil Thomas, "De-Facto Standardization through Alliances-Lessons from Bluetooth", Telecommunications Policy, Vol. 26, No. 3-4, 2002, pp. 205-213.

网络之间存在动态匹配的关系①。伴随着知识生态系统演化过程的推进，联盟成员将某些知识以共享的方式传递给其他联盟成员，其他知识主体将其吸收、内化为自身的知识，更新知识库的知识存量，将自身的标准优势转化为共同的标准竞争优势。事实上，技术标准从开发、实施到推广的过程中，无论是知识个体、知识种群，还是知识群落，从组织到联盟层面都经历了幼年、成长、成熟、衰退和孕育的生命周期历程②，具体如表6-2所示。

表 6-2　　技术标准联盟知识生态系统的演化阶段

进化过程	技术标准联盟知识生态系统状态
幼年阶段	①初步具备技术标准联盟开发技术标准所需的知识资源；②知识创新成果逐渐转向新技术应用；③技术标准联盟的知识共享仅局限于部分联盟成员层面；④尚未建立符合技术标准联盟知识生态系统演化要求的联盟规范；⑤知识服务功能处于起步阶段
成长阶段	①联盟成员开始根据核心技术专利开发技术标准，推动系统走向成熟；②知识资源配置得到优化，满足市场和用户的标准需求；③知识转化为技术标准的效率快速提升
成熟阶段	①知识、联盟知识主体与联盟知识环境实现协同进化；②知识生态链的组成要素实现动态平衡；③按照技术标准规范生产商品，掌握标准竞争的市场主动权和话语权；④联盟知识主体基于自身知识生态位，获取最大化利益
衰退阶段	①新的标准需求产生，技术标准性能亟须优化改进；②技术标准联盟知识生态系统的抵抗力、恢复力稳定性受到冲击；③技术标准联盟的运行秩序逐渐被打破；④原有的技术标准规范阻碍了知识创新
孕育阶段	①联盟惯例开始被打破；②联盟成员间的知识关系网络在博弈中重建；③动态的联盟知识环境中，新知识、新标准促使技术标准联盟知识生态系统向更高级演化

四　知识生态位

在技术标准联盟知识生态系统中，各主体开展标准化活动时，既要分析外部知识生态环境，也要审视自身在知识生态环境中所占据的特定位置，即知识生态位。技术标准联盟知识生态位是指以知识创新

---

①　宋志红、李常洪、李冬梅：《技术联盟网络与知识管理动机的匹配性——基于1995—2011年索尼公司的案例研究》，《科学学研究》2013年第1期。

②　孙振领：《知识生态系统进化机制研究》，《情报杂志》2011年第6期。

为核心能力而形成的联盟组织，通过知识的获取、共享、集成和应用等活动实现技术标准的制定、实施、推广和扩散，联盟中知识个体、种群和群落分别在各自赖以生存、发展和竞合的环境中所获得的功能地位。本质上来说，技术标准联盟知识生态位的发展演化反映出标准联盟生存发展的状态与水平。一方面，技术标准联盟知识生态位具有一定的结构体系，是特定功能的有机综合；另一方面，技术标准联盟知识生态位与技术标准同步发展，与技术标准联盟生命周期的各演进阶段相对应，联盟知识生态位也表现出明显的生命周期特征。技术标准联盟知识生态位是横向维度演化和纵向维度演化的有机结合体，忽视任何一个方向的研究路径都会影响整个研究体系的理论构架，因此，本书根据联盟主体的功能作用和生命周期特征对其知识生态位结构进行了维度划分。

（一）横向生态位

功能生态位一定程度上代表着知识主体在生态系统中的功能角色定位，强调知识主体在其所处生态位置上所发挥的作用，反映了知识主体对知识资源使用状态的影响。事实上，知识主体可以在同一技术标准联盟中同时充当多重角色，并且通过角色转换来协调利益关系。按照功能角色定位，本书从技术标准联盟内知识个体、知识种群两个层面对其知识生态位进行横向划分。首先，知识个体生态位。不同知识个体由于所充当的角色和职能不同，因而表现出不同的功能定位，具体来说包括知识生产者、知识传递者、知识消费者和知识分解者。知识生产者决定了标准知识的供给情况，联盟主导企业、配套技术提供企业、高等院校、科研院所等将知识创新成果转化为专利技术提供制定技术标准所需的知识资源，通常需要多个知识模块来构建一个完整的技术标准。知识传递者是技术标准联盟中负责管理和传递知识的组织或工作组，通过契约制度将知识生产者和知识消费者汇集到一起，实现知识资源平衡及分配工作。知识消费者是联盟中搜索和利用知识及知识衍生品及服务的个人或组织，如消费者和标准产品生产商。知识分解者是联盟中筛选、整理知识，剔除无用知识的组织，通常也由联盟管理工作组来承担，此外，某些利益相关组织如政府、正式标准组织、科研机构等也充当了知识分解和整理的角色。其次，知识种群生态位。根据功能定位，可以进一步将知识个体划分为技术标准提供者、标准产业化者、技术标准用户和技术标准联盟利益相关者四类知识种群[①]。这些种群各自占据特定的生态位，既反映了该种群与其所处群落中其他种群之间的联系，也体现了与其所处群落环境的互动关系。

（二）纵向生态位

同一知识主体生态位在不同发展阶段会呈现出不同状态与水平，因此，技术标准联盟的发展演化也是联盟主体知识生态位由低到高逐级发展的过程。将技术标准联盟知识生态位的发展过程置于生命周期理论视域内加以审视，可以发现，其也遵循从组建期，到发展期，再到成熟期、衰退（转化）期的发展演化过程[②]。在标准联盟组建期，成员仅限于联盟发起者等核心层企业，尚未形成完备的产业链，企业知识生态位还缺乏较为完善的功能机制。进入标准联盟发展期，标准核心技术确定，主导企业知识生态位占据绝对优势，联盟标准的开发和产品化使得联盟成员扩展至生产商、供应商，产业链基本形成，联盟知识生态位进一步扩大。标准联盟成熟期是利益分配的关键阶段，各企业开始获得市场回报，更多的企业加入联盟，企业知识生态位出现重叠情况，由此引发激烈的市场竞争。在标准联盟衰退阶段，联盟成员从用户、扩展层到紧密层再到核心层不断流失，联盟标准地位下降，联盟利益缩小的过程伴随着生态位的萎缩，拓展新的知识生态位势在必行。

第三节　技术标准联盟知识生态系统的演化机理

一　知识生态链

在自然生态系统中，食物链对促进自然生态系统稳定具有重要作

[①] 张琰飞、吴文华：《信息产业技术标准联盟生态属性研究》，《科技进步与对策》2010年第8期。

[②] 龚艳萍、董媛：《技术标准联盟生命周期中的伙伴选择》，《科技进步与对策》2010年第16期。

用。能量以食物链为载体在各环节流动，并在生物与无机环境之间进行物质循环。与之对应，技术标准联盟知识生态系统中各个演化阶段中，知识生态链和知识网络作为知识流动的渠道，由系统中各个知识流动环节组成。知识流动作为知识生态链的核心，是技术标准联盟发挥知识价值的基本途径。基于知识生态链中各个主体之间的知识输入、传递、转化和散失过程，知识持续流向了对知识主体最有益的部分。美国学者 Holsapple 和 Singh 提出了知识链模型，认为知识链包括知识获取、知识选择、知识生成、知识内化与知识外化五个基本环节[①]。在技术标准联盟知识生态系统中，各知识主体若保持适当的生态位距离，则可以较为充分地利用知识资源；若处于分离状态，尽管知识主体之间不存在竞争，但知识资源往往达不到最佳配置状态。

从知识功能生态位角度来看，知识生态链将知识主体与内外部知识环境联结为有机整体，通过知识流转建立了知识主体之间的紧密联系，充分利用了技术标准联盟知识生态系统中的知识资源，此时知识生态系统的结构和功能处于较为合理的状态。由于技术标准联盟中知识主体的异质性，导致其所占据知识资源的时间、空间位置差异较为明显。一方面，知识生态位较宽的联盟成员拥有更多可利用的知识资源，为了持续保持技术标准竞争优势，联盟成员会抢占其他知识主体的知识资源，以保持其在技术标准联盟中的主导地位；另一方面，处于弱势地位的联盟成员往往拥有制定标准所需的独有知识资源，在维持现有联盟地位的基础之上，会从其他知识主体处进一步获取实现自身长远发展所需的资源，以提升知识资源利用能力及竞争水平。

具体而言，处于较高生态位的知识主体相比其他联盟成员拥有更多知识资源，拥有技术标准制定及推广的时空优势。知识势差使得知识从高势能的知识主体流向低势能的知识主体，在整个技术标准联盟知识生态系统中实现了知识的交换和共享，增加了知识存量，成为知识生态系统演化的原动力。技术标准联盟的知识生态链由若干节点和

---

① Holsapple Clyde W and Singh M, "The Knowledge Chain Model: Activities for Competitiveness", *Expert Systems with Applications*, Vol. 20, No. 1, 2001, pp. 77-98.

知识场所组成，通过知识流进行知识转移和共享，并将众多知识主体联结为知识生态系统。在反馈调节的动态知识链中，每个节点都具有制衡性，并且借助知识链实现了知识流动、价值传递和物质循环等功能。通过充分整合上下游生态链的知识资源，突破了联盟成员取得技术标准竞争优势必须依赖内化能力的局限，有效发挥了各系统要素互生互补的协同效应。如图6-2所示，按照生态链各节点连接闭环路径的不同，本书从主体层、活动层和物理层三个角度来剖析知识生态链的运行机理。

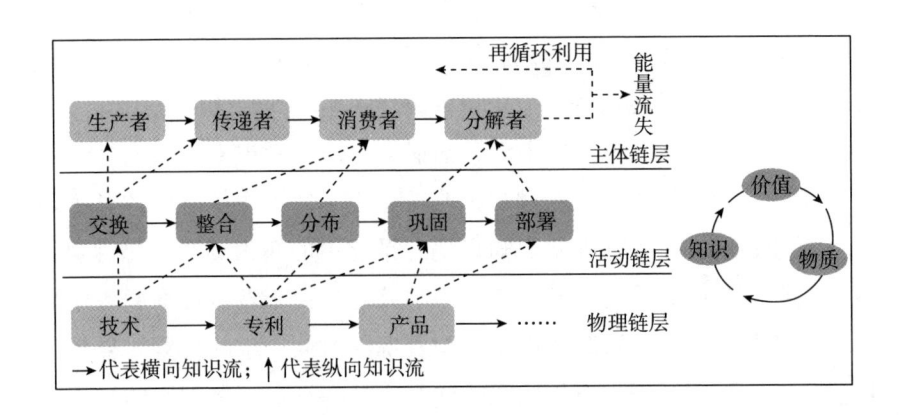

图 6-2　技术标准联盟的知识生态链

（一）物理层

物理链是知识生态链的基础层，由技术标准知识存储和传播的物质载体组成。技术标准联盟知识生态系统内部知识主体之间的知识流动，加之与外界环境和其他知识生态系统通过知识流、信息流、价值流和服务流的交换，建立了融合发展的知识生态体系。在该链层中，各知识主体经历了知识创新成果标准化、技术专利化、专利产品化的转变，从知识创新成果依次转化为技术、核心专利，制定技术标准后生产可商用产品参与市场活动，为知识转移奠定物质基础。同时，技术、专利与产品等衍生品奠定了知识生态系统模式创新的物质基础，有效整合了内外部知识资源，并且增强了知识主体之间的黏性。

（二）活动层

标准的竞争离不开技术标准联盟的竞争，而技术标准联盟竞争力的提升依赖于对各项知识活动的有效管理。活动链是联结物理链与主体链的过渡层，主要由知识主体的各种知识活动构成。通过将物理层的知识成果与知识主体彼此联结，实现了知识消费和价值发挥的目标。知识主体通过分析自身所处的生态链位置，再与其他知识主体进行比较，可以明确自身竞争生态位的态势，从而针对性开展交换、整合、分布、巩固及部署等知识活动，在动态变化的生态环境中选择适合自身发展的生态土壤。知识活动层通过紧密联结知识主体层与物理层，促进了知识生态链的有效运转，提升了技术标准联盟的整体管理水平。

（三）主体层

知识生态链以满足知识主体的知识需求为出发点，以达成知识主体、知识环境与知识之间的有效对接为目标。主体链层由知识生态系统中的知识主体组成，并在不同的功能生态位中充当不同角色。知识主体通过捕捉市场机会和用户标准需求，基于内外部环境的对比来寻找自身知识差距，选择与自身知识生态位相匹配的伙伴建立联盟关系，开启知识生态系统的整个演化进程。区别于自然生态系统中食物链的单向流动关系，灵活性、协作性和适应性是知识生态链的重要特征。虽然"知识生产者→知识传递者→知识消费者→知识分解者"是主要的知识流动路径，但由于各知识主体所拥有的知识资源及所处知识环境存在差异，知识主体彼此之间便可以实时进行知识共享，促进技术标准在激烈的市场竞争中获取领先优势。

二　知识生态位

知识生态链作为技术标准联盟知识生态系统在个体层面的重要运行机制，链条上各主体之间存在不同程度的生态位重叠现象，这会影响联盟成员之间的竞争与合作，进而推动技术标准联盟知识生态系统由低效、无序状态向高效、有序状态演化。聚焦于特定的演化阶段，由于联盟内的资源具有稀缺性和有限性，处于不同生态位的知识主体会伴随资源状态而采取适应性调整，其生态位往往会产生交叉重叠，由此推动着整个生态系统的演化跃迁。借鉴王斌等的研究结论[①]，本书将技术标准联盟知识生态位重叠度分为知识同质性和知识互通性两个维度，知识同质性是各联盟成员在知识存量水平、知识吸收和架构能力与知识分布结构方面的相似性，知识互通性是各联盟成员之间在知识分享、互补、转移与扩散方面的效率与效果。知识同质性和知识互通性两个维度相互作用，在联盟生命周期的不同阶段形成不同的组合水平，共同影响联盟成员生态位演化。基于此，本书构建了基于生态位的技术标准联盟知识生态链动态演化模型，如图6-3所示。

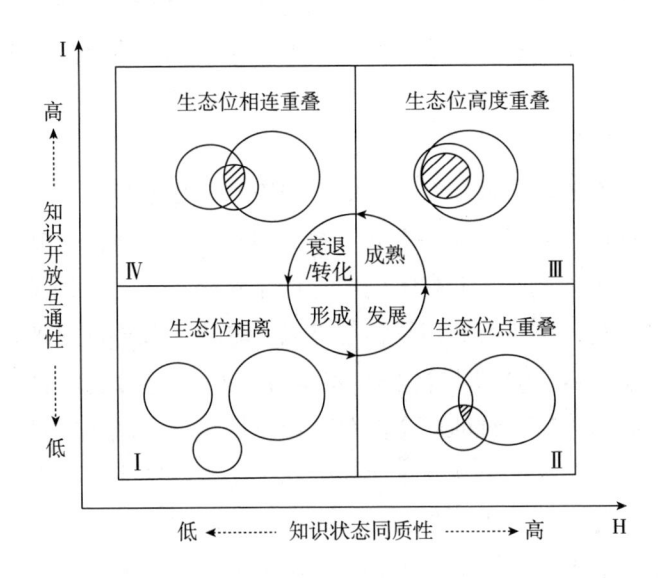

图6-3 基于生态位的技术标准联盟知识生态链动态演化模型

（一）联盟形成期——生态位相离

此阶段，联盟成员数量较少，仅限于联盟发起者，每个企业都有其独特的核心技术能力，知识同质性较低，成员之间存在技术距离和知识势差。由于联盟成立时间较短，成员之间关系松散、缺乏信任，同时考虑到可能面临的各种不确定性风险，拥有知识产权的各成员对

---

① 王斌、郭清琳：《基于生态位重叠性的知识联盟演化机理研究》，《中国经贸导刊》2019年第11期。

信息披露持谨慎态度，致使相互间知识互通性较低。因此，该阶段知识主体之间的生态位相分离，仅存在少许合作，知识资源未得到充分利用，知识功能缺位。尽管占据较高生态位的部分知识主体主导着标准联盟的活动，但由于具备共生关系的成员间缺乏密切频繁的知识互动，交互融合和资源共享机制也未成形，这就难以实现知识大流通，也就无法形成完整的知识生态链，由此影响了整个生态系统的知识流转效率。

（二）联盟发展期——生态位点重叠

在该阶段，标准联盟实现迅速发展，标准相关企业和组织开始加入，标准技术确立，围绕标准产品的开发，各种配套产品和附属专利技术不断涌现。各知识主体基于联盟进行内外部知识资源互换，知识生态系统内的协同创新正在稳步推进，成员之间的组织边界变得越发模糊。组建期溢出的分散知识一定程度上提高了低势能知识状态成员的知识吸收能力，围绕核心技术，众多拥有知识产权的联盟成员开始构建"专利池"，随着合作频率提高和技术方向渐趋明朗化，占据不同生态位的主体间共生依赖程度有所提高，核心成员间知识同质性提高。潜在标准构成技术之间的激烈竞争和"技术专利化"策略的实施，使得核心层内部、核心层与紧密层成员间仅以显性知识和正式交流方式进行合作，难以保障技术的真正共享，知识互通性仍处于较低水平。因此，该阶段知识功能日趋完善，在知识生态位扩大的同时，知识主体之间出现点重叠，体现为内部技术竞争。

（三）联盟成熟期——生态位高度重叠

完成标准技术体系与标准产业链构建后，联盟发展进入冲刺阶段，其标准技术和标准产品被市场接受是联盟标准成功的重要标志。在联盟成熟期，标准技术趋于完善，大量持观望态度的厂商陆续加入联盟，并基于共同的联盟标准开发新产品，联盟成员之间的关系呈现网络化趋势。同时，由于技术标准的路径依赖特征，各联盟成员深度嵌入当前技术轨道，故知识主体间知识同质性较高。新加入成员作为联盟的扩展层，虽未参与标准技术的制定与研发，但是能够通过标准专利授权许可方式掌握标准技术，进而通过市场竞争扩散标准知识，因此知识主体间知识互通性不断增强。知识同质性和知识互通性"双高"的共同作用下，联盟内知识主体间生态位重叠度不断增大，生态位高度重叠意味着市场竞争日益激烈。

（四）联盟衰退（转化）期——生态位相连重叠

随着市场竞争趋于饱和，标准联盟可能因为企业退出而进入衰退期，知识生态位系统遭到破坏，知识资源缺口逐渐显现，仅凭当前生态位的资源储备已无法满足标准需求，知识主体需要继续拓展生态位宽度来获取异质性知识资源。另外一种情形，可能是联盟在各种有利因素的促进下进入转化期，即淘汰旧的技术标准，重构知识体系，进行标准创新。在该阶段，联盟网络变得更加开放，不断吸纳、融合新的技术思想和新的成员，不断突破已有标准的桎梏。因此，低知识同质性和高知识互通性的知识状态下，联盟知识生态位体系得以新陈代谢，生态位呈现相连重叠，以适度的竞争与合作保障联盟生态位平稳跃迁，并给予生态链一定反馈，以便为下一周期演化奠定基础。

三 知识生态系统演化模式

知识是知识生态系统的功能主体，众多知识生态系统模式都强调以知识流动为基础，关注系统内部和环境各要素间的相互作用和影响。此外，知识的产生、传播、共享和利用都离不开组织内外部环境，环境既是知识生态系统产生的土壤，又是其演化的动力源泉。其中，陈灯能[1]基于对种群生态学的研究，构建了在生物学 DICE 模式之上的知识生态模式，涵盖知识分布、知识互动、知识竞争和知识演化四种生态机制。该模型证实知识族群间的关系遵循 DICE 模式，并有效解释了知识群落中的互动和共同演化行为[2]。因此，本书在其研究基础之上，构建了基于技术标准联盟情境的知识生态系统 DICE 模式，探讨知识在技术标准联盟中产生和发展的状态及其与环境的相互作用关系，具体如图 6-4 所示：

---

[1] Chen Deng-Neng and Liang TingPeng, "Knowledge Diversity and Firm Performance: An Ecological View", *Journal of Knowledge Management*, Vol. 20, No. 4, 2016, pp. 671-686.

[2] 白献阳、张海卿：《知识生态系统模型研究》，《图书馆学研究》2012 年第 23 期。

第六章 技术标准联盟的知识生态系统构建 | 127

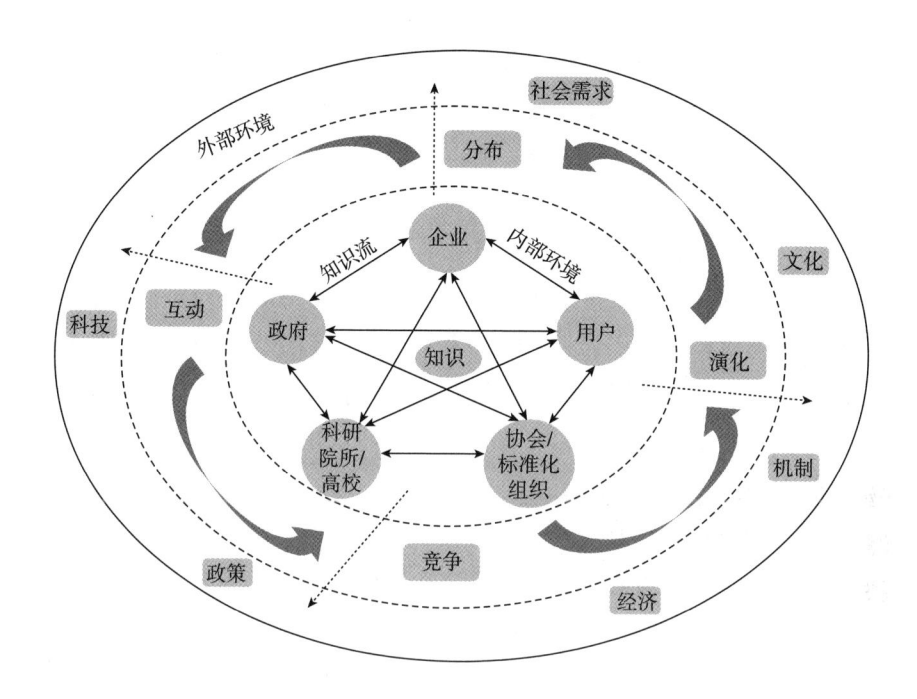

图 6-4 技术标准联盟知识生态系统 DICE 模式

(一) 技术标准联盟知识主体

知识主体参与技术标准联盟,大多是出于市场动机,为了实现技术与风险共担,发挥联盟的社会网络效应,最终达到降低风险、获得超额利润的目标。知识主体的交互作用促使其参与组建技术标准联盟来提升 R&D 实力,缩短产品和技术进入市场的时间。由于联盟成员充当的角色具有多重性,企业、用户、政府、科研院所/高校、行业协会/标准化组织等知识主体形成开放式闭环网络,提供了技术标准制定、实施、推广与衰退等生命周期全过程的所有相关知识资源。因此,本书选取知识生态链中的核心知识主体进行分析。

(1) 企业是技术标准联盟的主体,是推动技术标准由文本规范向市场转化的中坚力量。企业能否扩散吸收新知识,并对原有知识库进行更新再利用,关系知识创新能力的高低,会对技术标准联盟知识生态系统的规则制定产生重要影响。响应用户需求是知识流转的原生动力和最终去向,企业通过知识管理活动与各方知识主体建立联系,基于联盟社会关系网络塑造"泛化"知识生态链，从不同对象处获取差异性关系资本，激发企业知识生态系统演化的内生动力，促使企业加强技术标准化的业务流程管理，为自身赢得生存和发展空间。

（2）政府掌握着标准制定的关键性制度资源，充当重要的组织协调角色，并发挥宏观的引导、支持和监管作用。作为企业标准化活动的市场调控者，政府直接或间接地介入技术标准联盟，对企业的技术标准化市场活动进行引导，制定政策法规来保证技术标准的合法性，调控知识资源来影响用户的消费偏好。同时，针对联盟中存在的问题来进一步优化联盟布局，影响着企业的市场竞争结果与技术标准的主流发展方向。

（3）科研院所与高校通过参与技术标准联盟，将最新的科学技术知识在标准规范中集成，更新了整个知识生态系统的知识存量，实现了知识创新成果与用户需求的精准对接，为技术标准制定提供了必需的各种知识资源，推动了知识在技术标准领域的应用落地。R&D强度与知识获取存在正相关关系，科研院所与高校围绕关键技术标准需求，与企业研发部门开展深度技术合作，促使知识创新成果转化为技术标准，可将自身学科和研发优势转化为现实标准优势。

（4）在技术标准的形成路径中，各方知识主体发挥的作用存在差异。行业协会能够帮助知识主体将联盟标准转化为事实标准，进而上升为由标准化组织颁布的法定标准。由此，行业协会和标准化组织通过协调企业之间的技术与知识资源，从整个行业层面规范知识资源的配置状态，进一步规范了业内竞争秩序。同时，技术交易内部化使企业赢得行业标准的主动权和话语权，对特定的联盟成员施加影响，借助转换成本锁定用户，推动了主导设计产生。

（5）建立知识协调机制、创建高效的知识运作体系，离不开用户的参与。实际上，知识生态系统的演化起点来源于用户的标准需求，而技术标准以扩大用户安装基础、满足用户需求为落脚点。企业通过捕捉市场机会，基于内外部环境对比来寻找自身知识差距，选择与自身知识生态位相匹配的伙伴建立联盟关系，知识生产者由此发挥作用，并作为知识来源开启知识生态系统的整个演化进程。

（二）动态知识环境

技术标准联盟的组建，促进了知识生态系统的演变发展；知识生态系统的稳定协调，又成为稳定技术标准联盟秩序的重要保障。然而，技术标准联盟的运行秩序并非是一成不变的。在知识生态链整合的背景下，以成本和产能优势保持技术标准竞争力的方式已然不能适应日益增长的知识需求，且知识主体面临内外部知识环境的挑战是不可逆的。要想在激烈的市场竞争中充分利用战略联盟，必须面对联盟内外动态变化的环境问题。只有通过内外部环境协同来提高响应速度，才能使整个系统的知识资源配置达到最优状态。

在技术标准联盟知识生态系统的演化过程中，企业作为知识主体的核心，可从内部和外部两个角度考察影响其技术标准化进程的环境因素。内部环境是知识自身进化的重要因素，外部环境在很大程度上决定了知识生产的内容、形式和状态[1]。就内部环境而言，企业文化、组织结构、企业文化和企业能力等因素，都是企业达成技术标准化目标的内在重要条件。当然，联盟企业不仅是占据联盟标准主导权的大企业，还包括具备与其平等对话的小知识资本企业，两者都需要适应外部宏观环境的动态变化，降低知识生态系统演化过程的不确定性；从外部环境来看，直接环境包括联盟合作伙伴、竞争对手、供应商、用户，间接环境包括科技发展水平、国家政策法律、社会需求，皆会对整个系统的知识资源分布格局和标准化战略定位产生影响。知识管理活动嵌入在联盟环境之中，只有兼顾内部和外部环境，为知识个体、知识种群和知识群落提供增强技术标准化能力的软硬件平台，才能在不同层次、不同性质的知识群落中进行知识流动，实现物质和能量的转化。

（三）DICE 模式的运作

技术标准联盟知识生态系统 DICE 模式诠释了技术标准联盟中知识主体的互动和共同演化行为。四种生态机制环环相扣，形成闭环的

---

[1] 梁永霞、李正风：《知识生态学视域下的国家创新系统》，《山东科技大学学报（社会科学版）》2011 年第 1 期。

知识生态循环系统。知识元素平衡实现了联盟成员与内外部环境的动态协调，催生新的知识个体或知识种群，标准知识得到快速积累、更新和增值，联盟成员借此获取最大利益，推动了知识生态系统的演化进程。

1. 知识分布

无论技术标准联盟结构复杂与否，都具有特定的知识分布结构，具备标准价值链必需的各种知识能力。其中，知识强度反映知识特性的强度高低，衡量联盟内各成员知识能力的优劣，如技术研发、营销推广等能力，可以看出知识生态系统能否为技术标准的开发、实施和推广提供充足动力；借助知识多样性可分析生态系统内知识的覆盖范围，实现显性知识和隐性知识之间的灵活转换，进而影响整个联盟的知识分布情况。不同的知识强度和知识多样性有效互补，才使知识生态系统得以循环良性发展。

2. 知识互动

知识种群分布仅反映了技术标准联盟知识生态系统在某一时刻静态的状况，其各阶段的动态变化还需要通过知识互动关系加以呈现。知识生态系统的主体之间存在利基重叠，处于不同生态位的联盟知识主体开展知识交流，使得知识生态系统具有了动态性特征。一方面，族群内成员互动、联盟内族群之间的内部互动，主要是通过知识交换和知识共享来实现的，以此建立知识生态链的流动路径和生态系统知识资源的配置模式；另一方面，特定的技术标准联盟与其他联盟及外部环境进行互动，能够有效拓宽知识来源渠道，获取竞争对手情报信息，及时应对市场需求变化。

3. 知识竞争

客观来讲，技术标准联盟知识生态环境提供给各知识种群的资源是有限的，为了争取更有利的知识生态位，知识生态系统的资源稀缺性导致了竞争行为发生，知识竞争主要分为冲突式竞争和合作式竞争两种形式。联盟内部的冲突式竞争会破坏成员之间的互惠互信关系，恶性竞争更会加剧联盟创新能力下降，使联盟的技术标准在参与市场竞争时最终败北。相反，合作式竞争不仅只是单个企业获取利益，而是为了联盟的整体利益，通过集聚各知识群落的知识资源来传达开放共赢的联盟价值观，在与其他联盟的竞争中立于不败之地。

4. 知识演化

随着知识生态系统的周期性推进，技术标准的更新不可阻挡，只有不断提升知识能力、促成知识演化，才能持续保持联盟竞争优势。知识主体需要根据所面临的竞争环境谋求生存，提高与内外部环境的匹配度，借助知识演化来提升技术标准联盟的竞争优势。量变引发质变，通过知识生态链层层积淀，企业借助新的标准市场需求实现变异，产生全新的技术标准，这是知识突变的核心要义。而知识互换体现在知识主体间的交流合作，重在考察知识主体的知识获取与知识吸收能力，是一种由外界环境促成标准开发的知识演化形式。

实际上，协同是知识生态系统的稳定性和运行效率的根本来源。知识主体控制着知识生态系统的复杂度，内外部知识环境调节知识资源的配置状态，DICE 运行模式保持知识生态系统的灵活性，三者通过生态共生、协同进化的生态适应性机制，形成了知识和标准一体化的技术标准联盟知识生态系统。知识主体只有在与内外部环境的交互作用中遵循合理的演化模式，并根据用户需求和偏好来不断调整自身知识活动，才能在知识共生时代塑造技术标准联盟的竞争优势。

第四节　技术标准联盟知识生态系统的治理机制

知识经济时代，要想在全球化竞争中充分利用战略联盟，就必须面对治理秩序的构建问题。技术标准联盟知识生态系统持续与外界环境进行知识与价值交换，会受到动态变化的环境影响。如同自然生态系统一般，技术标准联盟知识生态系统同样具有自我修复、自我调节的作用机制，以抵抗环境变化、保持稳定的联盟秩序。由于竞争是知识生态系统演化的重要动力来源，因此本书将重点从竞合关系角度阐述技术标准联盟知识生态系统的治理机制。

技术标准联盟知识生态系统受到利益与资源因素的交互影响。一方面，联盟成员之间知识资源分布不均，加之知识的开发利用水平不对等，致使信息不对称影响了知识的流动和共享；另一方面，为了提升技术标准化能力、占据市场份额，知识主体难免存在利益冲突与竞争。为了实现既定的联盟目标和自身经济利益，联盟成员之间出现了竞争与合作共存的非线性作用关系。因此，如何在知识生态系统中拓宽知识生态位宽度，在有利的生态位中占据更多知识资源，成为各主体组建、参与技术标准联盟所面临的重要现实问题。

知识资源的多样性与知识生态位宽度密切相关。知识生态位宽度指的是各知识主体在技术标准联盟知识生态系统中可利用的各种知识资源总和，即知识资源的丰富程度。如果某联盟成员可利用的资源只占总资源很小的比例，则该主体的知识生态位较窄；反之，若知识主体可利用的知识资源较为丰富，则其具有较宽的知识生态位。知识生态链中众多主体彼此联结，形成了复杂的标准化主体行动网络，由此造成了知识生态位的重叠现象。如图 6-5 所示，不同知识主体利用相同的知识资源，资源缺乏造成联盟成员间竞争加剧，影响了知识生态系统的发展。

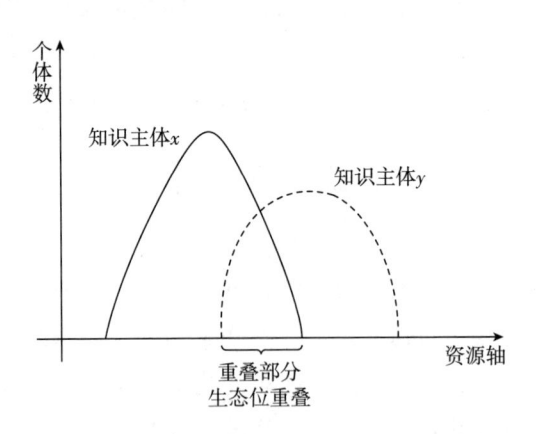

图 6-5 技术标准联盟知识生态系统的生态位

$$P_i = \frac{N_i}{N_1 + \cdots + N_i + \cdots N_s} \tag{6-1}$$

$$B = \frac{1}{\sum_{i=1}^{s}(P_i)^2} \tag{6-2}$$

按照生态位态势理论，技术标准联盟知识生态系统的知识生态位可分为"态"和"势"两个基本属性。"态"是知识主体与知识环境相互作用的累积成果；"势"是知识资源的增长率、标准更新频率及市场占有率。由此，在公式（6-1）中，设某知识主体在 S 种知识资源中进行选择以制定技术标准，获取每种资源的个体数分别为 $N_1\cdots N_i\cdots N_s$，则获取第 i 种资源的知识个体数所占总数的比例，根据 R. 莱文斯提出的公式（6-2）可计算得到知识生态位宽度（B）。在技术标准联盟知识生态系统中，若获取每种知识资源的知识个体数量相等，则知识主体在该联盟中占有最宽的知识生态位，此时 B 取得最大值；倘若所有主体都来抢夺竞争同一种知识资源，则该物种的知识生态位最窄，B 取得最小值。不难发现，知识生态位宽度主要是衡量知识主体获取知识资源范围的广泛程度。当核心知识资源缺乏时，知识主体会增加获取知识资源的种类，寻求替代资源来制定技术标准，生态位加宽；反之，知识获取的来源渠道缩小，则主要聚焦于某种特定资源，生态位变窄。

$$\alpha_{xy} = \frac{\sum_{i=1}^{s} P_{xi} P_{yi}}{\sum_{i=1}^{s}(P_{xi})^2} = \sum_{i=1}^{s} P_{xi} P_{yi}(B_x) \tag{6-3}$$

$$\alpha_{xy} \neq \alpha_{yx} \tag{6-4}$$

根据沃尔泰拉的种群计算公式，用竞争系数（α）来表示生态位的重叠程度。公式（6-3）建立了知识主体 x 与知识主体 y 之间的生态位重叠关系，将 y 的生态位宽度（B_y）代式中的（B_x），即可得到知识主体 y 对知识主体 x 的生态位重叠度。由此可以看出，重叠程度主要取决于生态位宽度以及知识主体获取同一知识资源的概率。由公式（6-4）得知，由于技术标准联盟知识生态系统中多数知识主体的生态位宽度并不一致，因而生态位重叠对知识主体造成的影响是不相等的。

基于以上分析发现,生态位关系和资源配置状态影响着技术标准联盟知识生态系统结构的合理性和知识价值的发挥。竞合机制作为技术标准联盟知识生态系统治理机制的重要组成部分,能够使其保持动态平衡状态。适度竞争并不会对其运行秩序产生负面影响,反而能够激发知识主体的创新动力,维持知识生态系统的稳定,实现技术标准的"跃迁"。同时,资源优势互补的知识主体之间开展合作,能够拓展知识生态位的宽度,增加联盟知识库的知识存量,并提升了联盟成员的技术标准化能力。

第五节 技术标准联盟知识生态系统的稳态机制

技术标准联盟知识生态系统的稳态作用机制呈现出多层次、多角度的现实特征,分析技术标准联盟知识生态系统的演化模式,是为了更有效地加强对技术标准联盟的管理,降低技术标准制定和实施的不确定性。基于对系统要素结构、知识生态位、知识生态链等原理的剖析,本书从知识生态系统演化角度纵观技术标准联盟的跃迁演化过程,建立了技术标准联盟稳态机制的整合性理论分析框架(见图6-6)。

在自然界群落中物种混居,由于生存资源和环境空间的限制,物种之间彼此既竞争又合作,形成了相互作用的种间关系。物种基于自身生态位,在竞争中提升自身的生存适应能力,在合作中共享食物资源和空间来达到双赢。经过长期的自然选择和进化,物种之间形成了有利有害、无利无害的稳定关系。无独有偶,技术标准联盟知识生态系统同样面临着知识资源有限与市场竞争激烈的现实问题。在知识主体与知识环境的协同交互作用中,知识生态系统逐渐具备了自我调节、自我修复与自我延续能力[1],抵抗变化和保持平衡状态,维持着

---

[1] 谢守美:《企业知识生态系统的稳态机制研究》,《图书情报工作》2010年第16期。

技术标准联盟的正常运行，这也正是技术标准联盟的稳定性所在，并表现为结构稳定和功能稳定两个方面：①结构稳定。知识主体与知识环境基于知识流动形成了技术标准联盟知识生态系统的要素层级结构，建立了知识生产者、知识传递者、知识消费者、知识分解者与内外部知识环境之间的相互联系，实现了异质性知识主体在时间、空间上的层级转化，使各联盟成员维持着动态平衡的竞争合作状态，进而从整体上保持了技术标准联盟的平衡性和均质性；②功能稳定。各节点上的知识主体彼此交错联结构成了知识生态链，为技术标准联盟知识生态系统的功能发挥提供了渠道。知识流动发生在知识生态链各个环节，是知识主体优劣势互补、应对知识环境干扰的重要途径；物质循环表现为联盟技术标准在知识主体间的循环使用，并逐渐上升为联盟内各知识主体开展知识管理活动的准则，以此生产可商用的产品参与市场竞争；信息传递则帮助各知识主体及时捕捉市场信息，对用户的技术标准需求做出快速响应。

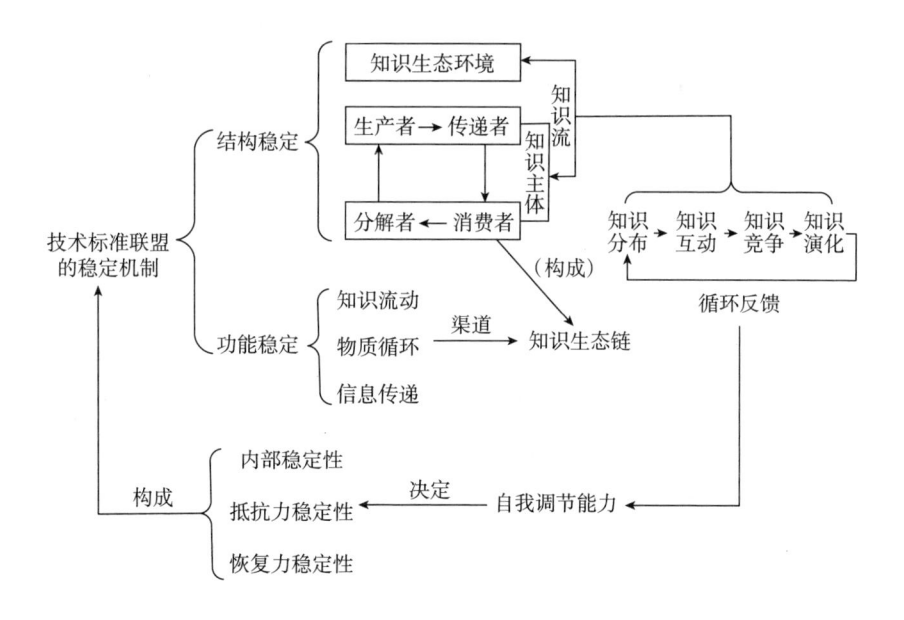

图 6-6　技术标准联盟稳定性的分析框架

一　技术标准联盟的稳定性分析

自然界生态系统的稳定性分析，包括内因和外因。内因即生物群落和种间关系，外因则是非生物因素[①]。由此观点出发，技术标准联盟知识生态系统的稳定性分析，也应当从内部和外部两个角度辩证看待。如图6-6所示，通过知识分布、知识互动、知识竞争和知识演化等交互运行模式，知识生态系统形成了动态的自我调节能力，并决定了技术标准联盟的稳定程度。具体而言，其既涵盖内部稳定性层面，同时又包含抵抗力稳定性和恢复力稳定性的外部层面。

（一）内部稳定性

技术标准联盟的内部稳定性，主要表现在知识资源丰富度、知识主体数量和知识主体关系三个方面。首先，随着技术标准联盟的组建和发展，知识生态系统的演化进程也在不断推进。这一过程伴随着知识资源的累积，知识资源种类越发丰富，知识生态链的联结使知识生态系统结构也就更加复杂，因而降低了知识资源限制而对联盟秩序产生的干扰。其次，就知识生态系统而言，倘若某些知识主体的数量发生急剧变化，会使与其相对应的知识资源、知识环境无法及时做出适应性调整，导致技术标准联盟的稳定性明显降低。最后，作为协同进化、生态共生的知识生态系统，知识主体之间、知识主体与知识环境的作用关系，以及冲突式竞争、市场环境恶化等都会对技术标准联盟的稳定性产生重要影响。

（二）外部稳定性

技术标准联盟在外界环境干扰下，知识生态系统的稳定性主要体现在抵抗力稳定性和恢复力稳定性两个方面。系统在外界知识环境的不利影响下，仍能保持要素层级结构稳定和功能稳定的能力，即为抵抗力稳定性；恢复力稳定性反映的是系统在受到外界知识环境因素干扰的情况下，恢复其原状的能力。外界知识环境干扰的强度、时间和周期，都会对技术标准联盟稳定性产生破坏性影响。图6-7描述了抵

[①] 黎静、关问文：《生态系统的抵抗力稳定性与恢复力稳定性的辩证关系》，《中学生物教学》2014年第5期。

抗力稳定性和恢复力稳定性在外界知识环境干扰下的变化情形，两条虚线之间的部分表示知识生态系统功能和知识价值的正常波动范围。T（抵抗力指标）表示外界知识环境干扰下系统偏离正常值的大小，S（恢复力指标）表示受到外界知识环境干扰后系统恢复原状所需的时间长短。T越大，S越长，则表明技术标准联盟知识生态系统的抵抗力和恢复力越弱，反之则越强。TS是衡量外部稳定性的总定量指标，用波动曲线与正常范围所围成的面积来表示：若T与S的值越大，则TS的面积范围越大，意味着技术标准联盟的稳定性越低；反之则代表知识生态链复杂，知识生态系统抵抗知识环境变化和系统恢复的能力就越强，技术标准联盟稳定性就越强。

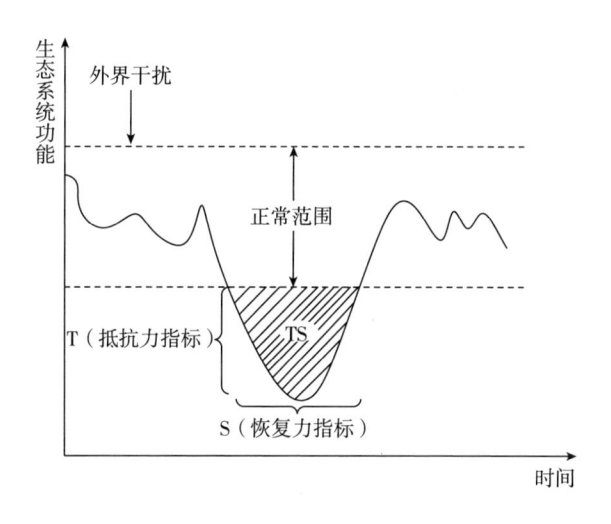

图6-7 技术标准联盟知识生态系统外部稳定性

（三）稳定性原理

知识生态位代表着知识主体与其他知识主体、知识环境在知识生态系统中的功能关系，而当两个及以上知识主体的生态位部分或者完全相同时，即出现了生态位重叠现象。用 $m×n$ 矩阵表示知识生态系统中的生态位重叠，描述整个技术标准联盟内每种知识资源被每个知识主体的利用量，其中 m 代表系统中 m 种知识资源的状态，n 代表系

统中 n 个知识主体的数量。由 $m×n$ 矩阵可进一步得到覆盖整个技术标准联盟知识主体的 $n×n$ 生态重叠矩阵，其对角线上的各元素值为 1（每个知识主体的自我重叠），知识生态位重叠值与竞争强度呈正比，由此得到公式（6-5）：$X_{\alpha\beta}$ 表示知识主体 α 和 β 的生态位重叠度，$P_{\alpha r}$ 和 $P_{\beta r}$ 代表知识主体 α 和 β 对知识资源 r（$\alpha=1\rightarrow n$）的利用范围，生态位重叠度的取值范围是 $0\rightarrow 1$，意味着生态位从完全分离到完全重叠的不同状态。可以看出，知识主体之间的竞争与知识资源可利用度的限制造成了生态位重叠，对知识生态系统施加了竞争压力，最终导致技术标准联盟的稳定程度降低。

$$X_{\alpha\beta} = \frac{\sum_{r=1}^{R} P_{\alpha r} P_{\beta r}}{\sqrt{\left(\sum_{r=1}^{R} P_{\alpha r}\right)^2 \left(\sum_{r=1}^{R} P_{\beta r}\right)^2}} \qquad (6-5)$$

依据生态位态势理论[1]，技术标准联盟知识生态系统内知识主体、知识资源与知识环境之间存在协同交互作用，且表现出态和势两种属性，促使其实现了更高层次的演化发展，提升了技术标准联盟的竞争力与知识资源的控制力。就由 n 个知识主体组成的某个技术标准联盟而言，其知识主体的态与势是不断动态变化的，可用公式（6-6）进行描绘：N_α 为知识主体 α 的竞争生态位，S_α、S_β 分别为知识主体 α 与知识主体 β 竞争生态位的态，P_α、P_β 分别为知识主体 α 与知识主体 β 竞争生态位的势，A_α 和 A_β 为量纲转换系数，$S_\beta+A_\beta P_\beta$ 为知识主体竞争绝对生态位。对于知识生态系统来说，N_α 的值越趋近于 1，则表明竞争生态位越大，代表该知识主体在技术标准联盟中的竞争地位越高，在整个知识生态系统中发挥的生态作用越强，对于知识环境产生的影响越大，知识资源的可利用度也就越高，则其竞争力自然较强；反之，则意味着竞争生态位越小，发挥的知识生态作用有限，可利用的知识资源范围也越狭窄，在技术标准联盟竞争中处于弱势地位。

---

[1] Wells David A, "The Extended Phenotype (s): A Comparison with Niche Construction Theory", *Biology & Philosophy*, Vol. 30, No. 4, 2015, pp. 1-21.

$$N_\alpha = \frac{(S_\partial + A_\alpha P_\alpha)}{\sum_{\beta=1}^{n}(S_\beta + A_\beta P_\beta)} \qquad (6-6)$$

二 技术标准联盟的稳态作用机制

知识生态系统的演化过程主要体现在时间尺度上的变化，在知识环境的动态影响与知识主体之间的交互作用中保持着技术标准联盟的稳定。技术标准化与知识管理既是协同互动的周期循环过程，也是密切相关的系统过程①。在对技术标准联盟稳定性的成分与原理分析的基础上，揭示技术标准联盟知识生态系统的稳态调控机制，成为指导联盟成员开展知识管理活动的重要依据。

（一）循环反馈机制

知识生态系统遵循 DICE 的交互运行模式，基于知识分布、知识互动、知识竞争与知识演化四种生态作用机制的相互联系，并通过知识流动对技术标准的性能作出反馈。应用性强的技术标准由于满足了用户需求，基于正反馈使其得以在整个技术标准联盟层面推广，而负反馈使不能适应市场需要、性能低下的技术标准被适时淘汰。同时，知识生产者、知识传递者、知识消费者和知识分解者在知识生态链中形成了开放式的闭环循环路径，正反馈使知识主体数量和知识资源可利用度增加，负反馈使系统的抵抗力和恢复力提升，由此提升了技术标准联盟的稳定性水平。

（二）层次作用机制

"知识主体—知识—知识环境"是技术标准联盟知识生态系统要素层级结构的核心，是知识生态系统演化与技术标准联盟稳定的前提和基础。知识生态系统作为由简单到复杂、由低级到高级的渐变式演化过程，是在知识的整合利用与标准的更迭换代中完成的，许多要素在此过程中发挥着重要过渡作用。知识主体所处的生态位和拥有的知识资源千差万别，最初都是以模仿创新作为演化过程的起点，经过层级间知识的流转吸收而扩散到整个知识生态系统，获取相对应的知识

---

① 姜红、吴玉浩、高思芃：《技术标准化与知识管理关系研究：生命周期视角》，《科技进步与对策》2018 年第 13 期。

生态位。正是由于层次作用机制的存在,才使得各要素之间逐步适应,并通过长期相互作用形成了稳定的联盟秩序。

(三) 动态调节机制

动态变化的知识环境对技术标准联盟的应变性和响应性提出了很高要求,在此形势下,自我调节能力成为知识生态系统结构和功能稳定的重要保障。知识主体开展知识活动来抢占生存性知识资源,必须要适应动态变化的知识环境来获得支持性资源。这就要求其既要吸收利用其他知识主体的先进知识成果,又要具备知识创新能力来提升技术标准化水平。当新旧知识需求发生冲突时,知识主体提出知识生态系统的演化要求,推动技术标准联盟进行动态性调整,将有利于标准化的因素纳入知识生态系统的要素结构,促使技术标准联盟始终处于结构与功能的稳定状态。

第七章　技术标准联盟知识场效应

在知识经济环境下,技术标准联盟已成为组织获取外部知识资源的重要渠道,知识场恰好为联盟成员之间的知识共享和知识创造提供了活动场所。发挥技术标准联盟知识场的活性效应促进知识主体间的知识流动,在显性知识与隐性知识的转化中提升组织的知识存量水平,可为新知识的创造和联盟标准产出注入动力。换言之,技术标准联盟作为企业间开展标准化合作的知识型组织,可将其视为知识流转的中介场所,既是知识资源的集散地,又是知识流动的载体,在显性知识与隐性知识的转化中焕发知识场活性效应,通过知识扩散与知识吸收推动着企业内部团队以及企业间学习效率的提升。因此,将知识场引入技术标准联盟情境,有助于理解组织之间开展标准化合作的联盟动机,明晰组织获取外部知识资源行为的内在逻辑。

第一节　研究概述

一　知识场

知识具有隐性、无边界、动态性、难以储存等特征,因而必须在特定的时间和空间里对其加以利用,以便充分发挥知识价值。这意味着组织若要有效地开发和创造知识,就必须在一定时空范围内实现知识集聚,此类空间便称之为场(Ba)[1]。组织通过创建和管理场来有

---

[1] Nonaka Ikujiro, Toyama Ryoko and Konno Noboru, "SECI, Ba and Leadership: A Unified Model of Dynamic Knowledge Creation", *Long Range Planning*, Vol. 33, No. 1, 2000, pp. 5-34.

效控制整个知识创造过程，相应地，可将知识场视为创造、共享和利用知识的平台，亦是组织及个体知识资源集聚的媒介，能够为场内的知识整合及新知识创造提供条件。事实上，交互是知识场效用的关键实现机制。知识不仅由个体单独创造，更重要的是在个体之间、个体与环境之间的交互过程中产生，知识场便成为该交互过程发挥作用的载体。值得注意的是，知识场并非仅指代传统意义上的物理空间，也可代表精神空间、虚拟空间或多种空间形式的组合[1]。

众多知识主体（知识发送者与知识接收者）在知识流动中交错联结为知识场。各知识主体通过在场内所占据的知识节点产生辐射能力和影响力，这便成为驱动组织间知识流动的动力源。在此过程中，知识吸收与知识扩散在场内催生了新的知识分布结构，提升了知识资源的利用效率，涵盖知识生产、利用、共享和创造的知识管理全过程。由于知识流动的时空分布不均，随之产生了知识场的场效应[2]。在知识流动、交流及共享过程中，借助知识场效应可以加强组织的知识管理，有助于从个体、团队和组织等多个层面开展组织学习[3]。随着知识场的活性效应逐渐增强，场效应对各知识节点的辐射带动作用越发显著，也就越有利于激发知识的叠加效应[4]。换言之，知识场效应有强弱之分，知识节点越接近场源位置，其辐射效应也会越突出[5]。

二 技术标准联盟与知识场

技术标准联盟是以市场为导向，企业通过技术标准联盟开展标准化合作，共同制定特定的技术规范或技术标准，并使成员企业从中获

---

[1] Hisnanick John J, "Knowledge Emergence: Social, Technical, and Evolutionary Dimensions of Knowledge Creation", *Journal of Economic Issues*, Vol. 36, No. 3, 2002, pp. 819–821.

[2] 王晓红、张宝生：《知识场的构建、测度与演化研究——基于知识流动视角》，《情报杂志》2011年第3期。

[3] 吴价宝、卢珂：《层级视角下的组织学习知识场效应模型研究》，《中国管理科学》2013年第S2期。

[4] 王丹、姜骞：《网络编配能力、知识场活性与科技企业孵化器服务创新绩效——创新战略有效性的调节效应》，《技术经济》2019年第2期。

[5] 许学国、梅冰青、吴耀威：《基于知识属性与场论的空间知识辐射效应研究——以长三角地区为例》，《科技进步与对策》2016年第2期。

取利益①。具体而言，技术标准联盟会向技术及市场竞争中的潜在赢家释放积极信号，为其提供新服务或产品设计的学习渠道，从而增加在知识溢出效应中获益的可能性，并降低技术标准的实施成本。对于联盟成员而言，技术标准联盟集聚了成员企业的异质性知识资源，是企业之间开展知识交流与共享的重要平台，这也凸显了技术标准联盟内知识共享与学习机制的重要性。企业在参与技术标准制定的同时，也从合作伙伴处学习实现联盟目标所需的标准化能力（如研发能力、资源能力和管理能力）。

本书认为，技术标准联盟知识场指的是以联盟目标为导向，与联盟知识转移、共享、整合与创造相关的诸要素及要素间相互作用关系所形成的情境和空间。由于技术标准联盟面临着成员企业间关系的不确定性与外部环境的不确定性，这决定着知识场具有复杂多变性。尽管场内组织间的互动存在边界，但这一边界实质上是开放的。由于场内各知识主体之间并不存在直接的利益冲突，该边界便可按照联盟参与者的利益诉求迅速调整和移动，根据需要实时被创建、利用与消失。为了制定共同的联盟技术标准，联盟成员突破组织界限束缚，在知识场中共享所需的知识资源，某一成员所拥有的知识可扩散至整个知识场。由此，知识场汇集了联盟成员所拥有的知识，企业可根据标准化需求予以整合，借助知识流动来更新和完善组织知识存量，在新旧知识整合中创造对于标准制定有价值的新知识。

总体而言，在知识经济发展趋势下，技术标准联盟作为特殊的战略联盟形式，已成为企业重要的外部知识资源获取渠道，借助知识场效应能够为联盟成员间的知识共享与知识创造提供动力。以往研究充分肯定了知识场对于组织知识管理的价值，强调了知识场在组织间学习及知识共享等活动中的作用，但仍存在一定不足：第一，从研究内容来看，已有研究多围绕知识场的内涵、特征、构成及作用进行探讨，鲜有研究结合特定情境来分析知识场的具体特征，也就无法全面

---

① 吴玉浩、姜红、孙舒榆：《知识生态视角下技术标准联盟的稳态机制研究》，《情报理论与实践》2019 年第 10 期。

刻画其动力学属性；第二，就研究层次而言，在组织间合作日益常态化的数字经济时代，已有研究多针对组织内部各层次之间的知识场形成及知识流动过程展开分析，而跨组织间的知识场运行机理尚未明晰；第三，从研究情境来看，技术标准联盟作为重要的战略联盟形式，充分发挥知识场效应已成为实现标准化合作目标的重要载体，然而当前聚焦于战略联盟情境下的知识场研究成果较为罕见，缺乏技术标准联盟与知识场两者间的整合研究，也就未能有效揭示技术标准联盟知识场的形成、演化及运行动力机制，既得研究结论是否同样适用于技术标准联盟情境尚不可知，亟须探讨一套合理有效的技术标准联盟知识管理机制。鉴于此，本书将从知识场的本质内涵入手，结合数字驱动下技术标准联盟情境的现实特征，旨在分析技术标准联盟知识场的运行机理与演化路径，探究联盟知识场内知识创造的动力机制，以此充分激发知识场活性、优化联盟知识资源配置模式，进而为企业的标准化实践提供理论支持。

第二节　技术标准联盟知识场解析

一　知识场的组成要素

技术标准联盟知识场是由知识主体、知识客体与知识环境等要素联结而成的知识共同体，三者紧密联系、不可分割。在联盟知识场中，知识主体通过与环境及其他知识主体之间的相互作用开展知识共享和知识创造，在适应联盟环境的同时也促使联盟环境发生改变，并且还影响着组织自身的知识结构。因此，有必要从整体视角把握知识场的组成要素，以便全面刻画数字驱动下技术标准联盟知识场的具体特征。

（一）知识主体

通常而言，知识主体指的是以企业为核心的技术标准联盟成员，围绕制定技术标准这一共同目标所建立的标准化合作关系。在联盟标准化过程中，成员企业在知识场内共享知识资源，以此弥补组织的知识缺陷，创造出标准制定所需的新知识。以知识主体在知识场扮演的角色为依据，可将其细分为知识发送者和知识接收者两类，亦可称之为知识供给者和知识需求者。顾名思义，前者强调知识输出，将组织所拥有的知识资源向场内其他企业共享；后者主要侧重知识输入，根据企业自身的标准化需求搜寻所需的知识资源，扩充和丰富组织的知识库。技术标准联盟的成员企业涵盖研发、制造、服务、销售等诸多领域，各知识主体在场内占据不同的知识节点位置，这意味着不同企业所持有的知识资源不尽相同，知识场的时间与空间分布也并不均衡。一方面，根据场强可将知识场分为强场和弱场，主要反映了场内成员所处的不同知识节点位置与合作关系状态。知识主体的节点位置越接近场源中心，成员之间的合作关系越紧密，则知识场效应越强烈。另一方面，按照联盟成员规模可将知识场分为大场与小场，用以描述成员企业的数量多寡。知识主体数量越丰富，则意味着企业可从场内获得的知识来源越广泛，越能够通过知识场创造出技术标准制定所需的新知识，则知识场效应越显著。

（二）知识客体

知识作为技术标准联盟知识场的客体，场内知识主体间的知识流动效率与资源配置状态关系到联盟目标能否实现，与标准化合作结果紧密相关。一方面，以知识属性为依据，可将知识场内的知识划分为显性知识与隐性知识两类，两者相辅相成、互相依存[1]：显性知识主要涉及组织所拥有的易于编码和传播、可得性高的外在知识，在标准化活动中可较为直观地展露和共享，成员企业无须投入过多时间精力便可掌握；隐性知识包括根植于组织业务流程中不易察觉、无法直接编码的内在知识，这部分知识通常较为抽象且难以转移，对于技术标准制定而言至关重要，往往需要建立持久紧密的合作关系才可习得。另一方面，按照知识所属的层次，由简至繁，可将知识场内的知识划分为个体、团队、组织和联盟四个层次：个体知识通常是掌握标准化

---

[1] Maravilhas Sergio and Martins Joberto, "Strategic Knowledge Management in a Digital Environment: Tacit and Explicit Knowledge in Fab Labs", *Journal of Business Research*, Vol. 94, 2019, pp. 353-359.

工作技能的企业员工所拥有的经验性知识，个体之间通过交流分享将其汇集到团队层面，再由各团队整合至企业层面，进而扩散上升至整个联盟层面。由此可见，为了充分发挥知识场效应，保证企业所获知识资源的数量和质量，联盟成员必须保持良性互动，建立高信任、高承诺水平的标准化合作关系，以此在知识场内集聚知识资源，促进联盟的技术标准产出。

（三）知识环境

知识场效应的交互作用机制，不仅包含知识主体之间所建立的合作关系，还涉及知识主体与环境之间的联系。没有任何组织可以脱离环境单独存在，必须要针对所依附的环境条件调整自身生产经营活动，技术标准联盟也不例外。适应环境是联盟企业生存发展的前提，而后才可影响环境、改造环境，引导联盟标准朝向有利于组织自身利益的方向演化。相较于单个企业，技术标准联盟知识场是由诸多成员企业的知识场叠加而成，所面临的环境条件更为复杂多变。位于场内各节点的知识主体通过知识流动来传递和转移知识，技术、市场、资金与政策等环境要素均会对此产生重要影响。在相对稳定的知识环境条件下，成员企业遵循以往惯例在联盟知识场内开展知识共享与知识创造活动，所制定的联盟标准能够满足当前用户需求。然而，随着数字驱动下环境不确定性的增加，场内企业必须应对潜在的环境风险、获得和维持竞争优势，将联盟的环境威胁转化为发展机遇，制定出性能更为优渥的技术标准。此时，组织往往会更为积极主动地参与标准化合作，从其他联盟成员处获取与自身生存发展相关的战略性知识资源，深入挖掘、吸收和利用技术标准联盟内的隐性知识，知识场效应将进一步得到强化。

由上述分析可知，以知识流动为载体，知识主体、知识客体与知识环境三大要素将技术标准联盟知识场联结为有机统一的整体，据此构建得到技术标准联盟知识场的要素模型（见图7-1）。第一，伴随着技术标准联盟的时间演进，技术、市场和政策等环境条件变化催生了技术标准变革。以共同的技术标准需求为导向，企业通过组建或参与技术标准联盟开展标准化活动，最终使技术标准得以成功制定，并通过标准的实施和推广来谋求竞争优势。第二，联盟知识场是成员企业知识场的叠加，各知识场相互嵌套、彼此联结。技术标准联盟能够充分吸纳和集聚各企业场内的知识资源，将其整合纳入联盟知识场以便联盟成员进行知识共享。同时，联盟成员在知识交流中不断迸发新的观点和想法，使得场内呈现螺旋上升的知识演变态势，通过新知识创造发挥资源集聚价值，巩固联盟知识库中知识存量的广度与深度，从而为标准化活动开展奠定坚实基础。第三，由于成员企业之间原有的知识基础存在差异，对于技术标准制定的影响力和话语权也不同，分处于联盟知识场的核心层、中间层和边缘层等层次。场内企业所处的知识节点越接近核心层，则意味着其联盟经验越丰富、知识基础越完备，就越能够在知识场的知识扩散过程中获取和利用知识资源，影响和控制联盟标准的制定进程，从标准化合作中取得更多收益。

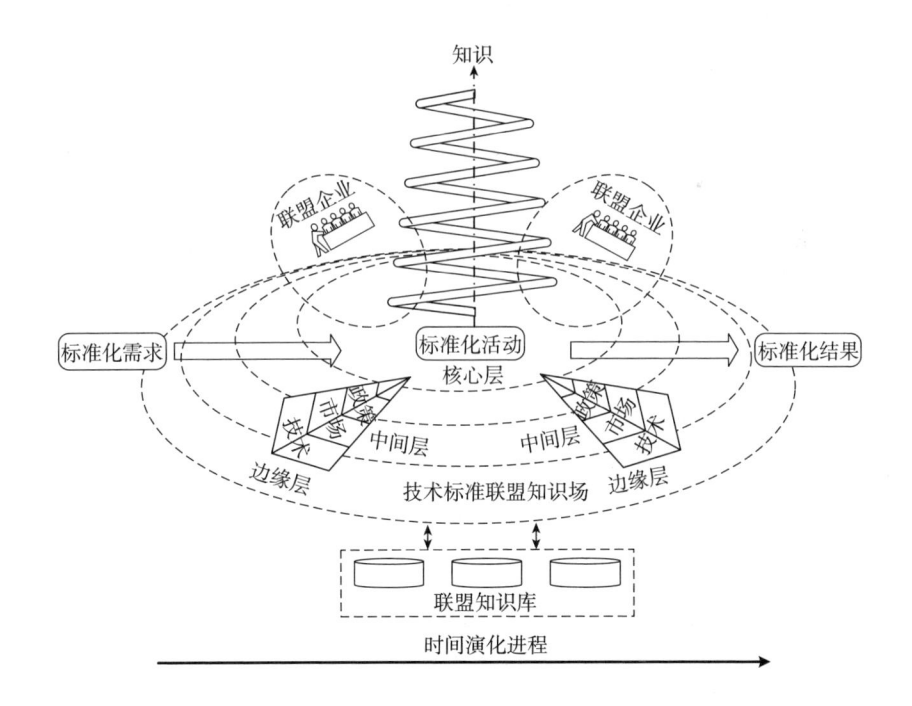

图 7-1　技术标准联盟知识场的要素模型

二 知识场的影响因素

(一) 知识存量水平

技术标准联盟知识场由知识资产要素累积而成,联盟知识库的知识资产存量作为企业开展标准化活动的基础,是组织知识资源数量和质量特征的反映,可借此预测企业未来的生产经营态势[①]。然而,由于每个联盟成员所拥有的知识存量并不相同,且知识的深度、宽度和广度也有所差异,这意味着多数企业存在一定知识缺口,合作伙伴之间存在知识势差,这便成为知识供给与知识需求双方产生知识流动的动力来源。高位势企业通常作为知识输出方,低位势企业则是知识输入方,场内的知识流动方向便是由高位势企业流向低位势企业。事实上,联盟知识库的知识存量越丰富,则越有利于从现有知识资产中创造新的知识资产,知识场的能量也会越发强大,从而为联盟标准化过程源源不断地注入知识流量。联盟知识资产具体构成如表7-1所示[②]:

表7-1　　　　　　　　知识资产构成

知识资产类型	内涵
经验型	基于共同经验而共享的隐性知识
概念型	通过图像、文字、符号和语言所表达的显性知识
系统型	经过系统化与包装化的显性知识
惯例型	惯例化并嵌入到组织业务流程的隐性知识

(二) 联盟合作关系

联盟成员之间的关系状态与知识场的场强密切相关,影响着场内的知识交流与互动效率[③]。在紧密联结的成员关系状态下,企业之间

---

① Lee Cheng-Yu and Huang Yen-Chih, "Knowledge Stock, Ambidextrous Learning, and Firm Performance: Evidence from Technologically Intensive Industries", *Management Decision*, Vol. 50, No. 6, 2012, pp. 1096-1116.

② Freeze Ronald D and Kulkarni Uday, "Knowledge Management Capability: Defining Knowledge Assets", *Journal of Knowledge Management*, Vol. 11, No. 6, 2007, pp. 94-109.

③ Liu Gordon and Ko Wai-Wai, "An Analysis of Cause-Related Marketing Implementation Strategies through Social Alliance: Partnership Conditions and Strategic Objectives", *Journal of Business Ethics*, Vol. 100, No. 2, 2011, pp. 253-281.

自由交换知识、共享联盟目标与技术标准情报，协同开展标准化合作，降低了成员之间的利益冲突和关系风险。此时，知识主体所扩散的技术标准知识会更易于被其他知识主体吸收，潜移默化地推动着知识场边界扩张，并在场强的作用下吸引其他组织加入，从而丰富了联盟知识库的知识存量。随着联盟标准化过程的深入推进，和谐融洽的标准化合作关系能够拉近知识主体间的知识距离、消除场内知识流动障碍，在双向互动与反馈中激发知识场的资源互补效应和集聚效应。

（三）联盟学习氛围

以共同的联盟目标为导向，向联盟成员学习标准制定所需的知识和技能是企业重要的联盟目标[1]。在知识场内积极营造融洽的学习氛围，可使企业在知识溢出中实现快速成长，促动技术标准竞争优势提升。究其根源，组织学习是实现显性知识与隐性知识转化的重要途径。在宽松自由的联盟环境下，企业之间的学习交流活动越频繁，就越有利于充分发挥知识场的叠加效应。同时，组织学习有助于协调联盟成员间的组织惯例，彼此理解各自的联盟利益诉求，并紧跟技术和市场发展趋势来加速知识创造进程，由此开发和更新技术标准，将知识价值转化为联盟的技术标准产出。

三 知识场活性

在技术标准联盟场内的知识流动过程中，会呈现出具有辐射和驱动效应的媒介情境物质，该物质的总和即为知识场活性，其水平高低是知识场效应强弱的标志，亦被视为知识场由量变到质变过渡的必要条件[2]。联盟的本质是知识主体就标准化过程进行知识沟通和交流，企业与其他知识供需方建立以共同联盟目标为基础的知识场，可发挥知识场活性来促进知识空间内显性知识与隐性知识的互动，增加场内不同层次下知识节点间的互动机会。究其根源，这是因为知识的存在

---

[1] Kale Prashant and Singh Harbir, "Building Firm Capabilities through Learning: The Role of the Alliance Learning Process in Alliance Capability and Firm-Level Alliance Success", *Strategic Management Journal*, Vol. 28, No. 10, 2007, pp. 981–1000.

[2] 魏国宏、闫强：《知识场活性对企业开放式创新绩效影响研究》，《经济问题》2019年第10期。

催生了知识场，活性知识场可为制定和实施技术标准奠定基础，并为知识转移与创新应用的效率提供保障。为了持续获取技术标准竞争优势，企业必须主动适应环境并作出调整和变革。因此，活性知识场加速了企业知识创造的速度与效率，通过引入外部知识扩充自身知识库来改进原有知识结构，借助显性知识与隐性知识的转化来丰富联盟知识库知识存量，推动着技术标准知识持续创新。

  知识场活性高低在很大程度上取决于各知识主体参与知识转移、共享、扩散与利用的意愿，以及场内知识主体的数量与规模。在理想状态下，知识场活性能够激励成员企业围绕共同的联盟目标开展知识交流活动，促使企业跨越知识场边界，通过知识的交换和集聚将不同成员企业的知识场叠加，降低环境不确定性为联盟合作带来的风险，从而使联盟成员更好地洞察和捕捉潜在的发展机会，积极应对技术和市场环境变化。一方面，从知识场活跃度来看，联盟成员之间的互动联系越频繁，则越有利于培育互信共赢的标准化合作关系，强化知识场的知识创造功能，该知识场的活性也就越高。通过整合知识场内的知识资源为标准化过程服务，提高了知识流动效率，在有效吸收和利用知识的基础上创造出标准制定所需的新知识，有助于充分发挥组织间的学习效应；另一方面，就知识场开放度而言，知识场的边界并非一成不变。在知识场活性较高的情形下，开放的知识场意味着会有新的企业不断参与到联盟合作之中，逐渐打破了原有的组织惯例和路径依赖，通过知识场的边界扩张拓宽组织的异质性知识资源获取渠道，由此增加联盟知识库的知识储备量，为标准化过程注入新的知识流量[1]。因此，即便知识场为联盟成员间的知识共享与知识创造活动搭建了平台，但倘若不具备足够的知识场活性，也就无法在知识扩散中发挥知识资源价值，便会阻碍联盟技术标准产出。

---

[1] 甘静娴、戚湧：《双元创新、知识场活性与知识产权能力的路径分析》，《科学学研究》2018 年第 11 期。

第三节 技术标准联盟知识场运行机理

一 基于 SECI 的知识场效应模型

知识创造是显性知识与隐性知识交互作用的螺旋式上升过程，技术标准联盟知识场恰好为知识主体间的知识创造提供了平台，使其在显性知识与隐性知识的转化中创造技术标准制定所需的新知识，因而分析两者间的作用关系成为理解知识场效应的关键。如图 7-2 所示，以日本学者 Nonaka 的 SECI 模型为基础，本书构建了技术标准联盟的知识场效应模型，从社会化、外部化、组合化及内部化四个环节阐述其知识创造过程。

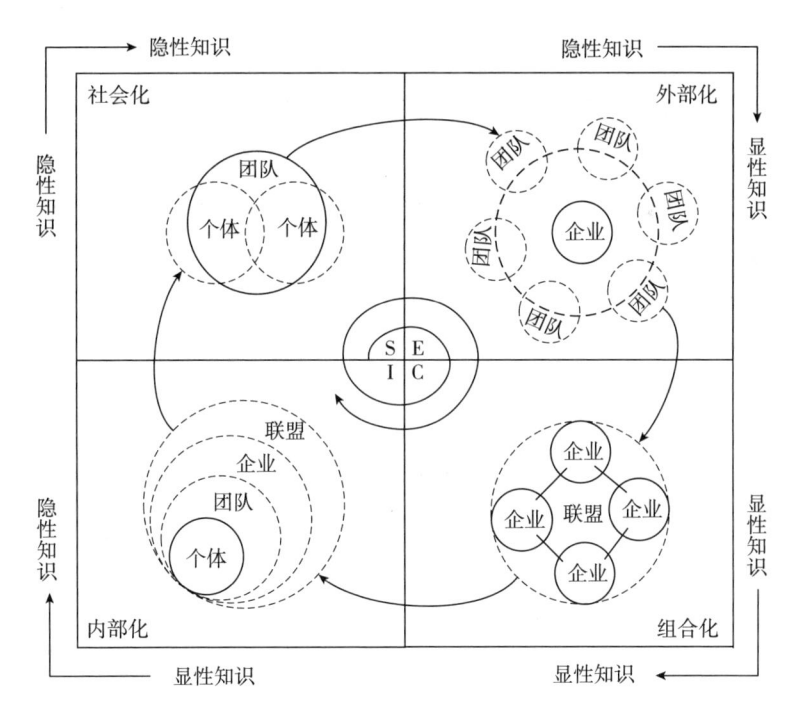

图 7-2 技术标准联盟的 SECI 知识场效应模型

（一）社会化

社会化主要涉及团队个体成员之间的隐性知识共享，强调隐性知识在共同的标准化活动中得以交换。由于隐性知识难以直接具体化表达，针对特定的时间与空间条件，往往需要共同参与标准化流程予以传递和积累，以便在个体成员间共享标准化工作经验。在标准化实践中，社会化通常包含组织内部和外部两条实现路径。一方面，组织内部的交流活动是企业员工获取和共享隐性知识的重要渠道。员工通过相互走访生产、销售等工作场所、彼此交流标准化工作心得，经由正式或非正式渠道将所掌握和积累的经验传递和分享给其他同事，由此创建了汇聚员工隐性知识的共享空间。员工不仅将自身知识予以分享，也会从其他团队成员处收集标准化过程所需的隐性知识，由此捕捉新的战略性发展机遇。另一方面，员工在与供应商、制造商及客户的互动中获取和利用其隐性知识。由于联盟标准化过程涉及技术标准的开发、制定、应用和推广等多个环节，这意味着单个企业的资源和能力难以满足其所有要求，因而企业与其他知识主体的协作配合便显得尤为重要。因此，建立在互信基础上的联盟持久合作关系，有助于企业获取嵌入在知识场内的其他成员的隐性知识，从而以客户需求为导向来开发高性能的技术标准，在隐性知识的积累过程中促动联盟目标的达成[①]。

（二）外部化

外部化指的是企业将隐性知识表达为显性知识的过程。借助外部化能够将隐性知识转变为具体化、明晰化的形式，由此增加成员间知识共享的可能性，从而为新知识创造奠定基础。联盟标准化过程以技术标准的开发和制定为起点，这意味着企业需要充分吸纳和整合各部门、团队的主张和想法，在知识的融合和碰撞中产生新的知识及技术创新成果，以直观明了的形式将其运用至标准化活动之中，确立技

[①] Hoe Siu Loon, "Tacit Knowledge, Nonaka and Takeuchi SECI Model and Informal Knowledge Processes", *International Journal of Organization Theory and Behavior*, Vol. 9, No. 4, 2006, pp. 490–502.

标准文本规范，这是隐性知识向显性知识转化的关键[1]。在标准化实践中，隐性知识能否转化为显性知识，主要取决于两个影响因素。一方面，隐性知识的表达需要一定技巧。企业各部门、团队应当采用便于理解、通俗易懂的方式阐述相关知识，以此调动共同参与知识共享和交流的积极性，在互动中发现团队间知识表现形式的差距，促进团队隐性知识向企业显性知识的转变。另一方面，联盟标准化过程涉及技术和市场等多领域的协调，要求企业管理者针对特定的技术标准需求来归纳和整合团队之间的知识资源，将高度专业化的知识以易于理解的形式传递，并据此开发或完善企业的技术标准，从而为技术标准的兼容性、安全性及可靠性提供保障。

（三）组合化

组合化可将联盟企业所拥有的显性知识聚合为更高水平的显性知识，通过标准化委员会会议、标准文本规范等途径将不同成员企业的知识予以交换和组合，促使显性知识越发复杂、更成体系。其中，知识交流与知识扩散在该环节扮演关键角色，由此促进联盟原有知识库的知识存量更新，在知识库的重构和利用中创造出联盟标准化过程所需的新知识[2]。由于技术标准联盟的成员构成错综复杂，在共同的联盟目标指引之下，成员企业会根据自身联盟角色对整体目标予以分解，将其拆分为可实操的具体标准化流程，得到更为明确、系统的显性知识。具体而言，组合化主要由三个环节组成。首先，将各知识主体的显性知识收集并整合至联盟层面，由此产生全新的显性知识，形成联盟标准化过程的初始知识库；其次，新的显性知识通过成员企业所参加的标准化委员会会议得以交流和传播，使其扩散覆盖至联盟知识场的各个角落；最后，对来源于不同企业的联盟知识库进一步加工

---

[1] Ngulube Patrick, "Using the SECI Knowledge Management Model and Other Tools to Communicate and Manage Tacit Indigenous Knowledge", *Innovation*, Vol. 27, No. 1, 2003, pp. 21-30.

[2] Bandera Cesar, Keshtkar Fazel, Bartolacci Michael R, Neerudu Shiromani and Passerini Katia, "Knowledge Management and the Entrepreneur: Insights from Ikujiro Nonaka's Dynamic Knowledge Creation Model (SECI)", *International Journal of Innovation Studies*, Vol. 1, No. 3, 2017, pp. 163-174.

和处理，筛选出所需的显性知识来支持标准化活动开展，从而在最大限度上发挥场内知识的价值。

（四）内部化

内部化刻画了显性知识转化为隐性知识的过程，与联盟成员"边学边做"密切相关。从企业参与技术标准联盟的动机来看，拓宽组织的外部知识资源获取渠道、学习合作伙伴特定的知识和技能是企业开展标准化合作的主要出发点。技术标准联盟所发挥的跨越个体、团队、企业及联盟等多个层次的知识场叠加效应，可帮助企业在联盟标准化过程中及时发现自身不足，针对性学习其他成员的先进标准化知识、技术及经验，并将其内化至组织知识库，借此弥补并发展组织相应的资源和能力。因此，企业必须积极主动地投入到联盟标准化进程，以需求为导向，不断提升技术标准制定的影响力和话语权，以便在组织学习中谋取更多收益。不难发现，内部化能够将所创造的显性知识在整个联盟知识场内扩散和共享，丰富和拓展联盟成员的隐性知识储备。一旦显性知识以共享的心智模式内化到个体的隐性知识基础之中，便可视为组织重要的资产。由此，个体层面所累积的隐性知识经由社会化与其他联盟成员共享，将引发新一轮知识创造螺旋过程的循环。

由上述分析可知，技术标准联盟知识场的知识创造是一个环环相扣的螺旋式过程，在显性知识与隐性知识的持续转化中创造了联盟标准化过程所需的新知识。基于社会化获取的与用户标准需求相关的隐性知识，通过外部化转变为与新技术标准概念相关的显性知识。随后，在组合化环节将新旧知识相结合来充分发挥知识价值，为共同的联盟标准化目标而服务。借助知识溢出和组织学习，联盟成员所累积的显性知识经由内部化转化为全新的隐性知识，由此引发知识场内新一周期的知识创造过程，使知识场的活性效应达到最大化，确保联盟标准化工作有序开展。

二 技术标准联盟知识场与知识创造的适应性分析

联盟知识库并非仅由知识场内知识主体间的简单积累而成，而是通过将隐性知识转化为显性知识，再转化为隐性知识的无限循环，不断为知识创造提供动力①。因此,建立、维护和利用知识场活性效应对于推进联盟的知识创造过程至关重要,有必要深入分析知识场的具体特征与知识创造间的作用关系。根据知识场在技术标准联盟知识创造过程中所扮演的角色,可将其划分为创出场、对话场、系统场及实践场四种类型,依次对应社会化、外部化、组合化与内部化四个环节,如表7-2所示:

表 7-2　　　　　　　　知识场与知识创造的匹配关系

知识场类型	知识创造环节	核心	交互类型	媒介
创出场	社会化	隐性知识→隐性知识	个体/集体	(非)正式渠道/虚拟媒介
对话场	外部化	隐性知识→显性知识		
系统场	组合化	显性知识→显性知识		
实践场	内部化	显性知识→隐性知识		

（一）创出场

创出场是推动团队成员完成隐性知识社会化的场所。通过员工之间的交流互动来传递和共享隐性知识,创出场在团队内部营造了和谐融洽的情感氛围,在员工间建立了密切的合作联系,从而消除了员工的心理隔阂,调动了团队成员表露隐性知识的积极性。一方面,员工是企业标准化实践的中流砥柱,在日常的标准化工作中积累了诸多宝贵经验,譬如用户需求捕捉策略、技术标准性能提升途径、降低技术标准开发和实施风险的技巧等知识,这些知识具有鲜明的主观性和内隐性;另一方面,在和制造商、客户、供应商等核心业务伙伴开展标准化合作时,员工在多方开放坦诚的交流过程中了解和掌握技术和市场环境的最新动态,能够帮助企业获取和维持技术标准竞争优势。在组织内外部的隐性知识共享中,创出场有助于丰富员工的隐性知识储备,刺激员工产生新的观点和想法,为组织的新知识创造奠定基础。

---

① Kaur Harpreet, "Knowledge Creation and the SECI Model", *International Journal of Business Management*, Vol. 2, No. 1, 2015, pp. 833-839.

（二）对话场

对话场是致力于将企业不同部门、团队所拥有的隐性知识转化为显性知识，完成隐性知识外部化的场所。企业各团队承担着不同的标准化职能，所掌握的隐性知识难免存在差异。团队成员固然具备特定的思维模式和工作技能，但倘若无法通过语言、文字及图像等媒介将其转化和表达，那么隐性知识资源的价值也就无法彰显。因此，对话场可跨越组织内的部门界限，有意识地将各部门与团队联结为统一整体，从而将专有化的隐性知识以具体化的形式整合至企业层面，形成组织共同的显性知识库。标准化工作强调全员参与，通过部门及团队之间的交流和分享，不仅有助于了解其他团队的标准化主张和想法，也有利于及时发现和反思自身不足，解决部门与岗位之间的协调问题，完善企业标准化流程，由此推动企业创造新知识，知识库的知识存量也得以不断更新和拓展。

（三）系统场

系统场是将各成员企业的显性知识进行整合，实现显性知识组合化的场所。就技术标准联盟而言，由于成员企业之间关系错综复杂、知识基础差异明显，在知识主体共同参与联盟标准化的过程中，系统场能够紧密联结成员企业，充分集聚各方知识资源，整合生产、研发、销售及服务等各个领域的显性知识，形成联盟知识库。以满足特定的技术标准需求为目标，联盟成员采用相应方式（如标准化委员会会议）围绕联盟标准化相关事宜进行交流磋商，以便确定技术标准的具体内容。成员企业彼此交换必要的标准化信息，就标准化过程中的现实或潜在问题展开讨论，从而更为有效地收集和传播知识。其中，知识资源丰富的联盟成员在此过程中往往掌握更多主动权和话语权，可在联盟标准中体现企业自身的主张，这不仅有助于实现共同的联盟目标，亦能满足组织特定的利益诉求。

（四）实践场

实践场是通过显性知识向隐性知识转化来实现内部化的场所。企业在联盟标准化合作中不断积累和丰富自身知识库的知识存量，从其他合作伙伴处获得异质性知识资源，进而创造与技术标准有关的新知识，实践场恰好为企业提供了彰显知识价值的平台。联盟成员将知识投入到标准化实践当中，依据技术标准文本规范生产商用产品来参与市场活动，可在动态变化的数字经济条件下提升组织的应变能力，根据技术和市场环境条件变化增强相应的资源能力，并根据用户反馈实时更新和修订技术标准，不断改进技术标准体系的有效性。因此，在技术标准的制定、应用和推广等各个环节，企业可通过实践场持续学习和应用知识资源，不断完善和强化自身的知识基础，由此完成显性知识内部化的过渡。

由上述分析可知，通过权衡和协调各方关系，各知识场内所创造的知识在联盟成员中得到共享和扩散，由此形成联盟知识库来为联盟标准化活动开展提供资源支持。总体而言，技术标准联盟知识场发挥了个体与集体间的知识交互作用，通过（非）正式实体渠道与虚拟媒介联结不同层次的知识场，最终将其整合纳入更为强大的联盟知识场，搭建了知识主体、知识与联盟环境之间密切联系的桥梁，显著加速了场内的知识创造进程。

第四节 技术标准联盟知识场动力机制

在技术标准联盟知识场内，知识流动性决定了各知识主体所处知识节点与知识位势的交替转换。由于技术标准联盟内知识资源的时空分布并非完全对称，在显性知识与隐性知识的转化之中，技术标准知识才得以在场内持续自由流动，由此在知识创造的螺旋过程中确保联盟知识库的更新与知识存量的增加。同时，联盟知识场涉及个体、团队、企业及联盟等层次间的多维互动，得以实现知识库质与量的升级并促动知识场活性效应发挥。在联盟标准化合作过程中，当知识场内某个知识主体的知识存量无法满足技术标准需求时，表明该成员企业存在知识缺口，需要从其他合作伙伴处获取所需的异质性知识资源。知识缺口越大，则意味着知识流动需求越强烈，场强作用越明显，越有利于新知识的创造和技术标准的产出。

知识场作为与诸知识要素相关的情境和空间，场内蕴含巨大的能量服务于技术标准联盟。知识场既然是以知识流动的形式在空间中运动，那么在知识场运动的同时，也必然伴随着能量在空间中的运动和转移。在技术标准联盟知识场中，联盟企业作为场内的核心知识主体，可在场内知识流动中获取所需的异质性知识资源，以此促动联盟标准化活动开展。如图7-3所示，知识场可通过集聚作用来整合联盟成员持有的知识资源，然而以技术标准文本规范为主要表现形式的显性知识所占比重却十分有限。对于联盟企业而言，更重要的是需要在联盟成员之间建立互惠互利的标准化合作关系，彼此信任、共同理解，从而在知识流动过程中共享更具应用价值的隐性知识，譬如用户的技术标准需求、技术标准性能、标准化业务流程、产品、技术及市场等知识，通过隐性知识外部化盘活组织知识库的知识存量，提升技术标准的竞争优势。由此可见，知识流动效率关系到场内的知识资源配置状态，且在很大程度上决定着企业参与技术标准联盟的最终结果。

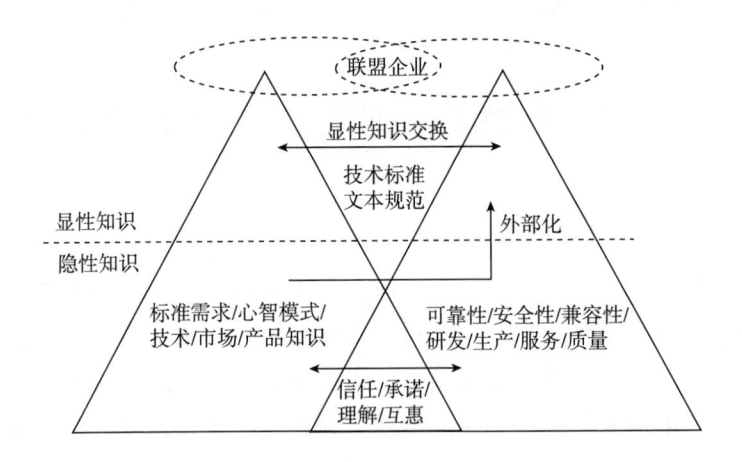

图7-3 技术标准联盟知识场的知识流动

技术标准联盟知识场是由知识主体、知识客体与知识环境联结而成，任意要素的变化均会对场内的知识流动过程产生重要影响。类比电动力学的洛伦兹力定律，知识元是知识场内度量知识属性的基本单位，流动于各知识主体间的知识元不可避免地会受到知识场的作用力，这便是驱动知识场活性效应的重要动力。公式（7-1）描述了知识场力与相关影响因素之间的关系。其中，F 代表场力大小，q 为知识元的知识量，E 为知识场强度，V 为知识元的流动速度，B 为知识场的场强。将公式（7-1）积分后可得公式（7-2），ρ 代表知识密度，J 代表知识流密度。由此可知，知识场力与知识元的知识量、知识流动的速度及密度息息相关。在标准化实践中，知识场活性效应取决于富含显性知识与隐性知识的知识元流动。在场力作用下，成员企业之间的知识距离越小、知识传播渠道越顺畅、知识元的知识含量越高，则知识流动的速度和密度越理想，就越有利于充分发挥知识场的场强叠加效果，确保场内知识共享和知识创造活动高效开展。

$$F = q(E + V \times B) \tag{7-1}$$

$$F = \int_V (\rho E + J \times B) d_\tau \tag{7-2}$$

如图 7-4 所示，在显性知识和隐性知识的流动过程中，知识扩散与知识吸收已成为技术标准联盟知识场运行的重要动力机制。一方面，知识扩散场内的知识主体主要扮演知识输出方的角色。通常这类企业具有良好的知识基础，拥有联盟标准化过程所需的各种资源，可针对数字驱动下的联盟环境条件变化作出相应调整，因而在标准制定中发挥较大影响力。企业通过将知识输出至其他联盟成员，知识得以扩散至整个知识场，增加了在知识共享中合作伙伴吸收和应用这些知识的可能性，有助于赢得其支持、提升技术标准的合法性，谋得更多联盟利益。另一方面，知识吸收场主要为知识主体提供知识输入的平台。此类企业的知识库通常较为薄弱，当前知识存量水平难以满足技术标准制定需求，也无法有效化解联盟环境动荡变化所带来的风险。因此，它们需要尽可能从场内的知识流动中获取知识扩散场所输出的知识资源，并从中积累联盟标准化过程所需的知识，以便提升组织知识库的知识存量水平。当然，知识场边界并非是一成不变的。联盟标准化过程涉及多个环节和不同业务领域，单一企业无法掌握全部的知识资源。某一联盟企业可能在知识扩散场内向外输出和传播知识，然而在特定的业务流程之中亦可从知识吸收场来吸收和利用其他成员的知识①。由此可见，正是知识扩散与知识吸收的这种弹性动力机制，在多向互动中为技术标准联盟知识场的运行持续注入能量，借助知识场力保障了技术标准联盟运行秩序的稳定。

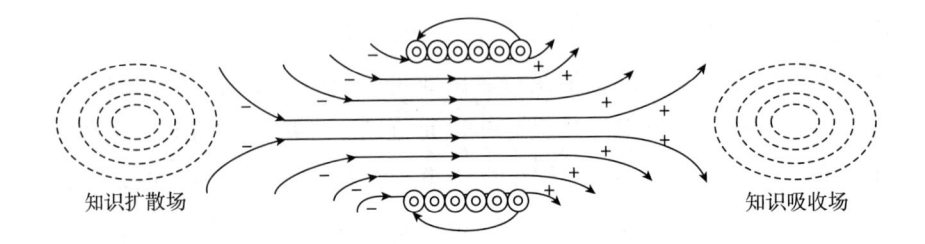

图 7-4　技术标准联盟知识场的知识扩散与吸收机制

---

① Yao Zheng, Yang Zhi, Fisher Gregory J, Ma Chaoqun and Fang Eric (Er), "Knowledge Complementarity, Knowledge Absorption Effectiveness, and New Product Performance: The Exploration of International Joint Ventures in China", *International Business Review*, Vol. 22, No. 1, 2013, pp. 216-227.

第八章　基于知识转移的技术标准联盟治理

经济社会转型背景下，新旧产业的碰撞融合使企业处于动荡不安的环境条件之中，企业更加需要依靠技术标准的稳定性来化解环境风险。为了及时满足用户的技术标准需求，并对市场环境变化作出快速响应，通过技术标准联盟参与标准化已成为企业重要的技术标准竞争手段和生存方式，而知识转移不仅是联盟合作的重要目标，还是合作取得成功的基础条件。企业经由知识转移不断获取外部知识，并将其吸收内化进而创造出全新的知识，有助于自身核心能力的增强及联盟绩效的改善。这意味着，技术标准联盟治理的核心，便是挖掘和促进联盟成员之间隐性知识的转移和共享。在知识转移过程中，知识资本作为知识资源的有机综合体，不仅可使自身战略价值得到增加，同时还带动了技术标准联盟的其他物质资本产生更大增值。因此，知识资源的有效利用作为企业持续保持竞争优势的源泉，如何掌握、利用和创新知识，被视为提升技术标准联盟治理能力的关键。

第一节　研究概述

一　技术标准联盟与联盟治理

技术标准是具有深远经济影响的规则，对于技术发明创新、商业交易和经济增长具有重要意义[1]。具体而言，技术标准反映了商品的

---

[1] Baron Justus, Spulber, Daniel F, "Technology Standards and Standard Setting Organizations: Introduction to the Searle Center Database", *Journal of Economics & Management Strategy*, Vol. 27, No. 3, 2018, pp. 462-503.

兼容性和互操作性，要求不同产品遵循一致的规范。在标准化实践中，多数标准是由一个组织根据自身实际需要而制定，这些内部标准即为企业标准。事实上，标准化现象是企业日常生产经营活动的重要部分，包括企业之间的相互关系以及与其他主体（如客户和政府）的关系，但其影响范围不止局限于公司本身，还包括整个社会。因此，企业标准化通常包含两个方面[1]：既开发制定企业内部使用的标准，又同与企业有直接业务合作的伙伴共同制定可供彼此使用的标准。值得注意的是，"开发"并不意味着每项标准都是从头设计，企业往往选择直接采用外部标准（如国家标准或行业标准），然而这些标准并非总能满足其所有需求，所以企业需要时常对外部标准进行补充和完善。当企业无法获得解决匹配问题所需的特定技术标准时，就会面临自主开发制定或者与其他组织开展标准化合作的抉择，即通过加入技术标准联盟，与其他企业共同开发、制定和推广技术标准。

技术标准联盟作为一种特殊的战略联盟形式，既符合战略联盟的共性特征，但也具备其自身所独有的特质。战略联盟是在特定的时间、空间范围内为实现既定目标而开展的企业间合作，企业在联盟形成之后仍然保持独立，合作伙伴共享利益、共担任务，并在特定的战略领域持续做出贡献[2]。技术标准联盟除了满足上述战略联盟共性特征之外，同时还具备以下特征：第一，技术标准联盟的目标并不仅限于开展创新活动、研发新技术[3]，更主要的目标是制定和推广技术标准[4]，并且参与者需要为实现这一共同目标做出贡献[5]。与法定标准

---

[1] De Vries Henk J, "Standardisation: A Business Science Perspective", Bargaining Norms, Arguing Standards—Negotiating Technical Standards, 2008, pp. 18–32.

[2] Blind Knut and Mangelsdorf Axel, "Motives to Standardize: Empirical Evidence from Germany", *Technovation*, Vol. 48-49, 2016, pp. 13–24.

[3] Gilsing Victor A, Cloodt Myriam and Bertrand-cloodt Danielle, "What Makes You More Central? Antecedents of Changes in Betweenness-Centrality in Technology-Based Alliance Networks", *Technological Forecasting and Social Change*, Vol. 111, 2016, pp. 209–221.

[4] Axelrod Robert and Mitchell Will, "Coalition Formation in Standard-Setting Alliances", *Management Science*, Vol. 41, No. 9, 1995, pp. 1493–1508.

[5] Blind Knut and Mangelsdorf Axel, "Alliance Formation of SMEs: Empirical Evidence from Standardization Committees", *IEEE Transactions on Engineering Management*, Vol. 60, No. 1, 2013, pp. 148–156.

制定机构所制定的强制性标准相反，大多数联盟标准带有市场驱动下的自愿性特征。第二，与其他形式的战略联盟相比，技术标准联盟的功能范围更为广泛①。由于技术标准化过程极其复杂，涉及知识创新、技术研发、专利申请、商品生产、销售推广等各方面，因而技术标准联盟通常包含或覆盖其他联盟的功能，既可以采用一个或多个技术联盟的技术创新产出，也可以选择基于R&D联盟进行标准制定②。第三，企业通常在标准化过程中发挥关键作用。一般而言，技术标准联盟是半开放的，技术标准主要由有限数量的企业与其他利益相关者共同开发，而更多的企业则是以采纳者身份对技术标准表示支持，涵盖研发、生产、合格评定、销售等诸多领域。参与联盟标准化合作的企业，可以依靠成员间的知识溢出效应为自身谋取利益，降低技术标准的实施和转换成本。然而，由于技术标准本身具有公共物品属性，往往会导致联盟外部的企业采取"搭便车"行为③。值得一提的是，政府有时也会介入技术标准联盟，作为技术标准未来的潜在使用者，通过行政监管或政策扶持来确保利益相关者之间的协调。

标准化利益相关者之间如何创造价值与分享合作剩余，与联盟治理结果密切相关④。从联盟伙伴角度，Kamps等分析了联盟内部竞争和联盟承诺对于技术标准联盟成长的影响，联盟成员对于标准的承诺程度关系到标准制定成功的机会，联盟内部成员之间的竞争程度则会影响成员的贡献度和联盟结果⑤。技术标准联盟作为系列许可协议而联结的契约关系集合，张运生和张利飞基于对中国高技术产业AVS联盟的案例分析，认为应选择谈判协商、决策、声誉信誉和知识产权信

---

① Hesser Wilfried, Feilzer Albert and De Vries Henk J, *Standardisation in Companies and Markets*, Hamburg: Helmut Schmidt University, 2010.
② 李薇：《技术标准联盟的本质：基于对R&D联盟和专利联盟的辨析》，《科研管理》2014年第10期。
③ Cabral Luís and Salant David, "Evolving Technologies and Standards Regulation", *International Journal of Industrial Organization*, Vol. 36, 2014, pp. 48-56.
④ 孙耀吾、裴蓓：《企业技术标准联盟治理综述》，《软科学》2009年第1期。
⑤ Kamps Xavier, De Vries Henk J and Van de Kaa Geerten, "Exploring Standards Consortium Survival in High Tech Industries: The Effects of Commitment and Internal Competition", *Computer Standards & Interfaces*, Vol. 52, 2017, pp. 105-113.

息披露等契约型机制治理技术标准联盟[1]。无独有偶,李大平等从新产权契约关系角度来探究软件业技术标准联盟,指出其涵盖企业、政府、科研机构及市场等不同治理结构[2]。从联盟收益分配角度,华金秋和华金科认为确立合理的收益分配机制对于技术标准联盟而言必不可少,是实现联盟发展与成功的前提条件,而只有在实际收益高于预期收益的情况下,联盟才能获得持续发展的动力[3]。

二 知识管理与知识转移

知识管理旨在支持组织建立知识度量、储存并将其转化为知识资本的机制[4],就其概念而言,狭义的知识管理指的是对知识本身的管理,其流程主要涵盖知识获取、生产、加工、储存、传播、利用和创造等环节;广义的知识管理在此基础之上,还包括对知识相关的各种资源及无形资产的管理,最终为实现组织目标而服务[5]。作为对一系列活动和流程的动态管理,组织中有效的知识管理实践主要集中于知识创造和转移活动[6],知识转移能力可以促进组织技能提升,并增强企业的竞争能力,进而对组织绩效产生积极影响。

随着当前内部知识库对企业研发活动贡献度的下降,获取和利用外部知识资源变得越发重要[7]。知识转移的思想由 Teece 首次提出,指的是在明确的组织目标指引下,由组织主导的在知识提供者与知识

---

[1] 张运生、张利飞:《高技术产业技术标准联盟治理模式分析》,《科研管理》2007年第6期。

[2] 李大平等:《软件业技术标准联盟的新产权契约关系解析》,《科学管理研究》2006年第2期。

[3] 华金秋、华金科:《技术标准联盟收益分配研究》,《科技进步与对策》2006年第2期。

[4] Cheng Eric C K and Lee John C K, "Knowledge Management Process for Creating School Intellectual Capital", *Asia Pacific Education Researcher*, Vol. 25, No. 4, 2016, pp. 559-566.

[5] 梁林梅、孙俊华:《知识管理》,北京大学出版社2011年版,第20页。

[6] Barao Alexandre, De Vasconcelos Jos Braga, Rocha lvaro and Pereira Ruben, "A Knowledge Management Approach to Capture Organizational Learning Networks", *International Journal of Information Management*, Vol. 37, No. 6, 2017, pp. 735-740.

[7] Martin Silvia L and Javalgi Rajshekhar (Raj) G, "Explaining Performance Determinants: A Knowledge Based View of International New Ventures", *Journal of Business Research*, Vol. 101, 2019, pp. 615-626.

接受者之间实现知识交换的流动过程①。不难发现，知识转移以知识为客体、知识流动为载体，包含知识发送方和知识接受方两个知识主体。换言之，转移主体、转移情境、转移内容和转移媒介都是知识转移的核心要素。学界聚焦于知识转移的定义、过程、层次、动因、影响因素、风险控制等角度开展了大量研究，从知识转移绩效评价层面来看，Andersson 等从转移利用率和转移成本两个方面来评估知识转移绩效②，Pasquale 和 Mirian 也由数量和速度两个维度对知识转移过程的效果及效率进行评价③。Shen 等揭示了影响知识转移有效性的主要因素，证实不同的知识转移过程和知识特性均会对其产生影响，这为知识转移过程的有效管理指明方向④。因此，为了提升组织间知识转移的有效性，理解知识转移障碍已成为该领域的研究热点，譬如 Khan 等提出了消除组织间高风险合作中知识转移障碍的问题，以帮助组织获得竞争优势⑤。

三 技术标准联盟知识转移

战略联盟作为重要的外部知识源，是企业可持续性竞争优势的主要来源。从联盟层面实施有效的知识管理来促进联盟成员间的知识转移与共享，是技术标准联盟稳定运行的重要战略支撑。目前，鲜有研究涉及技术标准联盟中的知识管理问题，仅有部分学者从专利战略、知识产权战略、R&D 网络等视角对其展开初步探讨，如 Blind 和 Mangelsdorf 提出 R&D 强度与中小企业标准联盟意愿之间存在倒

---

① 王雪原、董媛媛、徐岸峰：《知识管理》，化学工业出版社 2015 年版，第 89 页。

② Andersson Ulf, Gaur Ajai, Mudambi Ram and Persson Magnus, "Unpacking Interunit Knowledge Transfer in Multinational Enterprises", *Global Strategy Journal*, Vol. 5, No. 3, 2015, pp. 241–255.

③ Pasquale De Luca and Mirian Cano Rubio, "The Curve of Knowledge Transfer: A Theoretical Model", *Business Process Management Journal*, Vol. 25, No. 1, 2019, pp. 10–26.

④ Shen Hao, Li Ziye and Yang Xiuyun, "Processes, Characteristics and Effectiveness", *Journal of Organizational Change Management*, Vol. 28, No. 3, 2015, pp. 486–503.

⑤ Khan Zaheer, Shenkar Oded and Lew Yong Kyu, "Knowledge Transfer from International Joint Ventures to Local Suppliers in a Developing Economy", *Journal of International Business Studies*, Vol. 46, No. 6, 2015, pp. 656–675.

"U"形关系[1], 杨皎平等证实了知识转移对技术标准联盟合作绩效具有正向影响[2]。与此同时，学者们逐渐认识到知识转移及其对联盟发展的重要性，譬如王斌引入博弈模型分析了知识联盟中知识转移效率的作用机理[3]，Caner 等认为与联盟活动密切相关的知识转移能够有效提升联盟企业的创新速度[4]。然而以往研究对技术标准竞争优势获取过程中知识转移的重要作用关注较少，鲜有学者关注到技术标准联盟自身蕴含的知识资源，也未将技术标准联盟与知识转移纳入同一框架深入剖析，未能从知识管理战略高度认识技术标准联盟发展所面临的潜在风险。在外部环境动态性和不确定性的复杂条件下，如果想要维持技术标准联盟稳定的运行秩序，提升企业的核心竞争力，就需要加强技术标准联盟情境下知识转移方面的研究。

鉴于上述研究不足，本书立足于数字化转型背景，旨在将战略联盟研究领域拓展至技术标准联盟情境，分析技术标准联盟中知识转移的内在作用机理，进而提出技术标准联盟的治理策略，以此为提升技术标准联盟知识资源配置效率、引导企业参与技术标准联盟合作提供理论依据。

第二节 技术标准联盟知识转移解析

一 影响因素

技术标准联盟中的知识转移过程处于动态变化的环境之中，不可

---

[1] Blind Knut and Mangelsdorf Axel, "Alliance Formation of SMEs: Empirical Evidence from Standardization Committees", *IEEE Transactions on Engineering Management*, Vol. 60, No. 1, 2013, pp. 148-156.

[2] 杨皎平、李庆满、张恒俊：《关系强度、知识转移和知识整合对技术标准联盟合作绩效的影响》，《标准科学》2013 年第 5 期。

[3] 王斌：《知识联盟中知识转移效率作用机理研究》，《科研管理》2016 年第 6 期。

[4] Caner Turanay, Sun Jing and Prescott John E, "When a Firm's Centrality in R&D Alliance Network is (not) the Answer for Invention: The Interaction of Centrality, Inward and Outward Knowledge Transfer", *Journal of Engineering and Technology Management*, Vol. 33, 2014, pp. 193-209.

避免地会受到联盟内外部因素的交互影响。与之对应，在知识主体与知识主体、知识主体与知识环境的相互作用中催生了复杂的联盟内外部沟通交流网络。如图8-1所示，企业及时捕捉外部市场、技术和用户需求的变化，借助技术标准联盟进行信息收集和知识获取，将知识资本累积存储在内部知识库，并将知识予以广泛传播分享，不断巩固当前知识存量的广度与深度，促进技术标准文本规范的形成，进而指导商用产品的生产经营活动，以此对外部环境的动态变化作出响应。这种知识转移的过程——从外部到内部，然后再以技术标准和商用产品的形式返回到外部的过程，确保了技术标准的灵活性，实现了联盟企业现实标准需求和知识能力的融合，且主要受到知识特性、知识主体和知识情境等因素影响。

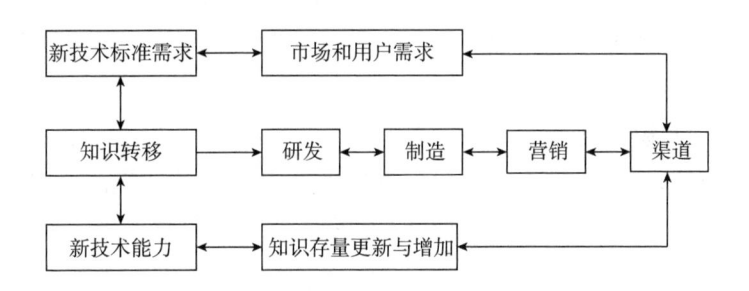

图8-1 知识转移的内外交互影响过程

（一）知识特性

一方面，知识转移过程的客体是技术标准知识，所传递的知识能否反映最新的市场变化、满足用户技术标准需求，在很大程度上决定着技术标准未来的市场竞争优势；另一方面，获取其他联盟成员异质性的、不易模仿的战略知识，是企业参与技术标准联盟的重要目标。知识的模糊性会影响知识转移的效用大小，因此知识是否易于被理解吸收并转化为企业的新技术能力，主要取决于知识转化率及其自身特性所导致的转移障碍。

（二）知识主体

知识发送方和知识接受方作为联盟知识转移过程的两大知识主

体,双方参与技术标准联盟获取知识的动机并不相同,这也就意味着其合作意愿存在差异。联盟成员能否具备一致性和平衡性的合作意愿,影响着合作伙伴间知识转移的绩效。此外,就知识主体自身能力而言,知识发送方传递能力与知识接受方吸收能力之间的差距大小,同样关系到知识转移的效率和效果。企业持有强烈的合作意愿并不断改进和提升自身相应的知识能力,才能保证知识转移价值充分发挥。

(三) 知识情境

知识转移活动的成功开展还决定于客观条件,即联盟成员的价值观和联盟环境会影响知识和技术标准的应用和扩散效果。联盟成员之间建立开放合作的信任关系,不仅可以加强知识转移的宽度,还会延展知识转移的深度,从而带动联盟整体实力提升。同时,稳定有序的联盟环境能够激活知识存量,实现市场知识和技术知识的有效融合,促使企业在技术标准市场活动中占据有利的竞争地位,促使其掌握技术标准制定的主导权和话语权。

二 知识类型

技术标准制定需要标准化、市场和技术等各类知识的有机结合。在多数情况下,受自身知识资源禀赋所限,单个参与者无法提供标准化流程所需的所有知识和技能,企业必然需要从外部环境来获取自身生存和发展所需的知识资源,这意味着通过知识转移来吸收外部知识是企业创新和适应竞争环境变化必不可少的要素[1]。联盟成员组建或参与技术标准联盟,以此实现风险共担、优势互补和资源共享的目标,降低联盟内知识转移的交易成本和认知成本,最终获取技术标准的规模经济效益。根据组织学习理论,技术和市场环境的不确定性越高,则越需要技术标准带来稳定性,组织对技术标准知识的学习需求就越强烈。技术标准联盟为企业开展组织学习创造了良好条件,组织学习伴随着技术标准联盟的组建与兴起而展开,其本质特征便是有利于技术标准联盟演化的动态学习过程。这就要求组织必须准确识别出

---

[1] Liu Xueyuan, Zhao Haiyun and Zhao Xiande, "Absorptive Capacity and Business Performance: The Mediating Effects of Innovation and Mass Customization", *Industrial Management and Data Systems*, Vol. 118, No. 9, 2018, pp. 1787-1803.

与技术标准竞争优势相关的战略性知识,并将其转化为企业的核心能力。以知识模仿学习难度与知识附加值的匹配程度为依据[①],据此构建得到技术标准联盟的战略性知识矩阵(见图8-2)。

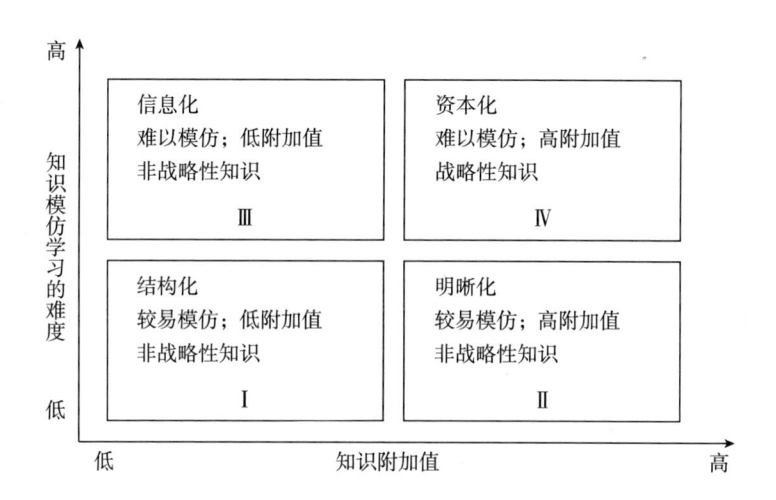

	低知识附加值	高知识附加值
高（知识模仿学习的难度）	信息化 难以模仿；低附加值 非战略性知识 Ⅲ	资本化 难以模仿；高附加值 战略性知识 Ⅳ
低	结构化 较易模仿；低附加值 非战略性知识 Ⅰ	明晰化 较易模仿；高附加值 非战略性知识 Ⅱ

图 8-2 技术标准联盟的战略性知识矩阵关联分析

(一) Ⅰ区间:结构化

该区间的技术标准知识易被其他联盟成员模仿学习,企业难以有效控制,而且产生的知识附加值并不高,传播和复制成本较为低廉,由此判断该区间的知识属于非战略性知识。此类知识包括通用领域的产品装配尺寸、标准化处理程序等一些外在的显性知识,因此企业需要形成技术标准文本来对生产经营活动予以规范,形成明确、规范的知识结构。

(二) Ⅱ区间:明晰化

尽管该区间的知识具有较高附加值,但由于其他联盟成员模仿学习的难度并不高,难以形成组织独有的战略性知识资产,因而不属于组织的战略性知识。譬如技术标准前期研发的一般性技术、知识资源规划等方面的知识,这并非是企业核心能力的重要组成部分,组织往

---

① 朱淑枝:《企业知识管理实务》,清华大学出版社2009年版,第85—86页。

往将此类知识明晰化并主动转移此类知识。

（三）Ⅲ区间：信息化

该区间是存在于个人技能和组织管理流程中个性化的隐性知识，但由于远离技术标准价值链，且无法被准确地加以描述，因而不能直接为企业创造价值，附加值较低。位于此区间的知识处于无序、非线性、无规则的状态，对企业核心能力的贡献并不突出，因此需要通过信息化对其加以管理，尽可能清除知识转移的渠道障碍，以提高整个标准联盟的知识转移效率。

（四）Ⅳ区间：资本化

位于该区间的知识正是企业需要重点吸收学习的战略性知识，其可利用程度高，兼具难以模仿学习与附加值高两大优势。作为企业核心能力的来源，此类知识关乎技术标准竞争的市场态势，并能够有效降低企业技术标准的开发成本和市场风险，可避免技术标准的同质化竞争。因此，企业需要重点投资开发该区间的战略性知识，使知识转移深度和宽度维持在理想状态。

三　知识转移特征

标准化被视为一种知识共享和知识创造活动，与标准制定具有共同利益的参与者贡献其所拥有的知识，并表达其对于标准内容的偏好。包括各种标准化技能或经验在内的知识资源，可以有效增强企业的创新潜能[1]。从标准化过程来看，不同知识存量水平的企业通过技术标准联盟开展合作，充分吸收知识资源，并将其内化为自身的核心竞争力，以此制定和推广理想的技术标准。通过技术标准联盟的知识转移过程，企业不仅可以更新自身知识库的战略性知识存量、提高知识利用效率，不断创造出新的技术标准知识，亦可向其他联盟成员学习来弥补自身的缺陷与不足，缩小联盟成员之间的知识差距，强化自身的核心知识能力。在此动态过程中，主要呈现出以下特征，具体如表8-1所示：

---

[1] Gilsing Victor, Nooteboom Bart and Vanhaverbeke Wim, "Network Embeddedness and the Exploration of Novel Technologies: Technological Distance, Betweenness Centrality and Density", *Research Policy*, Vol. 37, No. 10, 2008, pp. 1717-1731.

表 8-1　　　　　　技术标准联盟中的知识转移特征

知识特性	说明
共享性	联盟成员之间共享知识资源，涵盖显性知识和隐性知识之间的转换。借助其他企业拥有的知识资源建立知识共享网络，来提升自身的技术标准竞争优势
动态性	技术标准联盟本就处于动态变化的市场环境之中，联盟成员间的合作关系、知识能力、吸收学习等也呈现出动态性的特点
累积性	知识转移贯穿于技术标准联盟组建、发展到解散的全过程，基于各环节的技术标准知识积累，便形成了现阶段的知识库
复杂性	技术标准联盟中的成员涉及企业、政府、用户、行业协会、科研机构等众多主体，跨领域的利益协调使得知识转移越发复杂
非对称性	知识主体间存在一定知识差距，主要指代合作伙伴所拥有技术标准知识的互补性和兼容性程度，反映出组织的知识存量水平

第三节　技术标准联盟知识转移机理

一　知识转移的形成动因

知识转移是技术标准联盟创新能力的核心，企业的战略性知识资源存量决定着创新能力的高低，因而凭借技术标准联盟的合作关系从其他合作伙伴处获取战略性知识，便形成了知识库的知识增量，成为技术创新的重要驱动力量。受自身知识资源及能力所限，企业倾向于与其他组织以联盟合作的形式来实现知识创新成果的标准化，转移有利于形成技术标准竞争优势的知识，借助杠杆效应获取技术标准制定的主导权和话语权。

知识势差会影响联盟的整体知识水平和成员之间的知识转移[①]，这为理解技术标准联盟知识转移的形成动因提供了全新视角。知识势代表企业知识库在某阶段的知识存量水平，体现出知识的先进性、可塑性和有效性等特质。在特定的技术标准联盟内，由于不同企业所拥有知识资源的广度和深度不尽相同，这也就决定了联盟成员之间的知

[①] 王雪原、董媛媛、徐岸峰：《知识管理》，化学工业出版社 2015 年版，第 62 页。

识存量水平存在差异。盟主及领先企业作为联盟领导者，因其知识存量较多而处于优势地位，一些合作伙伴作为联盟追随者则由于知识存量较少而处于劣势地位。这意味着，不同企业在某一时间节点上对同一知识资源所拥有的知识势有所差别，由此产生了知识势差。需要注意的是，企业所处的知识位势高低是一个相对概念，即知识发送方与知识接受方角色是相对的。企业与某一知识主体相比可能处于知识低位势，而与其他知识主体相比又处于知识高位势。按照作用方向不同，可将其划分为同行业不同企业之间的横向势差，以及不同行业中的纵向势差。知识势差的动力机制如图8-3所示：

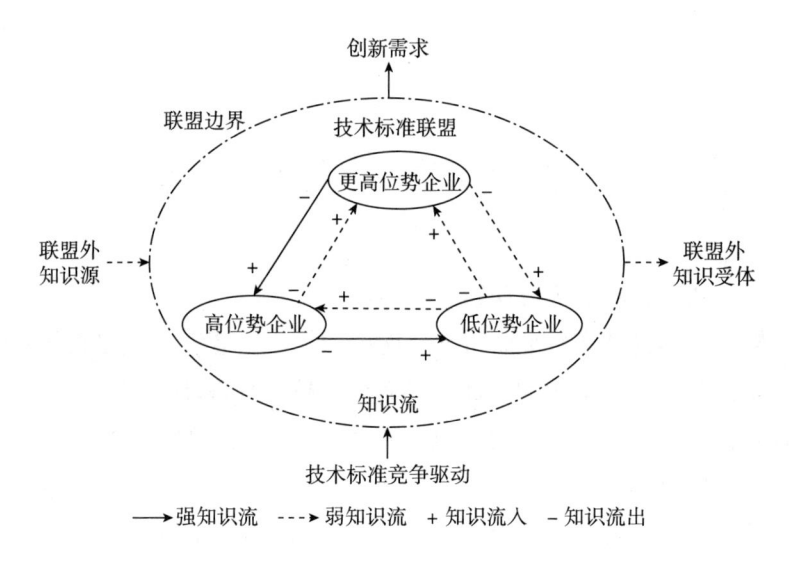

图8-3 基于知识位势的技术标准联盟知识转移动因

从技术标准联盟的知识转移动力来看，在横向上是由知识高位势企业和知识低位势企业间的知识势差所引起的知识流动，从而将联盟内外的知识源与知识受体相联结，纵向上则是由企业间技术标准竞争与创新需求共同推动的知识流动。于是，技术标准联盟内的知识势差不仅会使知识高位势企业发挥对知识低位势企业的拉动效应，还会催生知识低位势企业对知识高位势企业的挤压效应，由此产生深层次、宽范围的知识转移过程。技术标准联盟在两种效应的交互作用下，形成知识低位势企业、高位势企业与更高位势企业之间知识势差"产生—弥补"的动态良性循环，使技术标准在知识转移与共享的方向呈现螺旋式上升。

知识势差作为技术标准联盟知识存量的一种状态，可使联盟成员在知识转移过程中提升自身知识势，并显著更新和增加整个联盟知识库的知识存量水平。从知识主体来看，知识高位势企业是技术标准知识的主要输出源，在获取、整合重构与吸收利用等各环节均发挥重要作用。既可不断产出知识创新成果丰富自身知识存量，又能将其传递共享给低位势企业来弥补知识主体之间的差距，营造良好的组织学习环境，为实现标准联盟合作的最大收益提供保障。然而，知识转移本质上也是组织学习的过程，知识主体获得的技术标准知识只有被有效吸收利用，才能真正内化为组织自身的知识，进而转化为技术标准的核心竞争优势。知识流动的路径依赖性要求联盟成员持有一定知识存量，倘若知识高位势与知识低位势企业之间的知识存量差距过大，那么即使技术标准知识能够充分流入知识低位势企业，低位势企业也无法对这些知识做到完全吸收，便会造成知识转移效率低下。换言之，只有确保知识高位势企业具备充足的转移动力，保证知识发送方与知识接受方之间知识存量水平相近，才能提升技术标准联盟知识转移的合作绩效。

二 知识转移的运行逻辑

知识的价值在于流动，在于转化为技术标准联盟持续性竞争优势来源的知识资本。跨越组织界限的战略性知识资源配置已成为知识转移的重要手段，是形成群体化核心竞争能力的必然选择，对技术标准化工作的开展和联盟绩效提升尤为重要。技术标准联盟知识转移的运行逻辑如图8-4所示，知识共享是知识转移发生的前提基础，知识吸收是知识转移绩效的重要保障，知识发送方、知识接受方、转移的技术标准知识和转移情境组成了知识转移的核心要素。

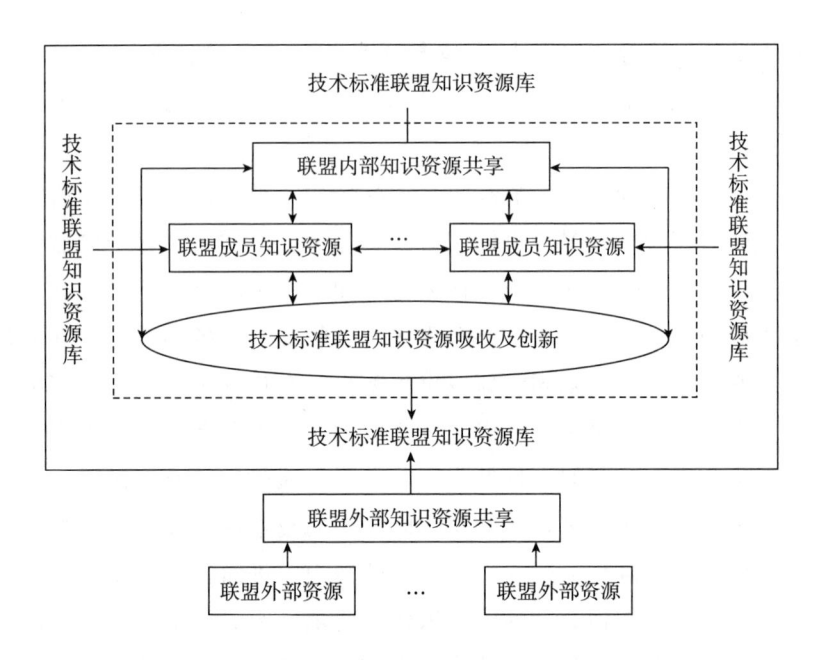

```
┌─────────────────────────────────────────────┐
│              技术标准联盟知识资源库              │
│  ┌ ─ ─ ─ ─ ─ ─ ─ ─ ─ ─ ─ ─ ─ ─ ─ ─ ─ ─ ─ ┐  │
│技│      ┌──────────────────────┐        │技│
│术│      │   联盟内部知识资源共享    │        │术│
│标│      └──────────────────────┘        │标│
│准│   ┌──────────┐   ┌──────────┐       │准│
│联├──→│联盟成员知识资源│...│联盟成员知识资源│←──┤联│
│盟│   └──────────┘   └──────────┘       │盟│
│知│      ╱─────────────────────╲        │知│
│识│     (  技术标准联盟知识资源吸收及创新  )       │识│
│资│      ╲─────────────────────╱        │资│
│源│                                       │源│
│库│                                       │库│
│  └ ─ ─ ─ ─ ─ ─ ─ ─ ─ ─ ─ ─ ─ ─ ─ ─ ─ ─ ─ ┘  │
│              技术标准联盟知识资源库              │
└─────────────────────────────────────────────┘
                      ↑
          ┌──────────────────────┐
          │    联盟外部知识资源共享    │
          └──────────────────────┘
           ┌────────┐    ┌────────┐
           │联盟外部资源│... │联盟外部资源│
           └────────┘    └────────┘
```

图 8-4 技术标准联盟知识转移过程的概念模型

　　知识发送方作为知识输出源，对知识需求方的技术标准知识需求予以识别。随后，技术标准合作双方建立起顺畅的知识转移渠道，为知识的动态实时共享提供保障。在此期间，知识源会根据知识受体的知识存量水平对拟转移输出的知识灵活调整，以切实满足对方的现实知识需求，确立卓有成效的知识转移调控机制。与此同时，知识接受方也会作出调整以适应技术标准联盟的知识转移情境，将接收到的知识进行吸收、创新并内化为自身知识库的一部分，为技术标准联盟的长远发展注入新的知识资源。在此过程中，技术标准联盟知识资源库在内外部协同作用下实现了集聚，并整合为全新的技术标准知识资源体系，借助知识价值的发挥促使企业形成战略优势。究其根源，技术标准联盟中的知识转移以组织学习为导向，关键是保持组织与动态环境的一致性，核心是挖掘和促进隐性知识在联盟成员之间的共享，并为其扩散传播创造有利条件，通过共享技术标准联盟外部知识资源来丰富联盟内部知识资源库。

三 知识转移的流动路径

在以知识交流共享及技术标准合作为主要内容的技术标准联盟中,知识资源的战略地位日益凸显,知识管理成为联盟成员合作的重要任务。实际上,技术标准联盟也是由不同知识型组织所建立的知识联盟,且每个组织作为动态知识链上的知识主体,通过知识流动彼此交错联结为知识网。在联盟成员紧密合作关系的基础上,各方知识主体实现知识存量优势互补,并通过边做边学从合作伙伴处学习实现技术标准联盟目标所需的标准化能力(如研发能力、资源能力和管理能力)。

在知识位势作用下,当知识流动发生在技术标准联盟的企业内部时,主要表现为知识的转化;当知识流动发生在联盟内企业与其他组织之间时,则形成了知识的转移过程。技术标准的竞争力水平和市场前景取决于知识转移的效率和效果,即知识创新成果能否及时有效地传递给知识接受方,使其弥补知识差距并开发出全新的技术标准,最终彰显商用产品价值,激活知识存量来推动技术标准的应用和扩散。图 8-5 揭示了技术标准联盟知识转移中的知识流动路径。

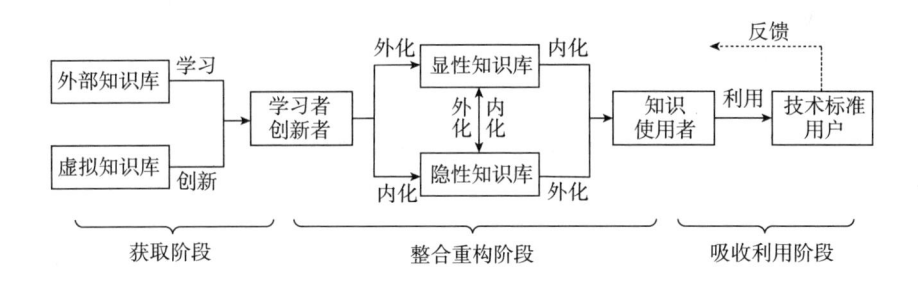

图 8-5 技术标准联盟知识转移中的知识流动路径

(一)获取阶段

该阶段的主要任务是获取企业制定技术标准所需的战略性知识,主要存在学习和创新两条路径来源。互惠互利的联盟信任关系是知识转移的基础,要想实现弹性、分工整合、跨距离的高效协同合作,不仅需要内部技术标准知识结构的优化和创新,还要求外部联盟成员之间相互学习。具体而言，学习知识流联结了由外部知识库到学习者的知识获取过程，而创新知识流则使创新者从虚拟知识库获得有利于转化为技术标准的知识创新成果。

（二）整合重构阶段

技术标准知识从进入自身知识库到被提取之前，在该阶段需要经历存入、储存和整合三个子过程，从而为知识的吸收利用奠定基础。事实上，技术标准是显性知识的一种表现形式，企业所获取的知识只有被有效地整合重构，以易于理解、明确和有条理的形式呈现，知识链才能充分发挥后续环节的价值。因此，这就要求企业运用不同的方法和手段，基于各知识主体的资源互依性来调整技术标准联盟的知识库存量水平，通过显性知识与隐性知识之间的转化来更新知识库的知识存量，以使企业更好地调整和适应市场环境。

（三）吸收利用阶段

该阶段知识活动的核心便是对技术标准文本规范的使用，以此为依据生产商用产品参与市场活动，其出发点是满足用户利益、快速响应用户的技术标准需求，根本目的在于技术标准的消费和使用。商用产品蕴含着大量技术标准信息，可视为技术标准知识流入了产品之中。同时，企业不断开拓新市场，迅速开发商用产品和掌握关键技术标准，通过知识价值提升从而转化为知识生产力。动态环境下顾客是企业赖以生存和发展的基础，因而技术标准的制定和实施需要以用户需求为导向，并反馈至知识获取环节，据此企业对整个知识转移过程的效率和效果作出评估。

第四节　基于知识转移的技术标准联盟治理策略

一　知识转移风险

通过实施有效的技术标准联盟治理战略，使知识资源在联盟成员之间保持最佳的知识转移价值取向，才能在动态变化的环境条件下维持技术标准联盟运行秩序的稳定。从竞合理论来看，技术标准联盟内的成员之间存在着动态竞合关系。知识价值创造是合作的过程，而技术标准价值和知识资源分配又是竞争的过程，致使技术标准联盟的知识转移过程存在众多不确定性风险，主要表现在市场、关系和资本三个层面。

（一）市场风险

市场是技术标准的立身之本，是推动知识转移运行的重要机制，因而掌握技术标准的制定权和话语权是企业应对市场竞争的有力武器。但是，技术标准的更新换代使企业面临激烈的市场竞争态势，市场信息不对称也会对联盟运行秩序造成不利影响。要想实现持续性成长，动态变化的市场环境对需求响应速度和知识管理效率提出了很大挑战。新技术发展下的市场需求日新月异，企业能否适时调整和修订技术标准、延长商用商品标准的使用期限，关系到标准联盟的预期效益目标能否顺利实现。

（二）关系风险

联盟成员之间的信任关系是影响技术标准联盟运行的重要因素，是实施联盟治理的必备条件。尽管知识管理活动以实现技术标准联盟的共同愿景为目标，据此来评估知识资源潜在的交换与整合价值，但企业在追逐自身技术标准利益的同时，不免表现出机会主义和有限理性行为倾向。联盟合作伙伴之间存在的组织差异和沟通差异，不仅能够提高联盟成员的知识保护程度，还会弱化知识发送方的知识共享意愿。一旦企业过于依赖合作伙伴所提供的知识资源，便会导致其缺乏内在学习动力。

（三）资本风险

联盟成员知识库中知识存量水平的差异具有两面性，尽管这是知识转移发生的前提基础，但又存在降低知识转移效率的可能性。企业需要综合考虑知识转移过程中的知识获取风险及产生的潜在损失，既要尽可能向联盟成员学习技术标准制定所需的知识，又需避免合作伙伴抢夺自身知识资本的风险，以免影响技术标准联盟的稳定性。另外，知识外溢随之可能导致企业丧失核心竞争力，影响企业在技术标准联盟内所处的知识位势，不利于发挥核心知识的战略价值。

二 联盟治理策略选择

在数字化转型背景下,行之有效的联盟治理策略是企业在不确定性技术和市场环境下获取核心竞争优势的关键因素,以此协调联盟成员之间的利益诉求,使标准化对象达到最佳状态的统一。知识资源的优化配置是技术标准联盟发展的重要途径和手段,也是确保技术标准联盟治理效果的保障。通过建立联盟成员间的开放性标准化合作关系,能够有效提升知识转移的效率及效果。事实上,技术标准联盟治理是以技术标准联盟内外部知识作为核心资源进行管理的一系列战略和管理方法的集成,其主要目标是最大限度地利用战略性知识资源以及提升资源优化配置的独特能力,通过整合企业战略性知识价值链活动来培育核心竞争优势,为组织更好地制定技术标准战略决策而服务。

战略选择理论认为,组织与环境之间存在相互渗透的动态关系。企业应选择与外界环境相适应的联盟治理策略,识别潜在的知识转移机会与威胁,在维持企业自身竞争优势的同时确保技术标准联盟秩序稳定。就技术标准联盟而言,实施有效的治理策略才能保证技术标准联盟发挥其知识资源价值,企业内部、组织之间根据外部环境的要求适时作出调整,协调内外部的知识资源配置状态。因此,可将其细分为契约型战略和信任型战略,具体如图 8-6 所示。

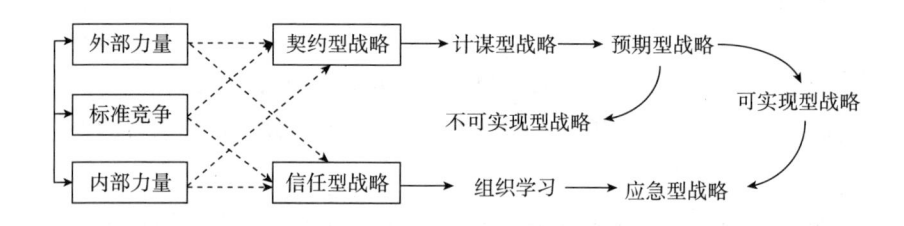

图 8-6 技术标准联盟治理策略

(一)契约型战略

在数字化转型的环境不确定性条件下,该战略以联盟契约和合作协议的形式呈现,主要强调对技术标准联盟实施有效协调和控制。由于不同企业的技术研发实力和标准化工作经验不尽相同,且参与技术标准联盟的利益动机存在差异，因此需要签订契约条款来对检查监督权、预期合作目标、资源投入、知识产权保护等方面进行规范，不断增强联盟成员合作的沟通与透明度，在合作伙伴之间形成良好的知识交流共享网络。需要注意的是，将契约型战略转变为可实现型战略，只能以书面合同形式对显性知识转移进行监督和控制，这会在一定程度上限制隐性知识的转移，无法有效发挥隐性知识的内隐价值，降低了知识转移过程的灵活性。

（二）信任型战略

该战略更多的是关注学习，建立高度信任的联盟关系既能够降低机会主义风险，又可调动知识主体的知识转移积极性，从而降低联盟成员的知识转移难度，达到规范联盟成员行为的目标。合作伙伴之间的信任水平较高，会提高联盟成员对技术标准合作的心理预期，从而弱化对其他知识主体的防范和控制，秉持更为开放积极的态度开展合作，有利于跨越组织界限开展战略性知识的学习交流。同时，信任型战略作为非正式的柔性战略机制，充分释放了知识的社会属性。通过密切的社会互动关系来调动企业的隐性知识分享意愿，能够弥补知识需求与供给的缺口，为技术标准知识的进一步创新奠定基础，最终发挥知识在技术标准联盟发展阶段的战略性作用。

契约型与信任型战略具有相互强化的互补作用[1]，契约型战略为技术标准联盟提供了良好的信任培育环境，而信任型战略又为契约控制提供重要条件。由内外部力量共同驱动的技术标准竞争行为，往往要求企业将这两种战略同时运用于不同合作情形，以消除技术标准联盟的内生性障碍与知识管理风险。针对不同的技术标准知识转移需求来选择恰当的契约机制和信任水平，基于两者良性互动带动技术标准联盟绩效提升。因此，企业应当根据自身所处的知识位势来重点分析技术标准竞争优势与市场竞争情况，结合特定知识需求作出相应的联盟治理策略选择。

---

[1] 刁丽琳、朱桂龙：《产学研联盟契约和信任对知识转移的影响研究》，《科学学研究》2015年第5期。

第三部分
标准情报服务模式构建

第九章　基于竞合生态的标准情报知识服务

屹立在技术发展和市场演进的前沿，不断谋求标准竞争的主动权和话语权、提升标准竞争优势，被视为推进标准化工作的重中之重，而这在很大程度上取决于技术标准情报的知识服务成效。处于开放共赢的标准化生态条件下，知识服务作为标准创新的关键驱动力，是标准情报服务的价值所在。在技术标准情报的知识服务过程中，企业之间围绕知识资源展开标准化互动，其中竞争压力可促动标准创新，创新则会催生合作，由此形成竞争与合作并存的竞合关系，两者紧密共生、相互交织，这正是生态学特征的典型表现。面临日趋严峻的竞争威胁，双方或多方以共享技术标准情报信息为合作基点，以知识服务为导向来制定标准竞争战略，以此确保与用户标准化需求精准对接，使技术标准情报达到高质量、高层次的知识服务水平。

第一节　研究概述

一　技术标准情报

技术标准是针对现实或潜在匹配问题的解决方案所批准的规范准则，能够平衡利益相关者之间的利益，并可在一定时期内被重复或连续使用[1]。与此相对应，技术标准情报来源于企业的标准化活动，主

---

[1] 吴玉浩、姜红等：《面向标准竞争优势的动态知识管理能力：形成机理与提升路径》，《情报杂志》2019年第12期。

要包括记载标准化科研成果产出与实践经验积累的标准文献资料,以及与标准化有关的情报信息①。在实际的技术标准情报工作中,不仅可将其直接应用于生产、加工和贸易等领域,亦被视为科学研究和新产品开发的重要技术准绳。

作为科技情报工作的主要组成部分,技术标准情报不仅具备科技情报的共性特质,还呈现出鲜明的多学科综合性和法规性特征。前者既指代产品性能、工艺流程、质量方式、仓储物流、外观包装等领域内技术标准规范的制定,还涵盖市场情报、技术情报、生产经营等内容;后者则代表国家和各级地方政府对技术标准的系列法令要求。随着研究的深入,学者们逐渐认识到技术标准情报对于企业标准化建设的重要性,指明其社会效益对于推动企业经济发展的作用,并基于技术标准对产业情报、专利情报等主体展开了一定研究。针对标准情报知识管理与服务领域,技术标准情报研究与服务一直是该领域内的重要研究议题,如何打造便捷高效的技术标准情报服务更是标准情报工作的题中之义②。尽管已有研究曾涉及技术标准情报服务的对象、内容、模式和机构等方面,但聚焦于知识服务的研究成果却较为匮乏③。事实上,在技术标准化的整个生命周期演进过程中,"收集提供"式的传统标准文献服务已无法满足动态变化的标准化需求,"分析挖掘"式的标准知识服务开始备受企业青睐。伴随着技术标准情报服务的转型发展,有必要拓宽技术标准情报的现有研究范畴,以便从知识层面明晰其内在服务逻辑,充分彰显技术标准情报信息的服务价值。

二 知识服务

迈入知识经济时代,企业的知识需求与日俱增,以"资源"为中心的知识理念几经变革,逐渐朝着以"服务"为中心的方向过渡,新

---

① 王博等:《基于技术标准的下一代移动通信产业竞争情报分析》,《科技管理研究》2015年第2期。

② 陈云鹏等:《基于支撑标准生命周期的标准情报报告服务模式研究》,《标准科学》2015年第12期。

③ 刘婕、彭国超:《我国标准情报服务的发展及演化路径分析》,《情报杂志》2021年第4期。

的知识服务业态正在不断涌现。基于用户需求来融合显性和隐性知识资源,有的放矢地提炼知识内容来广泛搭建知识网络,据此为用户所提问题提供相应知识内容和解决方案的信息服务过程,这是知识服务的核心要义[①]。作为经由策略学习、信息管理、知识管理等所衍生出的新兴概念,其一,知识服务不单是提供知识,还需对知识予以加工和整理,而后在此基础上提供服务;其二,知识服务以解决用户具体的现实问题为导向;其三,知识服务追求问题解决所催生的效益。在图情领域,学者们针对知识服务展开了广泛探讨,且主要以图书馆和情报机构为研究对象,涵盖知识服务的逻辑、能力、创新、评价、模式、策略等诸多方面。相较于此,以企业为主体的情报知识服务研究则较为薄弱,技术标准情报的知识服务研究更是少有问津,已有研究成果是否适用于标准化情境还未可知。

秉持以用户需求为中心、以标准匹配问题为出发点的服务理念,标准情报可使企业密切捕捉业内技术标准动态,充当制定和修订技术标准的参考依据,为其提供高质量的知识服务。究其根源,这是因为技术标准情报蕴含丰富的知识资源,而知识则是标准化的重要组成要素。因此,知识服务作为关乎标准实施效果的关键因素,应当持续拓宽其主体适用范围,搭建适用于技术标准情报领域的知识服务研究框架。

由上述总结归纳可知,技术标准情报在企业标准化工作中承担着重要的服务职能,应当不断提升其知识服务效能来应对企业间日趋复杂的竞合关系,以此满足个性化、主动化的标准需求。因此,本书在剖析技术标准情报与知识服务内在关联的基础上,引入竞合生态视角来阐明技术标准情报知识服务的作用逻辑,据此对企业间的竞合生态关系展开探讨并提出相应的竞合策略,这不仅有助于进一步拓展知识服务的现有研究边界,也有利于健全和完善技术标准情报的相关理论体系。

---

① 王忠义等:《数字图书馆多粒度集成知识服务研究》,《情报学报》2019年第2期。

第二节　技术标准情报的知识服务逻辑

知识服务被视为技术标准情报服务的重要发展趋势，本书拟对技术标准情报知识服务的内涵进行界定，并基于技术标准化的生命周期演化进程来构建两者间的关系模型，以期厘清技术标准情报的知识服务逻辑，为后续竞合生态关系分析奠定基础。

一　技术标准情报知识服务的内涵

从知识服务概念内涵来看，学者们已从不同角度进行了丰富的研究和实践，目前还未达成一致见解。知识服务作为信息服务的升级和延伸，因其内涵不断发展变化，相关研究仍未完全厘清两者间的联系与区别。为了在标准化情境下清晰地界定技术标准情报知识服务的内涵，本书由服务目的、对象、提供者、方式、效能、核心思想和理论基础等多个视角对二者予以辨析，具体如表9-1所示：

表9-1　　　　　　知识服务与信息服务的概念对比

研究视角	知识服务	信息服务
服务目的	用户目标驱动，旨在针对用户问题提供相应解决方案	面向信息资源获取，提供数据、信息或文献
服务对象	为专业人员提供系统化、体系化服务	单次、普通咨询式服务
服务提供者	注重高度专业的学习培训，掌握必备的专业化知识和技能	拥有知识搜集、整理和提供的能力
服务方式	提供主动性、个性化、便捷化、定制化的集成服务	借助既定信息资源提供被动式应答服务
服务效能	增值服务，通过提升用户知识应用与创新效率来实现价值	资源占有，规模化生产
核心思想	以用户为核心	以信息为基础
理论基础	知识管理理论	信息管理理论

在上述对比分析的基础上，本书将技术标准情报知识服务定义为：根据企业的标准化知识内容来匹配问题需求，以现有标准数据、

信息和知识为基础，贯穿于整个技术标准化生命周期演化进程，动态、连续地捕获、分析、重组和应用知识内容，进而提供与其需求相匹配的知识产品，并可赋能于知识创新与应用的专业化、定制化服务。在标准化实践中，技术标准情报既是助推企业参与经济和科技竞争的有力保障，也是促进企业成长发展的重要抓手，其本质是为了企业的标准化战略目标而服务。通过对同行企业、市场诉求及自身信息予以全面监测和分析，使企业得以高效配置知识资源，从而为其创造可观的效益回报。因此，在多方主体间的标准化互动中，技术标准情报的知识服务应当以响应企业的知识需求为出发点和落脚点，推动异质性知识资源的整合与重构，帮助企业及时弥补自身资源缺陷、摆脱标准化活动中的桎梏，使其采取相应的前瞻性举措来确保标准化战略顺利落地实施[①]。

二 技术标准情报与知识服务的关系模型构建

技术标准化的实质是循环往复的生命周期演化进程，主要由标准制定、实施及推广等环节组成，且企业在各环节分别具有不同的技术标准情报需求，这就要求提供与之相契合的知识服务，以达到供需精准匹配的理想状态[②]。有鉴于此，本书对技术标准情报需求和知识服务予以细分，将前者划分为情报搜集、情报加工与处理、情报分析与预测三个阶段，后者则提供相应的知识获取、知识整合和知识应用服务，据此构建得到技术标准情报与知识服务的关系模型，具体如图9-1所示：

（一）开发期：情报搜集——知识获取

该阶段作为标准化的起点环节，所开发制定的技术标准性能优劣关乎未来的市场应用前景，因而标准情报搜集便成为企业的初始需求。究其根源，在技术标准研发过程中，因单一企业并不具备标准制定所需的全部资源和能力，必然需要通过组织间的标准化互动来获取

---

① Byun Jeongeun, Park Hyun-woo and Hong Jae Pyo, "An International Comparison of Competitiveness in Knowledge Services", *Technological Forecasting and Social Change*, Vol. 114, 2017, pp. 203-213.

② 陈云鹏、周国民：《技术标准情报分析服务研究》，《兰台世界》2016年第18期。

外部知识资源。除了广泛收集企业层面的市场和产品信息，还应实时监测所处区域、产业内的政策法规、技术发展、市场前景、金融资产等环境特征，以便全方位掌握标准制定所需的核心知识内容，这充分彰显了知识获取的服务价值。通过知识获取，成功打破了组织边界并使企业知识库的知识存量显著增加，为确定标准文本规范提供了丰富的知识储备。同时，知识获取还为了解同行企业的标准化需求和行动计划创造机会，促使企业改进其原有技术并探索新技术，进而对标准化战略作出适应性调整，确保技术标准性能成熟可靠。

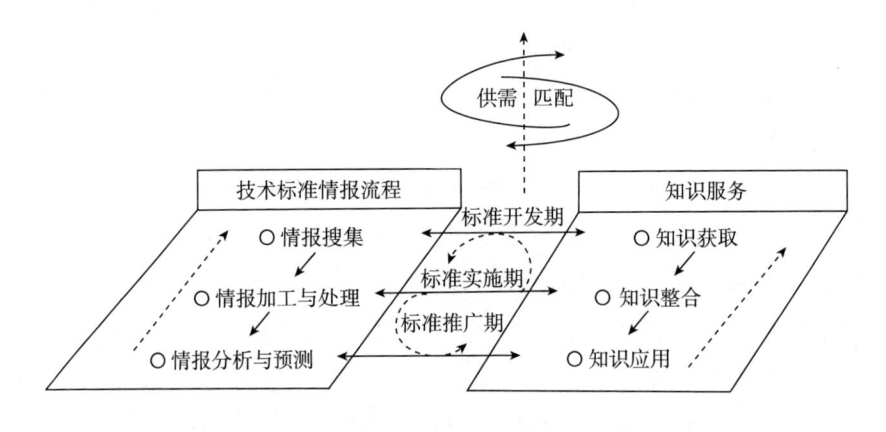

图 9-1　技术标准情报与知识服务关系模型

（二）实施期：情报加工与处理——知识整合

该阶段作为标准化的过渡环节，能否对所搜集的情报信息进行有效加工和处理，关系到技术标准的市场应用前景，这要求知识整合在其中发挥关键作用。事实上，尽管知识获取拓宽了企业的外部知识来源，但所得知识往往是碎片化、非连续性的，无法直接自动转化为可催生标准成果产出的创新性知识。只有借助知识整合将其纳入组织原有知识库架构，才可有效识别和控制非冗余的核心知识资源，对知识萌发创新性见解，提升知识资源的利用效率和效果。这意味着，在知识整合环节，企业可借此服务从模糊、繁杂的海量标准情报信息中甄别出自身所需知识，在新旧知识的碰撞融合中重构组织知识资产并创造新知识，促使技术标准情报的知识伴生效应达到最佳状态。而且，最大限度地挖掘富有价值的标准情报信息，能够帮助企业规避潜在的标准化风险，为技术标准的实施效果提供有力保障。

（三）推广期：情报分析与预测——知识应用

该阶段作为标准化的关键环节，需要对技术标准情报信息作出进一步分析和预测，以扩大企业的技术标准影响力、抢占更为可观的市场份额。处于动荡变化的生产经营环境，企业积累的核心资源和竞争优势正在加速折旧，扎实推进标准情报分析工作便成为企业维持市场地位的破题之策。面向用户的技术标准需求来利用和配置知识资源，将所整合的知识资源持续投入至标准创新活动，并基于用户反馈来不断改进和优化技术标准性能，可使企业探索全新的成长发展空间。随着知识利用的深入，技术标准的市场影响力和规模化应用亦得到提升。知识利用效能越高，企业就越能够实时更新其知识库的知识存量，用以监测和捕捉技术标准的市场发展态势，并拓宽了技术标准的市场路径，从而为标准化战略决策源源不断地注入生机与活力。

第三节　竞合生态关系引入

由上文分析可知，技术标准情报具有极高的知识服务价值，是激发企业发展活力的源泉。然而，处于不断变化的外部环境之中，技术标准竞争日渐白热化，致使技术标准情报信息更为纷繁冗杂。从最初依托政府部门到脱离政府管辖，随后与情报研究所分离进而形成多类型的服务机构合作局面，标准情报服务机构已逐渐实现市场化的转变。在该发展历程中，情报服务机构始终坚持以提升标准文献利用效率这一服务内容为核心，以收集、加工标准文献资源和综合标准信息为主线，充分挖掘和彰显了标准情报的潜在价值[1]。然而，当前除了

---

[1] 刘婕、彭国超：《我国标准情报服务的发展及演化路径分析》，《情报杂志》2021年第4期。

部分实力雄厚的大型企业设立了专门的情报机构，多数企业还尚未拥有自己的情报机构，仅凭以邻为壑的单打独斗已无法充分响应迅猛增长的知识服务需求，标准化建设也对信息、知识资源储备提出了更高要求，这都呼唤着企业之间的标准化创新合作①。因此，技术标准情报服务工作强调群体的广泛参与，通过引入竞合生态视角来探究技术标准情报知识服务中企业间所建立的互动关系，分析其竞合行为的内在规律，有助于加深对这一高层次开放式竞争形态的理解，并进一步激发技术标准情报的知识服务潜力，为稳定有序推进标准化工作提供新思维。

一 竞合生态关系的形成基础

传统物种进化论的"物竞天择，适者生存"思想认为，竞争催生的优胜劣汰是物种演化的动力来源。然而，除了存在竞争压力，合作在其中发挥的作用也不容忽视，正是两者的对立统一才推动着物种进化变迁。竞争与合作关系复杂交织，相互作用，随即形成了动态均衡的"竞合关系"②。Brandenburger 和 Nalebuff 率先提出竞合理论，认为竞争与合作关系同时存在于市场的商业互动之中③。技术标准情报工作亦是如此。依据资源共用、利益共享、风险共担的竞合生态逻辑，众多企业趋向于参与标准化合作，联合其他利益相关者共享技术标准情报信息，并对其进行整合和加工来获取自身所需情报，由此开发标准创新、技术研发、市场分析等方面的竞争优势，切实满足多元化的知识服务需求，从而实现知识服务的价值延伸。

就技术标准情报知识服务而言，竞合作为全新的标准化工作范式，已成为众多企业长期的生存发展战略，其最终目标是就各方利益达成共识④。在这一层次关系复杂的利益博弈过程中，竞争与合作是

---

① 陈美华、陈峰：《产业竞争情报工作中企业间竞合关系的探析》，《情报科学》2018年第10期。

② 张威、刘妍伶：《基于生态演化观点的企业竞合分析模式》，《研究与发展管理》2007年第2期。

③ Brandenburger Adam M and Nalebuff Barry J, *Co-Opetition*, New York: Bantam Doubleday Dell Publishing Group, 1996.

④ Brandenburger Adam M and Nalebuff Barry J, "The Rules of Co-Opetition", *Harvard Business Review*, Vol. 99, No. 1, 2021, pp. 48-57.

企业间最主要的作用关系，而资源稀缺性是此关系背后的根本动因①。一方面，竞争追求资源的合理分配。技术标准具有时效性，只有充分调动知识资源来掌握标准的最新动态信息，才能确保实现标准情报的服务价值。然而，由于各企业所拥有的知识资源储备不尽相同，为了满足自身基础资源需求，就不得不借助排他性、独占性的竞争手段来实现资源再分配，借此对技术标准的发展趋势作出前瞻性预测。另一方面，合作则强调资源共享与优势互补。随着专业化分工日渐深入，标准化创新对知识的广度和宽度提出了更高要求。通过搜集其他企业的资源优势与缺陷，可为企业创造共享和组合知识资源的合作契机。建构在信任互惠的基础之上，不仅有利于克服合作伙伴的机会主义风险，也可改善企业自身绩效。由此可见，确保技术标准情报知识服务工作稳定有序开展的前提，便是要及时、准确、全面地获取标准情报信息资源，这要求各方主体实现协同发展，协调和维护彼此的核心利益诉求。相应地，通过竞合生态所蕴含的竞争与合作并存的关系，显著推动了组织间资源的优化整合，在相互影响、互动进化中进行适应性调整，促使企业获取所需资源、谋求竞争优势，最终实现价值共创与互利共赢②。

二 竞合生态关系的组成要素

依据生态演化观点的企业竞合关系分析逻辑，技术标准情报知识服务是在企业与企业、企业与环境的相互作用中得以实现，而知识流动是其重要联结纽带，由此形成了紧密联系、不可分割的有机整体③。因此，秉持开放共赢的技术标准竞争观，通过对企业、环境与知识等核心组成要素展开分析，有助于洞察技术标准情报知识服务全景、提升其知识服务效用，从而使企业获得更高竞争优势，具体如图9-2所示：

---

① 万幼清、王云云：《产业集群协同创新的企业竞合关系研究》，《管理世界》2014年第8期。

② Carayannis Elias George, Depeige Audrey and Sindakis Stavros, "Dynamics of Ultra-Organizational Co-Opetition and Circuits of Knowledge: A Knowledge-Based View of Value Ecology", *Journal of Knowledge Management*, Vol. 18, No. 5, 2014, pp. 1020-1035.

③ 张威、刘妍伶：《基于生态演化观点的企业竞合分析模式》，《研究与发展管理》2007年第2期。

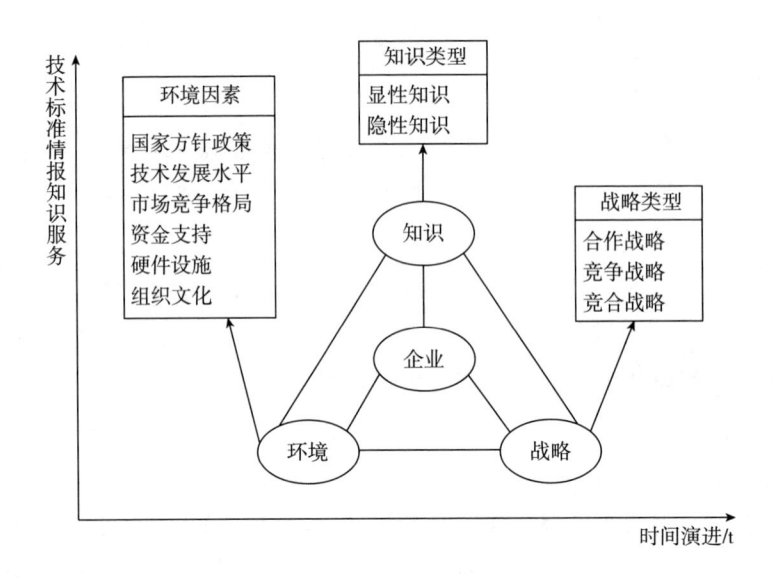

图 9-2　竞合生态关系组成要素

（一）企业

不同技术实力和知识储备的企业所处的发展阶段存在差异，其所持有的技术标准情报信息也就并非完全对称，这便是企业在技术标准情报工作中选择竞合的重要驱动力，而企业间的关系状态又在很大程度上影响着技术标准情报的知识服务质量。在标准开发期，企业与其他利益相关者出于共同利益诉求来投入必要的资源研发技术标准，该合作有助于快速推动标准的成功制定，确保标准具备可供广泛使用的良好性能，因而企业倾向于缔结标准化合作关系来达成一致目标；处于标准实施期，抢占先发优势对于企业而言尤为重要，为了获取和利用事关自身利益的核心情报，以竞争为主的企业间关系则更为普遍；迈入标准推广期，龙头领先企业会向后发企业输出部分标准情报，以赢得其支持和认可、获得更可观的利益回报；边缘企业也可从中学习和吸收有益的互补性资源，为自身成长发展创造空间，因而竞合便成为企业间关系的新常态。

（二）环境

企业无法脱离环境而独立存在，环境特征作为企业制定竞合战略的重要依据，主要涉及国家方针政策、技术发展水平、市场竞争格局、资金支持、硬件设施及组织文化等方面。为了确保所选用的技术标准现行有效，技术标准知识服务必须积极响应上述环境变化，使企业在最为恰当有利的时机修正和完善技术标准，并以此为基础制定竞合战略。这是因为，随着生产经营活动越发复杂，组织分工更为明确，专业化程度也不断加深。一旦面临外部环境的剧烈变化，企业便会与竞争对手相互配合，围绕技术达成一致的合作协议，基于既定的尺寸、规格及方法开展分工合作，构建得到目标明确、全面成套、层次适当的标准体系。由此，企业不仅实现了资源互补，标准化的创新投入和研发风险也得以分散，使技术标准情报的知识服务朝着对自身有利的方向发展。

(三) 知识

企业与环境之间的竞合互动关系是以知识为重心，这被视为企业核心能力的重要来源。倘若企业要在高度不确定的环境中谋求生存与发展，就必须尽可能从其他竞争对手和环境中争取知识资源，以赢得社会支持来为自身创造更多创新机会。然而，以文献、数据、内容和方案等显性知识为代表的传统服务形式，当前已无法满足企业日益凸显的个性化、主动化知识服务需求。面临知识服务的延伸和升级压力，为了确保资源可得性，企业会与其他竞争对手积极建立合作联系，彼此共享和交换稀缺的异质性资源，以便深入挖掘隐性知识价值，进而为企业监测业内环境、了解标准发展态势、做出正确标准化战略决策提供情报支撑。

由上述分析可知，在技术标准情报知识服务的竞合生态关系中，以技术标准情报为载体，为各企业提供标准化各环节所需的相应知识服务，能够有效应对外部环境的动荡变化，满足其现实知识资源需求，确保了知识服务附加值的提升。环境是企业竞合战略的制定依据，而竞合战略关乎企业间的知识流动类型、方向和效率，进而影响到技术标准性能优劣，技术标准又进一步对环境形成反馈，企业得以在这一循环往复中存续发展。"知己知彼，百战不殆。"在企业、知识与环境要素的协调联动中，竞合生态关系不仅有助于改变业内其他竞争对手而使自身获益,也可通过调整知识服务来使企业占据有利位置,在协同发展中实现共同进化。

第四节　技术标准情报知识服务的竞合生态分析

一　生态位及其关系类型

企业间关系的实质是其生态位之间的作用关系[①],竞合便强调以生态位为基础的企业标准化战略制定的互动性和系统性。生态位旨在反映企业在一定时空范围内的地位、作用与重要程度,譬如在其中所处的位置、环境互动匹配、资源持有情况以及与其他竞争对手的功能关系。在理想状态下,技术标准情报知识服务中的竞合生态关系能够集聚知识资源并使其在企业之间合理流动,且伴随着知识流动可发挥优劣互补效应。然而,在资源种类和数量稀缺的现实条件下,企业仅凭自身的知识生态位宽度往往无法达到预期的知识服务目标。为了抢夺有限的知识资源来开拓生存发展空间,各企业的生态位之间难免发生重叠和交叉,复杂交织的竞合关系便应运而生,主要涵盖以下生态位关系[②]:

（一）完全重叠型

企业间的技术标准情报知识服务需求高度一致,其占据的知识生态位完全吻合。尽管知识输出方与知识输入方的知识流动同时发生,但由于所传导的多为同质性知识,限制了异质性知识资源的来源渠道,这就难以充分调动资源互补效应的发挥,导致企业间资源配置效率低下,无法为标准情报服务提供充足的知识保障,最终造成知识服务趋于停滞进而丧失标准竞争力。以光伏产业为例,尽管光伏隶属于上下游数十个产业融合、规模容量极其庞大的新兴产业,组件却是整

[①] 孙耀吾、韩冰、黄万良:《高技术服务创新网络生态位重叠企业竞合关系建模与仿真》,《科技进步与对策》2014 年第 13 期。

[②] 刘兵、朱叶珊、梁林:《区域人才生态位竞合关系的演化博弈分析》,《科技管理研究》2020 年第 3 期。

个产业链技术标准情报的竞争核心。由于业内各企业皆对光伏组件产品虎视眈眈，导致产业链缺乏有效的情报资源整合，在不规范的恶性竞争中往往使得阶段性产能过剩。

（二）包裹型

某一企业的生态位被完全包裹在其他企业的生态位之中。在此情形下，技术标准的竞争结果将取决于彼此的竞争能力。在技术标准情报的知识服务过程中，倘若某一企业占据有利生态位，则可凭借丰富的知识资源储备对其他企业造成挤占，那么生态位被包裹的企业就无法掌握竞争的主动权和话语权。只有依附于优势企业形成共生，才可缩小生态位差距、为自身争取有限的生态位空间。例如，在移动通信CDMA技术标准领域专攻芯片设计与生产的高通公司，凭借近6000件专利牢牢掌握着多项技术标准情报，而基站生产商和通信设备生产企业均需依附高通才可获取技术专利来满足行业技术标准，在此标准情报价值实现过程中为企业创造利益来源。

（三）部分重叠型

两个企业之间的生态位边界有所重叠，对某些资源存有不同程度的抢夺和竞争。虽然部分生态位空间由彼此同时占据，但多数生态位仍由各自独立掌控，因而企业可实现共存。占据相对竞争优势的一方在重叠生态位区域处于主导地位，可将标准情报服务于企业的标准研发与创新。相较之下，弱势企业需要作出适应性调整，通过不断开拓潜在生态位、引入全新生态位来重建竞争优势。譬如在技术融合趋势下，同处于5G发展浪潮的华为与中兴两大业内巨头，虽然围绕5G核心技术标准情报不断展开激烈争夺，但仍可在此消彼长中探索潜力空间，通过打造独具特色的情报产品来保持繁荣进化，持续推动5G应用规模化发展。

（四）相互独立型

生态位之间各自独立、相互分离，企业间不存在利益冲突的竞争关系。理想状态下，借助自身所占据的全部生态位空间，技术标准情报可为其标准化进程提供相应的知识服务。但是，各自为政的情形在现实中并不多见。这是因为，从技术标准情报服务的整个流程来看，技术标准的制定和扩散需要分处不同生态位的企业通力合作，以便在生态位的协同进化中达成一致共识，并由此促动自身生态位提升。换言之，在情报服务实践中，企业难以挣脱与其他企业的生态位联系而独立存在，重叠交叉乃是企业生态位演化发展的普遍形态。

二 基于生态位的竞合生态机理分析

根据进化生态学的相关理论观点，在技术标准情报知识服务的各环节中，特定企业的生存环境变化会对其他企业施加生存压力[①]。具体而言，某一企业生态位的进化跃迁会对其他企业造成影响，为后者进化升级注入动力，这反过来又会影响前者的发展进化，随即形成了这一正反馈良性循环机制。然而，由于资源具有稀缺性，处于同一环境中的企业难免存在生态位重叠，以资源为核心的生态位竞争一触即发。其中，企业间的适度竞争有利于盘活资源存量，促使其开发利用新的知识资源，推动生态位持续进化，而生态位的异化或拓展将使得竞争态势放缓。这意味着，企业的主动选择及其竞争、合作行为共同决定其生态位的相对位势。伴随企业生态位进化与企业之间竞合关系的演化，技术标准情报知识服务中两个生态位重叠的企业表现出不同竞争优势，从中衍生出捕食式竞争、抑制性竞争和互利共生三种模式[②]，具体如图9-3所示：

（一）捕食式竞争模式

在技术标准情报知识服务过程中，不同企业之间往往存有相对竞争优势差异，某一企业可能会捕食另一企业。此时，前者会对后者的生态位增长产生抑制作用，后者会对前者的生态位增长发挥相应促动效应。在此情形下，后者的标准化资源、市场份额及用户规模将会逐渐被前者蚕食侵占，前者的竞争优势较于后者不断得到巩固提升，最终将后者从重叠生态位中予以驱除，在竞争中成为该空间范围内的稳定生存物种。

[①] Trappes Rose, "Defining the Niche for Niche Construction: Evolutionary and Ecological Niches", *Biology and Philosophy*, Vol. 36, No. 3, 2021, pp. 1–20.

[②] 黄万艮、孙耀吾、韩冰：《企业间竞合及生态位演化建模与仿真——以电信运营商与移动OTT商为例》，《工业技术经济》2015年第3期。

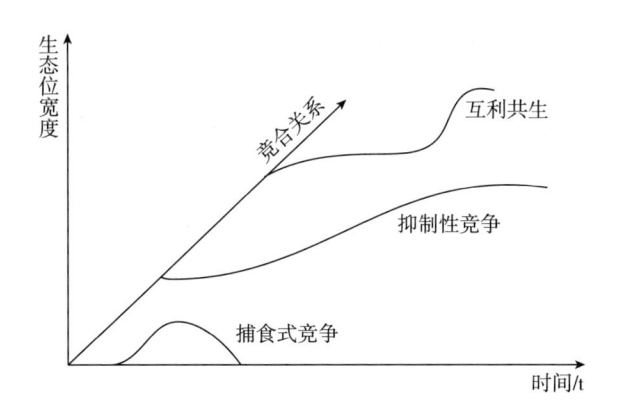

图 9-3 基于生态位的不同竞合关系

（二）抑制性竞争模式

该模式意味着企业双方各有优势，为了抢占所重叠的生态位空间，彼此展开激烈竞争来抑制对方发展壮大。由于技术标准情报用于服务的知识资源是有限的，所以必须在标准化进程的各个环节对其进行分配。技术标准情报的知识服务最终会趋于平衡，企业双方可在该动态平衡中实现生态位共存。但是，竞争均衡时的生态位却落后于单个企业在自然成长条件下所能实现的生态位，这表明抑制性竞争均会对双方固有的生态位宽度产生干扰，影响其资源配置和利用效率，在该内耗性互动中两者皆无法达成其标准化战略目标。

（三）互利共生模式

秉持资源共用、利益共享的竞合生态逻辑，各企业在相互促进与相互制约中实现互利共赢、健康发展。企业建立标准化合作关系来广泛收集技术标准情报，不断延展的生态位宽度显著提升了知识服务附加值。尽管生态位存在重叠，但企业仍可通过标准化合作创新、知识服务价值共创、协同进化等方式来实现空间扩张，减少彼此的利益分歧和冲突，此时的生态位优于合作前单个企业所取得的最大生态位。由此，不仅扩大了各自的技术标准情报来源范围，并使其生存空间进一步拓宽，知识服务也更为精准有效。

三 竞合生态关系的周期演变

技术标准情报知识服务中的竞合生态关系是推动价值创造和利益

分配的原动力，与知识服务效率密切相关，并决定着标准化进程的未来走向。伴随着技术标准生命周期的制定期、实施期、推广期及衰退期等阶段性演进，其竞争合作强度在各个阶段是动态变化的①。根据企业间竞争与合作二元关系的匹配程度（高—低），竞合生态关系依次展现为孤立型、伙伴型、配合型和争斗型四种类型②，具体如图9-4所示：

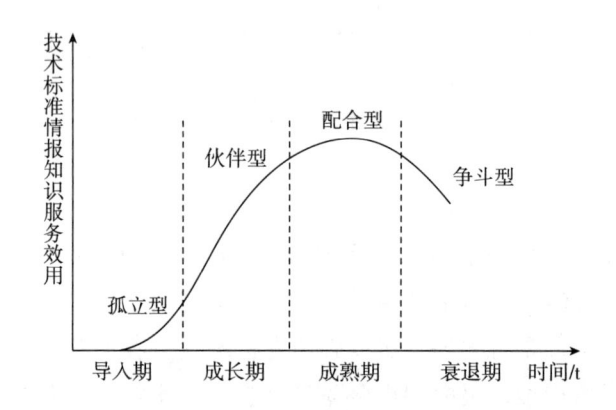

图 9-4　技术标准情报知识服务中竞合生态关系的周期演变

（一）孤立型：低合作、低竞争

此区间隶属于孕育形成期，是技术标准从无到有的初始阶段。技术标准制定之初，由于主导技术标准的演化方向尚不明朗，企业需要尽可能搜集技术标准情报来化解环境风险，跨越组织边界的知识资源开放共享便显得尤为必要。此时，建立在共同的知识服务需求基础上，分处不同生态位的企业经由多种渠道开展初步交流，围绕共同的标准化目标逐步推进标准研发，通过调动内外部知识资源为技术标准创新提供了更多选择。由此，借助同行企业间广泛分享的标准情报信息来服务于标准文本规范制定，这搭建了技术标准与用户需求之间的

---

　　① 陈美华、陈峰：《产业竞争情报工作中企业间竞合关系的探析》，《情报科学》2018年第10期。
　　② 孙道军、叶红、王栋：《不同竞合关系与企业创新选择互动演化研究》，《商业研究》2011年第10期。

桥梁，相互依存共生的竞合生态关系已初具雏形。

（二）伙伴型：高合作、低竞争

该区间为成长期，技术标准的落地实施已然完成。以技术标准文本规范为依据来生产商用产品，需要全面灵活掌握市场竞争趋势，因而资源和能力互补的企业趋向于参与标准化合作来实现共同的利益目标。通过与合作伙伴的全力协调配合，企业将所获取的技术标准情报信息予以分析和整合，针对标准匹配问题提出相应的技术解决方案，以此为基础寻找知识创新服务应用的突破口。同时，资源共享与互补建构在信任互惠基础之上，企业可通过知识服务进一步提炼富有潜在价值的隐性知识资源，在知识的快速流动扩散中将显性知识与隐性知识相融合，进而为技术标准实施提供更为高效的服务支持。

（三）配合型：高合作、高竞争

本区间处于成熟期，技术标准的推广应用正在稳步推进。此时竞合关系不仅指代企业之间彼此依赖而共同追求的合作目标，还涉及企业自身利益诉求所催生的高度竞争性。这是因为，技术和市场环境的动态变化导致技术标准的更新换代速度不断加快，这在无形中加大了技术标准情报的搜集难度，企业之间需要保持密切的合作联系来共同识别和应对环境风险。与此同时，为了准确预测和捕捉发展机遇、抢占技术标准市场份额，企业往往会将核心技术标准情报予以保留，用以创新知识服务来确保技术标准具备良好性能，借助标准锁定效应来扩大用户使用规模，使企业在激烈的竞争中始终立于不败之地。

（四）争斗型：低合作、高竞争

迈入衰退期，技术标准情报信息更为纷繁冗杂，知识过载、知识迷航问题频发，且过度竞争加剧了技术标准的创新难度，知识服务亟待优化升级。在此期间，企业与其他竞争对手围绕市场话语权和占有率展开激烈争夺，试图凭借标准必要专利来掌握技术标准的主导控制权。然而当前企业之间的生态位存在高度重叠，资源和市场的相似度极高。倘若企业不对标准化战略进行调整，畅通技术标准情报获取渠道来使知识服务重新焕发活力，则难以实现技术标准的优化升级，也就无法形成其独有的核心竞争力。为了避免用户流失，企业可能会降低对原有合作关系的依赖,转而通过操控标准化流程、改进现有技术标准等方式来实现自身长远发展。

第五节 技术标准情报知识服务的竞合策略

由上述生态学中的生态位原理可知,各企业均在技术标准情报的知识服务流程中占据一定位置,其生态位在知识资源、市场定位、技术创新等维度不可避免地有所重叠,导致企业间上演生态位争夺战[1]。生态位重叠度越高,则碰撞和竞争就越发激烈。这种资源内耗式的发展模式不仅无法满足单个企业的利益,异常激烈的技术标准竞争也不利于整体竞争优势提升。因此,参照生态位的相关理论观点,有必要为企业发展制定行之有效的竞合策略,以便在技术标准情报的知识服务中获取更为理想的生态位,谋求更为可观的技术标准竞争优势[2]。

一 差异化策略——错位发展

企业根据持有的技术标准情报信息量和知识资源储备,对自身在标准制定中的角色及其目标用户群体进行合理定位,通过错开竞争对手的长处所在、规避重复生态位来确立自身相对优势地位。究其根源,在明晰彼此生态位重叠状况及各自优劣势的基础上形成这一错位式的技术标准知识服务格局,不仅有助于实现优势互补,也可打造企业自身独特的竞争优势。因此,经由研发、生产、营销、渠道、检验等多维度错位发展,便是消除恶性竞争的有效途径,能够使企业在共享和协调技术标准情报中实现竞合优势最大化。

二 多元化策略——泛化发展

面临环境的动态变化,企业知识库的知识存量已无法为技术标准

---

[1] Pastore Abigail I, Barabás György, Bimler Malyon D, Mayfield Margaret M and Miller Thomas E, "The Evolution of Niche Overlap and Competitive Differences", *Nature Ecology & Evolution*, Vol. 5, No. 3, 2021, pp. 330-337.

[2] 石丹、徐喆:《基于生态位视角的区域旅游竞合发展探讨》,《浙江农业科学》2015年第1期。

情报知识服务提供足够资源支持，此时生态位泛化对于企业的生存发展至关重要。各企业不断拓展生态位宽度，为标准化活动营造更为有利的环境、提供更为丰富的资源，使知识服务价值得到持续提升。通常而言，多元化策略可使企业凭借泛化能力实现综合发展，并使知识服务与用户的标准化需求实现精准有效对接，技术标准创新风险也得以分散。值得注意的是，生态位泛化主要适用于能力较强、生态位较高的企业，而处于低生态位的企业需要避免战略过于分散而对自身实力造成损耗。

三　专业化策略——特异化发展

就生态位宽度狭窄的企业而言，特异化策略可使企业对生态位内的有限资源进行深入挖掘，专攻其中某些独具特色的异质性知识资源形成垄断竞争优势。在标准化实践中，生态位宽度较广的企业难以做到一家独大，这为弱势企业填补生态位间的空隙创造了机会。该策略可帮助企业发挥自身特长，对于降低企业之间生态位重叠的可能性、弱化竞争强度具有重要意义。在准确了解市场规模与现状的基础上，使其在技术标准情报知识服务中找准自身生态位，多维共存的生态位空间业已形成。

四　优化提升策略——扩充发展

企业生态位扩充是技术标准情报知识服务能力提升的动力，是技术标准创新的必然选择。借助生态位扩充战略，可促使企业调整和挖掘现有生态位、开辟和引入潜在生态位，为技术标准战略制定提供更为全面可靠的情报来源。立足于现有知识库、技术和市场环境条件来创新和发展其他资源，企业继续开拓用户市场并优化提升其生态位，有助于在内外知识融合中实现知识服务升级。因此，该策略不仅能够增强占据较小生态位企业的技术标准竞争力，也可使生态位较高的企业维持并巩固既有的竞争优势。

五　合作共赢策略——协同共生发展

推动企业生态位的协同共生发展，已成为技术标准情报知识服务升级的必然趋势。现如今，新型的竞合生态关系不再单纯以追赶和超越竞争对手为目标，而且还包括通过合作实现企业间知识资源的差异性互补。从技术标准情报知识服务的健康发展来看，该策略能够很好地兼顾企业自身与其他利益相关者的规模效益和长远效益，通过合理的专业化分工来协调企业之间的生态位关系，提高了标准情报信息和知识资源利用效率，由此形成标准创新合力来修订和完善技术标准，便于企业获取更大竞争优势。

第十章 数智赋能标准情报服务创新

以大数据、人工智能、移动互联网、云计算为代表的数智信息技术加速涌现，且在情报服务领域的应用渗透越发深入，未来情报服务业的科技属性日益彰显，科技与标准情报服务正呈深度融合之势。数字化和智能化作为标准情报服务的新引擎，强势驱动着标准情报服务的变革与创新。为了抓住新一轮科技革命的历史性机遇、有效应对数字红利催生的冲击和变革，依托信息技术手段赋能标准情报服务的数智化转型发展，已成为标准情报工作提质增效的必然选择。事实上，标准情报服务的数智化演进，其本质不仅限于技术体系的嬗变跃迁，还意味着未来技术和市场环境充斥着诸多不确定性。当前新场景下的标准情报需求持续迸发，而供给端格局却较为分散，导致供需失衡、资源分配不均、体系不健全等问题频发，成为掣肘标准情报服务效能发挥的主因。秉持创新发展思维，运用数智化技术对标准情报服务全流程开展模式再造，在盘活数据资源、打破数据孤岛的基础上，通过多源异构数据融合提升资源共享复用能力，可切实满足用户多样化、个性化情报需求，恰好为突破标准情报服务质量提升的瓶颈提供了破题之策。

第一节 研究概述

一 标准情报服务

随着情报信息成为新经济时代的基础生产要素，与标准紧密相关的技术标准情报服务应运而生。隶属于科技情报服务的重要分支，标准情报服务是以用户需求为牵引，以情报资料为基础，以提供高质量情报产品为目标，围绕标准信息所开展的采集加工、文本提供、实施咨询、信息推送、反馈修订等全流程服务①。以往研究针对标准情报服务的内容、对象、机构、手段及模式做出了有益探讨，且随着需求内容和运行环境的改变，逐渐关注到其知识化和智能化演进趋势，提出了加快推进服务创新这一前沿议题。譬如部分研究尝试将"互联网+"与"标准化+"融合，以丰富标准情报服务内容、拓展服务外延，使标准情报服务的内涵得以深化②。为了打造新型标准情报服务模式，亦有研究从主动化、专业化、知识化和综合化等角度探究了标准情报服务的转型发展方向③，并就其服务体系和机制建设展开分析④。总体而言，当前以服务模式和技术分析为主的标准情报服务领域虽已取得长足进步，但仍未能突破标准文献服务这一传统模式，对服务创新的探索尚未形成体系化的理论框架，服务创新的具体实现路径也知之甚少，仍有待未来深入研究其创新发展的特征及规律⑤。

二 数智赋能

处于发展驱动力快速转换这一重要时间节点，以数智赋能为核心内容的服务模式正深刻影响着标准情报的发展方向⑥。在理解数智赋能效用的基础上，以往研究阐述了数智化转型所催生的模式创新、降本增效及流程优化效应⑦，并尝试结合数据和智能元素对情报学的未来发展方向予以分析，使情报学研究视阈得到多维深化和拓延。面对数智环境变化所催生的诸多新需求、新场景，数智技术亦在服务领域

---

① 吴玉浩、姜红、陈晨：《技术标准情报的知识服务研究：竞合生态视角》，《情报杂志》2022年第2期。

② 吴建港、国玉宝、崔绍辉：《浅析标准版权与标准信息服务实践》，《质量探索》2018年第1期。

③ 张向荣、杜佳：《知识经济时代标准信息服务模式的创新研究》，《图书与情报》2009年第1期。

④ 古兆兵等：《国家军用标准信息服务体系和机制研究》，《中国标准化》2021年第4期。

⑤ 刘婕、彭国超：《我国标准情报服务的发展及演化路径分析》，《情报杂志》2021年第4期。

⑥ 肖利华等：《数智驱动新增长》，电子工业出版社2021年版，第3页。

⑦ Vial Gregory, "Understanding Digital Transformation: A Review and A Research Agenda", *The Journal of Strategic Information Systems*, Vol. 28, No. 2, 2019, pp. 118-144.

得到繁荣发展，并融合其他资源和能力为服务创新提供了众多发展可能，业已上升为驱动服务价值持续增长的新力量①。聚焦于情报服务领域，部分学者倡导打破固有的文献服务和信息服务逻辑，注重培育以数据为核心的服务创新能力体系，充分挖掘和利用新兴数据资源②。捕捉到情报服务场景的多元化、复杂化和互动化应用趋势，为了提升情报服务质量，响应需求来升级和拓宽应用场景也显得尤为必要③。诚然如此，目前学界虽持续关注数智赋能情报服务创新这一研究领域，但相关文献成果多停留在理论层面的思索总结，未能将数智新思维与情报服务深度融合，也就无法充分释放标准情报的时代价值，亟须从内在本质角度剖析其实现的作用逻辑。

因此，紧跟情报战略发展需要，本书针对"数智时代如何推进标准情报服务创新"这一焦点议题展开研究，旨在搭建数智赋能标准情报服务创新的整体分析框架，在明晰其理论逻辑及现实路径的基础上，探讨适用于中国数智化情境的标准情报服务创新策略，进而为标准情报工作高质量发展注入新动能。

第二节　数智化背景下的标准情报服务

一　数智化时代对标准情报服务的影响

在快速变化的数智化时代，全球数据正呈爆发式增长、海量聚集之势，人工智能技术的发展同时也引发诸多领域的变革，"大数据+人工智能"转化为数智双轮驱动，不仅能够实现标准情报服务流程的优化与增效，更可进一步赋能情报服务模式的变革与创新。机遇与挑战共存，如图10-1所示，数智化时代促使情报技术范式发生变迁，并

---

① 吴心钰、王强、苏中锋：《数智时代的服务创新研究：述评与展望》，《研究与发展管理》2021年第1期。
② 王莉娜、胡广伟、刘建霞：《数据赋能视角下应急情报服务价值共创过程及能力提升——以新冠疫情防控为例》，《图书情报知识》2021年第1期。
③ 李白杨等：《场景的延伸：从科技情报到科技服务》，《图书情报工作》2020年第1期。

引起了情报服务增值的内生要素、情报形态与情报意识升级的连锁反应，导致正向情报效应和价值效用在数智化转型过程中不断扩散，从而对标准情报服务的创新发展产生深刻影响，具体表现在以下方面。

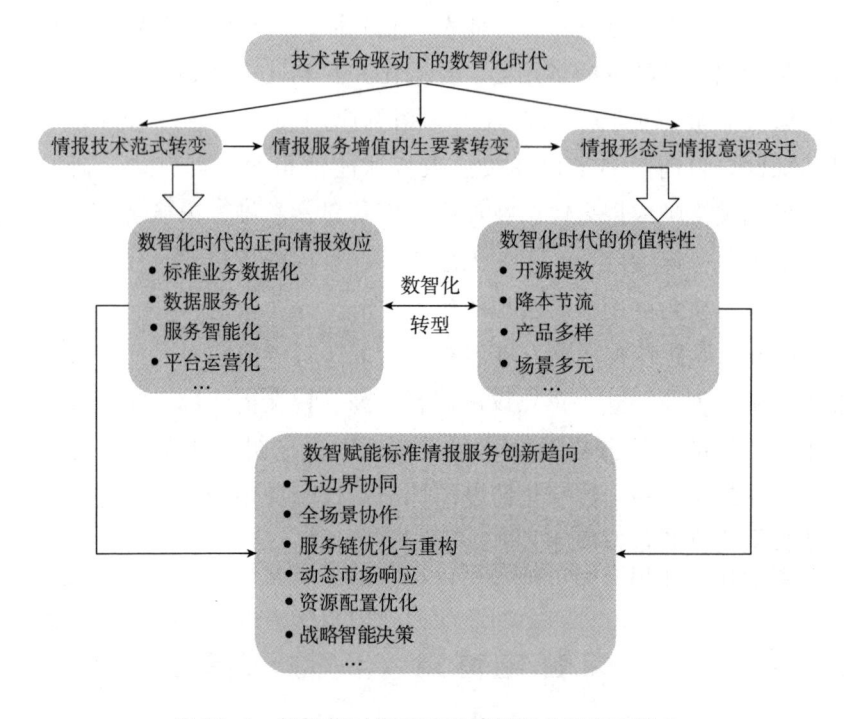

图 10-1　数智化时代对标准情报服务的现实影响

（一）对情报用户需求的影响

创造并满足需求是标准情报服务创新的原动力，数智化环境下以用户需求为核心的全域融合应对策略逐渐成型。一方面，数字化工具将标准情报服务机构与用户充分链接，使服务机构的声量持续放大，服务触达面也在不断延伸，借助服务内容更新打造了丰富的情报产品矩阵；另一方面，面对用户需求的不确定性，发挥大数据采集分析优势对现有用户需求进行精细化管理，不仅能够填补标准情报供需双方之间的鸿沟、满足用户层出不穷的个性化情报需求，并可据此建立实时交互、实时反馈的服务场景，从而达到既定的情报服务目标。

（二）对情报数据处理的影响

数据作为标准情报服务的载体，随着技术能力迭代升级，数智化情报服务不仅有助于高效收集和统筹管理产品、工艺、技术及检测等多方面的标准数据，还为通过其他自动化和数字化工具打通整体软件架构、实现不同业务及多个标准化流程融合搭建了信息流基础。而且，随着当前数据量爆发式的增长和数据形式的多模态化，通过充分挖掘数据价值，实现了数据的自动反馈和基于数据的智能决策，且呈现出服务沉淀数据、数据优化服务的高层次良性循环态势，这将进一步强化数据的自动化和智能化赋能效果。

（三）对情报服务流程的影响

就流程角度而言，数智化环境使得标准情报服务过程的环节与流程越发复杂多变。在"数据→价值"转化的标准情报全生命周期服务过程中，标准情报服务机构需全方位采集结构化、非结构化情报数据，并通过一系列工序将原始数据转化为高质量的可用数据，持续累积标准情报数据资产。由此，将可用情报数据以一定结构存储，并根据用户需求进行离/在线计算，以此支持用户所需的查询、分析、可视化等应用，作出有据可依乃至自动化的标准化战略决策，从而提高了标准情报服务整体流程的运营效率，用户体验也可得到显著改善。

二 数智赋能标准情报服务创新的内涵及特征

鉴于情报服务对新技术和新环境具有高度敏感性[①]，在把握数智化时代对标准情报服务影响的基础上，为了对数智化背景下的标准情报服务创新作出清晰界定、明晰其现实特征，本书将其与传统标准情报服务范式进行对比，具体如表10-1所示：

表 10-1　　　　　　标准情报服务的新旧范式对比

维度特征	传统标准情报服务	数智化背景下的现代标准情报服务
情报资产	对情报资产测不准，难以沉淀	对情报资产实时可查，可触达用户
情报开发	标准开发情报主导设计，成功率低	通过数据找到标准开发机会

[①] 孙建军、李阳、裴雷：《"数智"赋能时代图情档变革之思考》，《图书情报知识》2020年第3期。

续表

维度特征	传统标准情报服务	数智化背景下的现代标准情报服务
情报分析	未能有效分析历史数据，无法及时反馈信息	基于数据进行定性+定量的情报预测，可及时反馈信息
情报渠道	凭经验、凭人脉选择渠道，多渠道并行	数字化供需匹配，布局渠道，从单一渠道到全渠道融合
情报传递	成本投入大，传递效果无法精确评估	精确触达目标用户，情报全要素可被数字化评估
情报流程	从反馈到改进，环节割裂，无法闭环评价	分类实时反馈到全环节，形成反馈闭环
情报场景	情报科技能力薄弱，产品选项少、门槛高	区块链、人工智能、互联网、云计算等技术的整体输出
情报组织	多层级、强管控、低效、利己、服务效率低	网络协同、组织赋能、高效、信任、上下内外生态平衡
情报技术	系统独立、缺少连接，局部数字化	平台构架、彼此连通、全链路数智化，全局、系统性赋能

事实上，标准情报服务作为满足用户不同情报需求的增值过程[1]，其价值的创新与再造贯穿于标准制定、实施及推广等所有环节，这也正是服务创新的宿命所在。由表10-1对比分析可知，数智赋能下的现代标准情报服务摆脱了单一情报供给的束缚，并在深度挖掘用户需求的基础上促使服务应用场景越发多元。在"融合发展、大势所趋"的指引下，一方面，数智赋能强调大数据思维、平台思维、用户思维与迭代思维在标准情报服务过程中的把握和运用，与之对应，注重追求服务的精准性、链接的广泛性、用户的主体性与业务的创新性；另一方面，随着面向标准情报服务的赋能工具不断丰富，大数据、人工智能、云计算、物联网等数智技术架构体系为其提供了发展通道和关键底座，成为服务模式创新与业务互联互通的有力支撑。由此，通过数智化思维与技术革新来增强服务弹性、拓展服务领域，随之带来了更高效的自动化流程、更精准的情报收集与研判以及更智能的运营管理，使数智化与情报服务

---

[1] Bitner Mary Jo, Ostrom Amy L and Morgan Felicia N, "Service Blueprinting: A Practical Tool for Service Innovation", *California Management Review*, Vol. 50, No. 3, 2008, pp. 66-94.

如同 DNA 双螺旋结构一般紧密融合，彼此影响、交互上升，在技术、市场、生态和人才等方面不断激发服务创新转型升级的新动能。

因此，本书认为数智赋能下的标准情报服务创新，是以用户需求为导向，运用数智新思维和新技术改善和革新现有的标准情报服务理念、服务内容及服务流程，提升其情报服务质量和服务效率的过程，旨在提供高质量情报产品来创造更高的服务价值和效能[1]，且主要表现出以下特征：

（一）协调融合性

标准情报服务蕴含众多环节与流程，意味着服务创新的各要素并非是单一孤立的个体，而是技术、数据与业务相融合的互联互通网络。通过将新技术落地应用于具体服务场景，充分组织动员情报服务资源力量，可将各服务模块紧密联结为有机统一的整体系统，使信息不对称的桎梏得以破解，并在资源的高效共享调配中确保了协同情报服务的效率与决策的精准性。

（二）应用灵活性

面临数智环境所带来的众多不确定性风险，标准情报服务通过灵活响应外部环境和用户需求变化，在新技术支持下弹性配置资源、调整功能，适时推动传统服务价值链的适应性重构。用数据实时洞察标准发展趋势，以便及时发现和捕捉潜在的标准研发机会，进而确定相匹配的解决方案，可使标准情报服务做到有的放矢。

（三）价值主体性

标准情报服务创新通常产生于供需双方针对特定问题的交互作用，伴随着用户在服务创新发展过程中的价值主体意识觉醒，精准满足并创造用户需求便成为情报服务的重心[2]。面对数智化升级的用户需求，标准情报服务机构需要深入洞察用户行为、偏好和价值诉求，致力于构建新型用户关系，并通过维护全生命周期的用户资产来优化服务体验，提升用户黏性。

---

[1] 魏江、胡胜蓉：《知识密集型服务业创新范式》，科学出版社 2007 年版，第 69 页。
[2] 徐享王：《图书馆服务价值的多元、混乱与秩序重建》，《图书馆工作与研究》2013 年第 1 期。

第三节 数智赋能标准情报服务创新的逻辑解析

一 数智赋能标准情报服务创新的价值跃迁

服务创新理论认为，为顾客创造价值是创新的重要基点[①]。面对数智化时代复杂多变的商业环境，标准情报服务通过适应用户需求巨变来创造、传递和获取价值，实现了服务创新升级、重构发展力的价值赋能。然而在数据向价值转化的全生命周期演进过程中，随着用以标准情报服务的数智化资源和能力体系不断升级，各转型阶段所展现的价值成长空间也会存在差异，从而催生了不同类别的价值效益。因此，在"价值创造"驱动下，为了揭示数智赋能标准情报服务工作提质增效的价值规律，本书以服务创新转型方向与价值空间分布之间的匹配程度为依据[②]，构建得到价值关联分析模型，具体如图10-2所示。

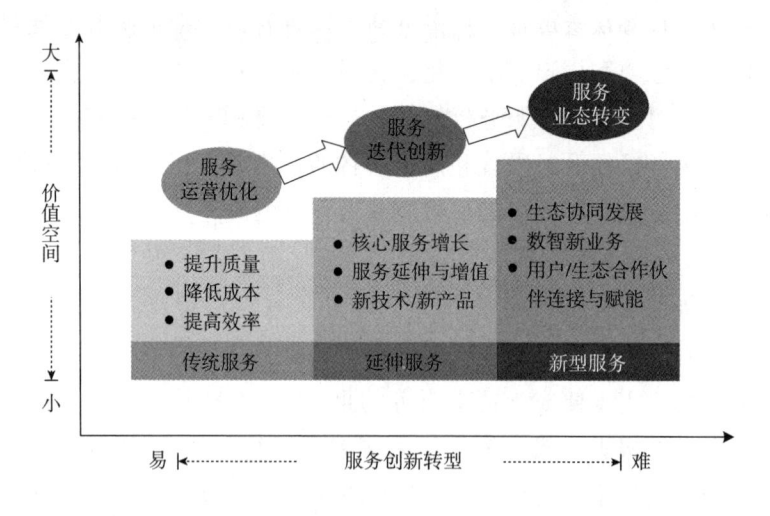

图10-2 数智赋能标准情报服务创新的价值层级跃迁模型

[①] 刘晓东、方晨、肖鹏：《我国图书馆服务创新研究的理论基础：回顾与展望》，《图书馆建设》2022年第1期。

[②] 左美云：《从适应到引领：车企的数智化转型与创新》，《国家治理》2021年第48期。

（一）传统服务

服务运营优化价值。在本阶段，标准情报服务机构以标准文献信息为主要模式来开展服务业务。运用数智化技术提供的信息流环境对标准文献进行深入挖掘，在日常服务中自动、高效地提取文献数据，并根据不同管理和运维目标进行针对性分析，为提升服务流程自动化程度和运维效率、降低服务体系运转成本带来显著蓄势赋能效果。同时，为了主动适应企业和市场经济需求变化、确保情报服务的及时性和有效性，运用数字化工具收集和统筹标准制修订、跟踪、对比、咨询研究等多方面信息，并将其转化为可计算的数据，综合开发标准文献和情报产品，使数据资产具备跨业务场景的数据应用能力，充分发挥了数据作为生产要素的真正价值，这显著提升了数字化服务质量，用户体验亦可同时得到改善。跟随时代脚步，以客户需求为导向，秉持多元化、个性化和差异化的主动服务思维，譬如知网和万方便先后搭建了标准网络数据库和标准管理服务系统，借助机器、汇编、Pascal、Fortran等语言技术将标准文本予以电子化，实时提供标准专业/高级检索、标准体系管理、标准撰写、标准预警、标准收藏等系列服务，并设立大数据和人工智能标准特色专题，使标准情报服务的信息化和网络化水平得到显著提升。

（二）延伸服务

服务迭代创新价值。当前标准情报服务的业务场景越发复杂，对情报响应速度和情报服务水平的要求也水涨船高，仅凭传统的标准信息服务已无法满足用户瞬息变化的知识需求，便逐渐开始注重深度分析挖掘情报信息价值，在原有基础上进一步打磨产品和服务细节，使其朝着深层次的知识服务方向转变。基于知识链接打通标准文本各知识单元间的知识关联，运用数字化手段发掘标准文献这一核心服务内容的增长新动能，这为标准情报服务开辟了价值创造的弹性成长空间。随着服务专业化水平的提高和经验的积累，业务流程量与日俱增，其服务范围不断向价值链高端环节延伸，数智化新技术和产品的应用边界不断拓宽，为形成知识驱动的兼容性、落地性解决方案提供了有益助力。在该阶段，"文本—数据—信息—知识"的服务主线得以延伸，Java EE、ASP、JSP、Webservice等技术被广泛应用至标准情报服务网站建设，涌现出以深圳市标准信息公共服务平台为代表的大批一站式服务平台。面对海量标准情报元数据信息，云计算、数据挖掘、大数据分析、主题词挖掘、语义分析及可视化分析也投入于标准情报服务实践，这有效改善了情报数据的可靠性、有效性、安全性与准确性，在充分确保数据质量的基础上推进了标准化科学决策的数智赋能。

（三）新型服务

服务业态转变价值。随着标准情报服务转型升级和创新发展的加速推进，众多利益相关者建立了跨边界的业务合作关系，并在知识的传播与运用中联结为共荣共生的情报生态共同体，通过多方协同来打造符合数智时代发展规律的新型服务体系。为了创造增量价值，借助不断升级的新技术以及智慧服务的新理念，进一步完善和扩展标准情报知识服务平台，提供分析计算、海量数据存储、标准开发测试及一些特定领域的平台服务，为用户提供了标准应用创新、体验优化、流程改进、数据服务等各层次的科学决策依据。在这一智能化知识服务过程中，集百家之所长，将生态合作伙伴所持有的资源和能力要素集聚为业务扩张新优势，使标准情报服务创新持续焕发生机与活力。理论影射现实，面临新时期标准化改革创新的发展趋势，此时标准情报服务越发注重用户行为的分析和挖掘，运用智能提取技术、SOA架构、智能推荐及模式识别等技术来反映标准的现行、作废、修订等状态，充分揭示标准之间的替代、引用和采用关系，并给出反证数据与链接指向。譬如上海市质量和标准化研究院便基于知识库系统打造了标准文献管理平台，借助上述技术密切捕捉全球五百强企业的标准动态，定期向企业用户发送所关注标准文献的发布、更新、替代、作废等信息，以使其实时掌握标准变化情况，及时使用现行有效的标准。

由此可见，以数智化新时代背景下的标准情报需求为牵引，建构在价值赋能基础上的标准情报服务创新是一个长期性与复杂性兼备的验证、改进过程。进入以价值创造为主线的数智化创新转型关键期，传统服务、延伸服务和新型服务呈现出环环相扣、不可分割的发展态势，标准情报服务也经历了"信息服务→知识服务→智能服务"的融合升华过程，由此催生了服务运营优化、服务迭代创新与服务业态转变的价值效益，如此循环往复，完成了由价值诉求到价值实现的层级跃迁，演变为集数据整合、信息生成、知识获取、智能服务于一体的数智化情报服务体系，为其提供了可观的成长增量空间。

二 数智赋能标准情报服务创新的互动作用机理

在标准情报服务的生产和提供过程中，供给侧与需求侧之间存在着复杂的网络和系统联系，而服务创新的价值跃迁正是众多服务要素在其中协同互动作用的结果[1]。以关注服务创新价值为核心，服务创新的经典四维度模型理论已被广泛应用于服务创新研究领域[2]。如图10-3所示，服务创新过程涵盖新服务理念、新顾客界面、新服务传递系统和技术选择四个维度，且服务的各项职能活动通过不同维度间的组合关联和相互作用得以实现。因此，为了进一步理解数智赋能标准情报服务创新的过程逻辑，本书将依据四维度模型对标准情报服务创新模式展开分析，探究其创新互动的内在作用机理，以期丰富标准情报服务创新研究视角，为明晰标准情报服务创新的实施路径奠定基础。

（一）新服务理念

发现、解决问题的方法和思维创新。作为标准情报服务创新活动的先导，理念创新始终贯穿于整个标准情报服务流程，并表现出鲜明的客观深刻性、继承稳定性、超越突破性和动态发展性特征。面临数智化背景下日趋激烈的标准竞争，用户需求、外部环境、友商竞争等方面的瓶颈逐渐开始显现。为了寻求增长空间，理念创新旨在扫描并分析市场偏好及用户需求以捕捉创新机会，其重点在于明确标准情报机构应当以何种情报产品响应用户标准匹配问题需求，以及如何将新服务传递至现有及潜在用户群体。相应地，在服务理念的具体开发过程中，标准情报机构应注重了解和把握市场条件变化、企业标准化活

---

[1] 王朝阳：《服务创新的理论演进、方法及前瞻》，《经济管理》2012年第10期。
[2] Hertog Pim Den, "Knowledge-Intensive Business Services as Co-Producers of Innovation", *International Journal of Innovation Management*, Vol. 4, No. 4, 2000, pp. 491-528.

动需求及其他利益相关者行为数据，而后开发新的标准情报服务并改进原有服务，就业务层、组织层等方面深化对标准情报服务模式创新的理解，从而打造与新时代同频共振的商业智力，保障标准情报服务沿着正确方向落地见效。

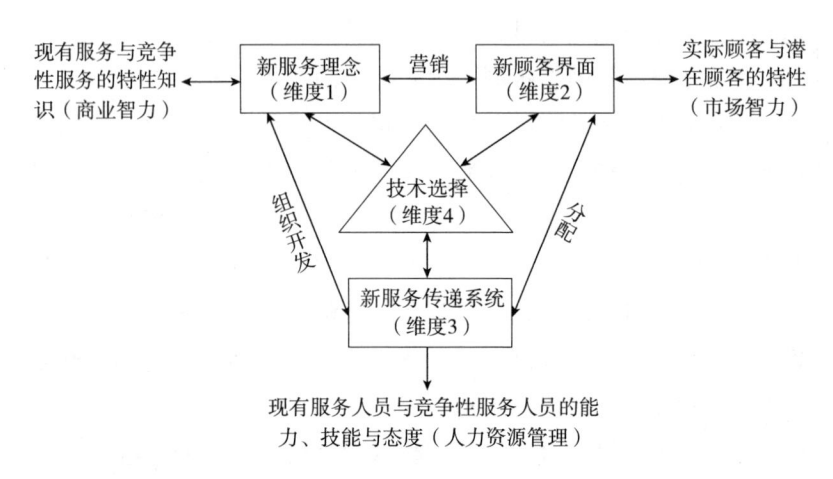

图 10-3　数智赋能标准情报服务创新的四维度模型

（二）新顾客界面

针对服务平台的创新。作为联结标准情报服务供需双方的载体，新顾客界面聚焦于服务平台与用户之间的交互模式，其范畴包括情报服务提供给用户的方式及用户间的交流、合作方式。为了避免供需脱节，在服务平台创新过程中，致力于建设集数据智能、流程自动化、资源智能管理、开发效能提升等能力于一体的标准情报服务平台，构建用户参与主导下的服务创新生态环境。以此为支撑，采取标准数据治理、知识抽取、知识服务等手段来精准洞察并切实满足用户海量的、碎片化的、实时的、多场景的情报需求，并结合业内标准化实践探索数据规律，进而提供知识驱动的解决方案。不难发现，在广泛获取用户数据的基础上，对其进行空间、时间、属性等多维度的可视化展示与场景交互探索，这一平台更新迭代的方式实现了标准情报服务生态内部的数智化全流程管理，促使用户标准化战略决策由多样分散到集中聚力，在资源和能力的共建共享中彰显了标准情报服务的价值。

（三）新服务传递系统

指代生产和传递新服务产品的组织，其核心要点在于现有的组织结构、员工能力必须与服务开发需要相匹配。一方面，为了满足标准情报内容传递和获取的多场景沟通需求、快速打破纷繁复杂的业务壁垒，必须通过组织结构优化设计来推进服务流程再造，即完成端到端流程打通和全流程统一数智化管理，精简冗余和重复的流程，从而降低运营成本投入、提高服务生产效率；另一方面，为了灵活适应用户数据环境，将数智化工具使用权下放至情报服务人员手中，这可在前端业务与服务人员的交互过程中提升用户资产运营能力，情报服务人员的素质和专业技能也在"业务+数据"的复用中得到显著提升，成功打通标准情报服务创新数智化转型的"最后一公里"。由此，通过持续改进和修正确保了服务传递系统的良性运转，标准情报服务质量得到显著提升，并有效激发了标准情报服务的活力与创造力。

（四）技术选择

以技术为中心所引领的创新，其中既包括开发新技术，亦可将原有技术加以应用创新。作为服务创新的重要组成维度，技术革新为标准情报服务的整体创新发展奠定了坚实基础。随着数智化时代来临，将创新思维嵌入传统情报服务技术，可更高效地推动服务理念、顾客界面和服务传递系统三个维度的融通进程，使标准情报服务的关联度和协调度得以提升。究其根源，数智化技术作为一项基础性和变革性资源，与其他资源和能力的互动可为标准情报服务创新提供全新成长机会。譬如借助大数据资源和分析能力对用户数据进行深度分析，可加速实现供需两端的数字化匹配，由点及面融合贯通整体业务，提升标准情报服务的用户体验。而且，数智化技术不仅拓延了标准情报现有服务渠道，同时还改变了渠道运营与转化的基本方式，以用户为核心驱动情报要素重新组合，形成了反向动力链条，最终产出了丰富的全链路数智化情报产品体系和解决方案。

总体而言，以创新为锚，四维度模型清晰地展现了数智赋能标准情报服务创新的实施过程。标准情报机构首先革新服务理念并形成新的标准情报服务产品（维度1），随后针对用户特征采用恰当的服务推出方式并建立用户深度参与的价值共创关系（维度2），新服务传递系统作为内核，能够确保组织结构和服务人员通过服务平台与用户顺畅沟通（维度3），而这一切皆需要数智化技术为其提供必要的技术支撑（维度4）。在数智赋能驱动下，标准情报服务创新作为上述四个维度的特定组合，正是在单维度发展与维度间彼此关联和相互作用中得以完成，实现了全方位变革和突破性发展。

第四节　数智赋能标准情报服务创新的实现路径

在数智为王的时代，大数据提供了助推标准情报服务创新的新思维、新手段，已成为标准情报工作提质增效的新利器[1]。以构建高质量的标准情报服务模式为价值目标，在明晰数智赋能标准情报创新内在逻辑的基础上，按照价值效益的需求，有必要进一步探究新形势下服务创新发展的具体实现路径，以推动标准情报服务创新过程稳定有序开展，充分发掘服务价值增长的新动能。

一　数智赋能标准情报服务创新的实现机理

数据作为数智化的核心资源要素，是发挥标准情报服务价值的基础，然而数据孤岛与数据碎片化问题却成为制约服务效能提升的沉疴痼疾[2]。如何梳理和整理标准情报数据，使之体系化、规范化，并将整个链路打通为完整闭环，成为标准情报服务创新转型的价值诉求所在。随着数智化在标准情报服务领域应用不断深入，亟须依靠数智赋能对海量标准情报数据进行深度挖掘，以发现数据之间的关联规律，充分释放数据流来催生新的服务价值。事实上，让数据说话，以数据为引领的标准情报服务可以更有效地协调各种资源，并通过数据对情

---

[1] Wang Junliang, Xu Chuqiao, Zhang Jie and Zhong Ray, "Big Data Analytics for Intelligent Manufacturing Systems: A review", *Journal of Manufacturing Systems*, Vol. 62, 2022, pp. 738-752.

[2] Shao Cuili, Yang Yonggang, Juneja Sapna and GSeetharam Tamizharasi, "IoT Data Visualization for Business Intelligence in Corporate Finance", *Information Processing & Management*, Vol. 59, No. 1, 2022, p. 102736.

报行为和要素的作用进行预判，从而实现快速迭代和调节。因此，以"数据即服务"为路径导向①，本书对数据要素价值转化的全生命周期过程展开分析，以阐明数智赋能标准情报服务创新的实现机理，具体如图10-4所示。

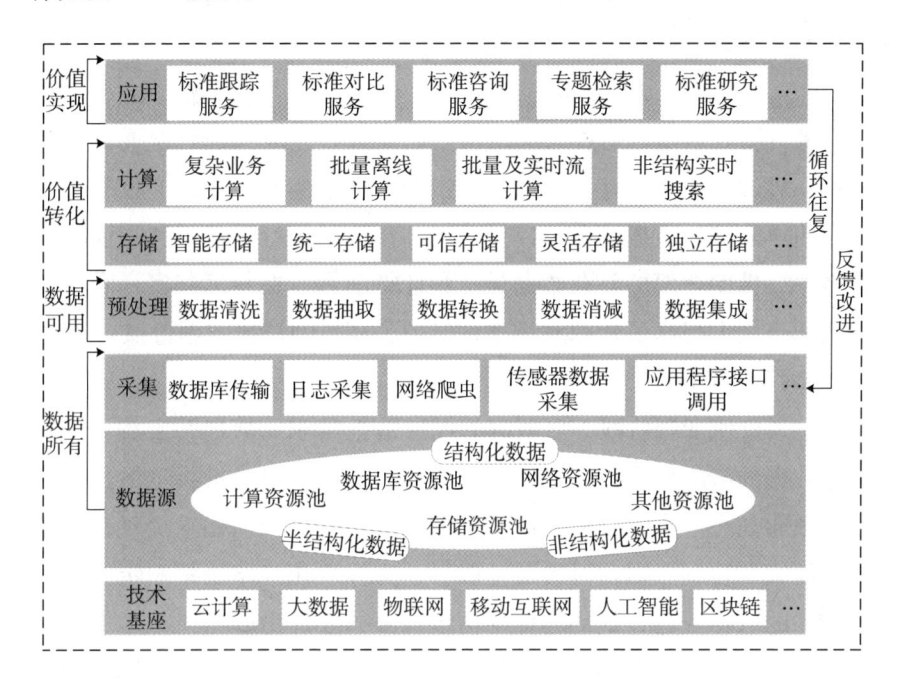

图 10-4　数智赋能标准情报服务创新的实现机理

（一）数据采集

数据源收集、识别和选取数据的过程。该模块运用埋点、探针、爬虫等技术与设备进行数据交互，从资源池广泛读取标准情报生产数据，并将不同资源池中分散、零乱、标准不统一的源数据予以汇聚，批量而精确地采集和抽取用户所需的结构化、半结构化和非结构化数据，最终将其转化为结构化的记录，保存至本地标准情报数据库之中。

（二）数据预处理

旨在对所采集汇总的原始数据进行清洗、抽取、转换、消减及集

---

① 杨国立、周鑫：《"数据即服务"背景下图书情报机构科学数据服务的发展机遇》，《情报学报》2017年第8期。

成等系列操作,通过人工或 AI 方式进行相应加工处理,以提取可用的价值数据和业务数据,从而初步形成标准情报数据资产。同时,借助数据目录对已采集的结果数据予以多维多层级分类展示,并编辑和删除不合格的数据信息,这可在保障数据标准化和规范化的基础上提高标准情报数据质量,为上层业务提供数据支撑。

（三）数据存储与计算

将可用数据以稳定可靠的结构存储下来,并对其进行全面的统计分析,通过一定模式计算得到标准性能、标准专利、知识产权等多种符合用户需求的数据要素,以供后用。在不同的标准情报数据应用场景之中,借助全面的复杂数据分析和计算能力,在全流程实现资源动态调配,大大提高了资源利用率,实现了高效的情报数据价值转化。

（四）数据应用

进入价值变现阶段,以明确的标准情报需求为导向,支持用户对情报数据的多维度多衍生穿透性分析,以准确及时掌控标准的技术和市场倾向动态。在挖掘数据深层价值的基础上,面向用户提供标准跟踪、研究、咨询、对比等针对性服务,为标准化战略决策制定提供精准可靠的数据支撑,最终为标准情报服务的数智化赋能。

由此可见,盘活标准情报数据资产,使其为业务管理、运营、决策服务,便是数智赋能标准情报服务创新的价值实现机制。以数智化技术为依托,聚焦于数据深耕与数据价值挖掘,从数据的采集、处理到数据的分析,再到数据的应用与咨询,层层把控、环环相扣,完成了数据资产化、要素化和价值化的蜕变。通过数据资源的实时动态更新,标准情报服务亦可不断进行自我进化,始终保持着旺盛的创新生命力。

二 数智赋能标准情报服务创新的实现路径

数智赋能是标准情报服务持续革新的内在驱动力,是聚集情报数据合力、满足用户多变的定制化服务需求的重要手段[1]。伴随着情报数据在不同主体间的双向流通、深度融合,数据价值得以充分挖掘、

---

[1] Hussain Musarrat, et al., "Intelligent Knowledge Consolidation: From Data to Wisdom", *Knowledge-Based Systems*, Vol. 234, 2021, p. 107578.

培育和释放，随之联结为全链条无缝衔接的反馈闭环，这全方位打通了端对端的数智化应用场景，并为标准情报服务创新落地提供了可行路径，其中涵盖了服务数据化、数据服务化和再循环三个阶段，具体如图10-5所示。

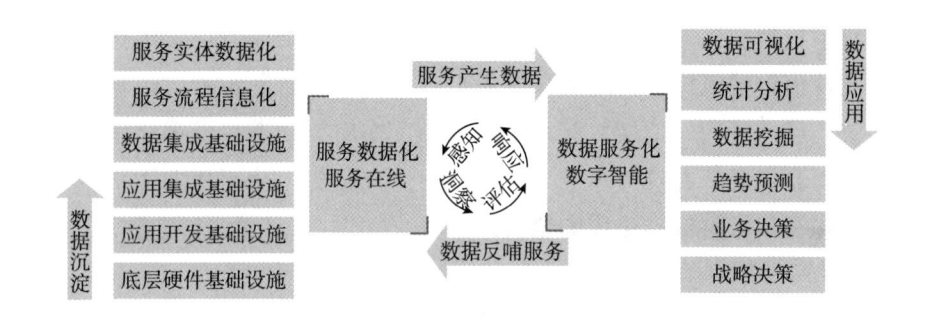

图 10-5 数智赋能标准情报服务创新的实现路径

（一）服务数据化

运用标准情报服务平台承载服务流程。遵循面向情报服务的组件化开发和技术架构设计理念，基于对用户需求的深刻理解来打造集多源异构数据接入、整合、交换、共享于一体的开放式情报数据服务平台，以实现同构、异构系统之间的数据抽取、格式转换、内容过滤、同异步传输、数据整合存储、数据共享等功能。由此，在保持服务流程优势的同时，不同业务系统间的情报信息可灵活交换、共享与协同，辅助用户以迭代的方式不断完善和扩充信息资源体系，实现了标准情报服务流程的优化与再造。以国家标准文献共享服务平台为例，该平台便提供按行业、按领域、按主题的国内外标准专题数据库，且数据项服务可按照用户需求定制，以便让用户及时了解和掌握所关注领域的最新标准信息或标准制修订活动情况，为产品研发和相关研究提供有力支撑。

（二）数据服务化

将数据分析结果反馈至情报系统中，形成面向业务、面向管理、面向决策、跨具体业务系统的全局性多角度资源视图，支持用户以多视角观察和发现数据中蕴含的联系和规律，从而为业务管理、标准研判及其战略决策提供翔实可靠的参考依据，并为跨部门、跨业务系统的全局性信息资源共享交换和业务协作提供支持。在数据资源整合与综合利用的推进过程中，为各级各类用户提供完整、及时、准确的标准情报数据服务，全面满足用户对于情报数据使用的个性化需求，这可将情报数据快速转化为价值生产力，使其在复杂业务场景中迸发出更高价值。国家标准文献共享服务平台设有标准研制贡献大数据分析系统，可从时间、地域、起草单位等维度实时、动态、可视化地展示标准研制情况，并撰写标准大数据分析研究报告，从而帮助用户全方位、多视角了解标准工作的全貌。

（三）再循环

通过数据沉淀与数据应用，及时收集回笼信息对数据质量进行评估，对数据进行反复打磨，以促进下一次的挖掘优化，达到服务产生数据、数据反哺服务的增量闭环。在此闭环循环过程中，以提高质量效益为中心，将情报数据转化为用户需求洞察，进而由洞察产生行动，这不仅在技术上提升了洞察分析能力，也可在组织、管控、能力等方面得到同步精准提升，确保了"感知→洞察→评估→响应"闭环的顺利运行并得以循环提升，最终为用户提供全链路的高效标准情报服务，使数据成为推动标准情报服务高质量发展的有力支撑。同样地，经由数据导入与更新、数据加工与内容挖掘、指标自动抽取与人工校对等环节，国家标准文献共享服务平台完成了标准情报信息的全流程管理，为用户提供了标准信息的全流程服务，不断增强了自身的可持续发展能力。

第五节　标准情报服务创新的效能提升策略

数智化浪潮奔涌而至，标准情报服务面对的不再是传统的竞争环境。适者生存，其应对之策也需作出相应改变。为了紧抓数智科技蓬勃兴起的历史机遇、迎接竞争情报环境的不确定性挑战，加速推进标准情报服务数智化转型进程、实施全方位变革，随之成为标准情报服务业高质量发展的重要着力点。因此，基于上文对数智赋能标准情报服务创新逻辑及路径的探讨，本书将进一步分析提升其创新效能的具体策略（见图10-6），以期为做好新形势下的标准情报服务工作提供参考借鉴。

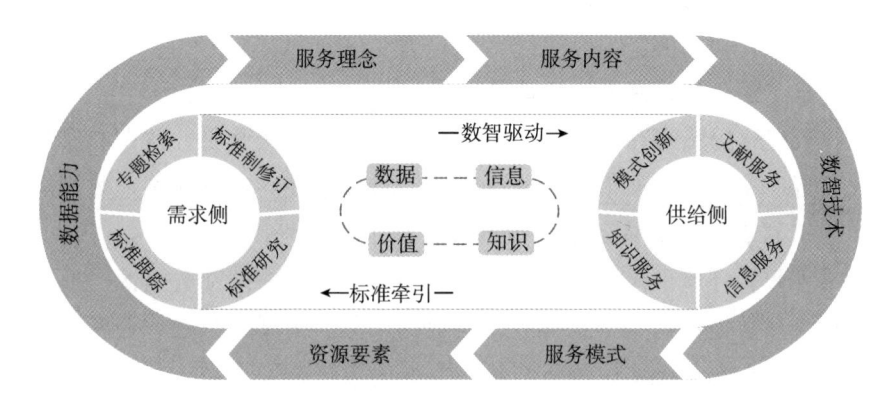

图10-6 标准情报服务创新的效能提升策略

一 转变服务理念，丰富服务内容

需求与供给是最根本的时代要素，然而当前标准情报机构的资源角色和地位却逐渐弱化，与之相对应的则是用户表达权、选择权及参与权的崛起。随着用户需求向更深更广的情报分析领域拓展，应主动与用户建立强连接关系，并将服务范围拓展至用户全生命周期，从标准评估评价、数据统计分析、标准竞争力分析、标准前沿分析等服务项目入手，持续为服务内容注入时代内涵。同时，通过前端服务沟通，将用户的反馈与建议输送至后端服务部门，能够在群体创造、多向交互中快速提升标准情报服务效率，并可精准洞察和实时满足用户需求，使服务价值与用户黏性得到显著强化。

二 应用数智技术，重构服务模式

随着大数据、云计算、5G、物联网、人工智能等数智化新技术持续演化，传统服务模式已无法支撑现有业务的迅速发展，导致技术架构体系不断发生迁移。面对情报系统的复杂性，为了优化用户体验，应顺势将技术赋能用户,结合用户需求更具多样化、体验化和个性化的特点,激发新需求。同时,将技术赋能供给端,使标准情报生产供应更为柔性化、智能化和生态化,以满足用户持续动态变化的个性化情报新需求,形成新供给。由此,在新技术支持下,新需求和新供给之间达到动态平衡和新连接,以此推动标准情报服务模式优化与重构,打造以个性化、精细化、定制化为代表的全新服务模式,释放服务价值增长新动能。

三 整合资源要素,培育数据能力

数智化的核心在于数据,用数据驱动服务、提升服务效率、实现决策智能化,是标准情报服务数智化的目标所在。这意味着,数智时代的"新服务"需具备融合数据和智能形成反馈闭环的能力。因此,立足于数智环境,应突破资源壁垒、全方位整合内外部数据源,充分发挥海量数据和场景丰富优势,在数据采集、清晰、归档、分析的同时,注重在场景感知、分析与预测方面的数据能力建设。基于数据分析捕捉标准情报服务所存在的问题,迅速追根溯源并制定相应的行动策略和解决方案。新的情报行为产生新的数据,继而针对新数据查摆问题,借助数据效率倍增效应推动标准情报服务流程、资源配置和管理方式的快速循环迭代,塑造数智化时代服务创新的核心竞争力。

第十一章　面向企业高质量发展的标准情报服务创新

迈入高质量发展新时代，技术标准情报作为标准化工作的基石，能否将持续涌现的标准情报服务于战略发展大局，对于塑造企业核心竞争优势的重要性不言而喻。然而，当前企业发展环境越发复杂多变，对于情报信息的收集分析还不到位、情报利用仍不充分，尚难以有效释放其服务活力来为发展赋能。随着新形势下企业生产经营活动对情报服务的要求水涨船高，为技术标准情报服务注入创新思维便成为提质升级的必然选择。事实上，技术标准情报的功能便是为标准化战略决策提供支持服务，其服务目的在于将情报资源以便捷高效的方式传递至用户，满足其多样化的情报需求。通过加快技术标准情报服务创新进程，坚持资源拓展与能力提升并举，可进一步丰富情报信息来源渠道、深入挖掘情报信息价值，为未来发展方向提供路径指引。

第一节　面向企业高质量发展的技术标准情报服务创新内涵

一　企业高质量发展

由高速增长阶段转入高质量发展阶段，是中国经济进入新时代的基本特征。高质量发展是涵盖自宏观到中观、再到微观三个层次的完整逻辑体系。其中，企业既是宏观经济发展的微观主体，亦是中观产业发展的基本组织，故追求企业高质量发展成为实现整个经济高质量发展的关键①。然而，目前对于高质量发展的研究多聚焦于宏观或中观层面，而微观层面的企业高质量发展研究成果较为缺乏②。在此形势下，部分研究对企业高质量发展的缘由、内涵、模式、指标体系、策略及影响因素展开初步探讨，并就企业高质量发展的概念基本达成共识，将其定义为一种发展范式或目标状态，既能够持续实现企业自身价值，亦可高效创造社会价值。同时，为了进一步寻求释放企业高质量发展的新动力，标准对于企业高质量发展的引领作用也开始得到关注③，但这相较于鲜活的技术标准情报服务实践尚显不足，还未厘清标准化与企业高质量发展的内在逻辑关系，标准情报服务赋能企业高质量发展的实现路径也就无从得知。因此，有必要深入理解面向高质量发展的技术标准情报服务现实内涵，全面系统地刻画情报服务需求的新特征、新趋势，明晰标准情报服务对企业高质量发展的作用逻辑，进而构建与之相匹配的服务模式，以此为提升标准情报服务质量效益提供依据。

二　面向企业高质量发展的技术标准情报服务内涵

面临复杂多变的发展形势，为了充分激发标准的基础资源与动力引擎作用，加速情报服务创新为高质量发展赋能，已成为企业加快融入新发展格局的重要战略支撑④。为了清晰地界定高质量发展背景下的技术标准情报服务内涵，本书将技术标准情报服务的主要表现形态及特征予以辨析，具体如表 11-1 所示。

事实上，以发展的眼光解决企业发展的相关问题，为标准化战略发展方向和路径提供情报支持，正是当前标准情报工作的焦点所在。就其流程而言，着眼于特定的标准化问题或项目需求，在全面、准确

---

① 黄速建、肖红军、王欣：《论国有企业高质量发展》，《中国工业经济》2018 年第 10 期。

② 周志龙等：《企业高质量发展评价的理论模型研究——基于良品铺子的案例分析》，《宏观质量研究》2021 年第 1 期。

③ 刘和旺、刘池、郑世林：《环境空气质量标准（2012）的实施能否助推中国企业高质量发展》，《中国软科学》2020 年第 10 期。

④ 张向荣、杜佳：《知识经济时代标准信息服务模式的创新研究》，《图书与情报》2009 年第 1 期。

搜集现状数据的基础上，对所得情报信息开展深度分析和加工，据此产出知识含量与可行性兼备的成果，借助情报综述、研究报告等产品对企业标准化战略决策施以影响，进而服务于标准制订、实施和推广。由此可见，技术标准情报服务的关键任务在于准确研判标准化战略规划，编撰并提供富有影响力的情报产品，以充分发挥技术标准情报的耳目、尖兵、参谋乃至引领高质量发展的功效。

表 11-1　　　　　　技术标准情报服务的主要形态及特征

形态	内容与服务形式	特征
信息服务	通过传播和交流信息来实现标准信息增值，包括信息检索、信息报道与发布、信息咨询及网络信息服务等	情报产品多以实物形态为载体，智力资本增值低下，对于决策参考价值有限
传统情报服务	传递动态标准情报、行业信息监测与加工、情报分析利用、阅读指导、定题检索等	情报产品多以研究报告为代表，与"耳目、尖兵、参谋"的功能定位相匹配，智力增值与决策支持作用得到提升
决策咨询服务	为政府决策制定和执行提供智力咨询服务，涵盖顾问、合作咨询、主动咨询及委托咨询等	情报产品多以科技政策、评估分析报告为主，以供需双方合作为基点，可满足决策者对于数据和信息的实际需求
知识服务	有针对性地从显性和隐性知识资源中提炼标准信息和知识内容，围绕用户问题来组织、推送和共享知识，据此提供有用的知识产品	以用户需求为驱动力，面向知识内容和解决方案，服务增值性较高
智慧服务	运用智慧为他人或组织提供服务，以智慧为服务内容和工具，可分为创新、发现及规整等形式	情报服务的终极形态，"以人为本、转知成慧"，可将隐性智慧与情报分析方法相结合

基于上述分析，本书认为面向企业高质量发展的技术标准情报服务，是围绕技术标准对标准信息予以收集、发布、整理及加工的精准化、个性化、知识化和智能化服务，贯穿于企业标准化链条全过程，旨在满足企业高质量发展对关键信息和标准情报的需求，形成对企业

标准化战略规划、生产运行、技术研发、对标增效等方面的支撑服务能力，实现技术标准情报的价值创造目标。

第二节 高质量发展背景下技术标准情报服务需求分析

借鉴郑荣等[1]和龚花萍等[2]的情报需求调研分析范式，采取实地调研与问卷调查相结合的方式来收集一手数据，旨在了解高质量发展背景下企业的技术标准情报服务现实需求。从问卷结构设计来看，调查问卷共设计26道题目，主要涉及3个方面，即调查企业基本情况（所属行业、性质、成立年限和规模）、标准情报服务认知情况、企业对标准情报服务的需求（服务内容、方式、阶段及要素）。针对调查问卷实施，本次调查于2021年9月至10月展开，先后向信息技术企业和制造企业发放调查问卷300份，共计回收有效问卷252份。就调查样本特征而言，受访者是来自一汽集团、歌尔股份有限公司、潍柴集团等代表企业的产品和技术团队人员，所在企业皆积累了一定标准化工作经验，具备相当的标准产出，且均具有标准情报服务需求的经历，可针对相关问题给出准确答案，因而能够有效反映企业的情报需求现状。企业属性如表11-2所示。

表11-2　　　　　样本企业的基本属性统计结果

所属行业		企业性质		成立年限		企业规模	
信息技术产业	66.3%	国有企业	7.5%	5年及以下	1.6%	100人及以下	2.4%
制造业	33.7%	股份有限公司	14.8%	6—10年	21.2%	101—300人	28.7%
		私营企业	56.3%	11—15年	32.8%	301—500人	23%

---

[1] 郑荣等：《多源数据驱动的产业竞争情报智慧服务研究》，《情报学报》2020年第12期。

[2] 龚花萍、刘嘉良、余建兵：《面向区域科技创新的竞争情报联动供给服务模式研究》，《情报杂志》2020年第5期。

第十一章　面向企业高质量发展的标准情报服务创新 | 227

续表

所属行业	企业性质		成立年限		企业规模	
	研究院所	11.1%	16—20 年	19.4%	501—1000 人	17.5%
	外资企业及其他	10.3%	20 年以上	25%	1001—2000 人	6.2%
					2000 人以上	22.2%

资料来源：作者整理所得。

一　企业对技术标准情报服务的认知

由表 11-3 可知，目前多数企业已对技术标准情报的价值有所认知，意识到技术标准服务对自身发展质量效益产生的影响，在标准化工作中对技术标准情报服务持有积极态度，这为后续服务需求调查奠定了坚实基础，可据此为企业提供富有针对性的优质情报服务。

表 11-3　　　　　　　企业对技术标准情报的认知情况

统计项目	统计结果				
技术标准情报服务对 高质量发展的影响认知	没有影响	有一点影响	影响一般	影响较大	影响非常大
	16	9	69	87	71
比例（%）	6.3	3.6	27.4	34.5	28.2

资料来源：作者整理所得。

二　企业的技术标准情报服务需求分析

在高质量发展背景下，企业标准化活动日趋活跃，标准情报重要性不断彰显，技术标准情报服务必须与时俱进。唯有深入了解企业的实际工作情况，准确把握企业不断变化着的技术情报服务需求，才可为其提供高效、高质的技术标准情报服务。立足于此，本书对相关调查结果展开分析，由多个层面明晰企业的具体现实需求。

（一）服务内容需求

为了探索适用于企业标准化活动的情报产品及服务，从更深层次创新其服务内容，借助问卷对技术标准情报服务的内容需求展开调查分析（见图 11-1），主要涵盖标准跟踪、标准对比、标准制修订、标准指导、定点咨询、专题检索、回溯检索及标准研究等方面[①]。

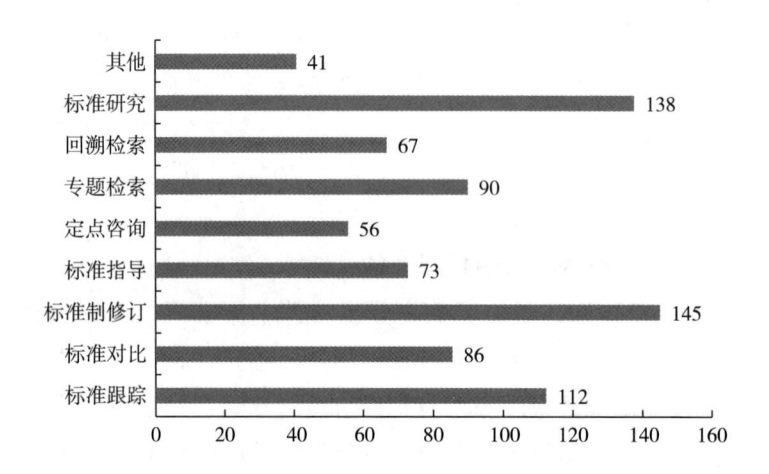

```
其他      41
标准研究   138
回溯检索   67
专题检索   90
定点咨询   56
标准指导   73
标准制修订 145
标准对比   86
标准跟踪   112
```

图 11-1 企业对技术标准情报服务的内容需求

资料来源：作者整理所得。

总体来看，随着以技术标准为核心的技术标准情报服务内容不断扩充，企业对相关服务内容具有一定需求，其中尤以获得标准制修订的服务需求最为强烈。标准制修订作为标准化活动的起点，通过标准制修订服务来革新传统的标准制修订工作管理流程，以期提高标准利用效率。同时，企业对标准研究和标准跟踪的服务需求也相对较高。通过及时报导和传递技术标准情报价值，可帮助企业了解内外部环境条件变化，由此保证所制修订标准的前瞻性，使其性能始终满足技术和市场发展需求。此外，企业对专题检索、标准对比、标准指导及回溯检索等内容也有一定诉求，其最终目的皆是将技术标准情报高质量应用于企业发展战略制定，了解并帮助企业解决问题，促动其核心竞争力提升。

（二）服务方式需求

随着企业标准化活动如火如荼的开展，如何将海量标准情报信息

---

① 刘婕、彭国超：《我国标准情报服务的发展及演化路径分析》，《情报杂志》2021年第4期。

精准有效传递至需求者,改进技术标准情报服务供给不均衡、不充分的状况,为企业标准化决策提供及时、充分和可靠的标准情报支撑,对技术标准情报服务方式提出了更高要求①。相关调查结果如表11-4所示:

表 11-4　　　　　企业对技术标准情报服务的方式需求

技术标准情报服务提供参与者	合计	比例(%)
由相关情报管理部门予以搜集并直接对外发布技术标准情报	58	23.02
由业内企业一同联结的标准联盟、行业协会共享技术标准情报	136	53.97
由企业委托标准情报服务机构设立相应服务供给体系,为企业提供技术标准情报服务	89	35.32
由企业、政府、高校、科研院所等相关情报供给主体建立标准化合作,实现技术标准情报互联互通	127	50.40
企业自身主动获取/其他途径	16	6.35

资料来源:作者整理所得。

由于标准制定往往需要较大成本投入,加之创新风险较高、制定周期长,仅凭单打独斗已无法满足企业的情报信息需求。为了打破标准情报壁垒、拓宽情报信息来源渠道,企业间缔结标准联盟、多方情报主体建立标准化合作,整合共享相对分散的情报信息资源,被视为消除信息不对称、实现标准情报互联互通的重要渠道,故而成为企业对技术标准情报服务方式的迫切需求。同时,标准情报服务机构依靠自身的专业化优势积累了丰富的知识和经验,向企业分享标准化领域的最新成果动态,能够满足企业对情报质量和价值的要求,因而对此需求也较为强烈。此外,为深入了解技术标准情报服务存在的困难和障碍,进一步对倾向于采用协同合作服务方式的企业进行调查分析,发现80.01%的企业认为其情报团队业务能力不足,69.92%的企业反映情报人才缺乏,61.86%的企业缺少用于情报获取的经费和收费困

---

① 晁蓉、王燕平、龙敏:《面向产业技术创新需求的竞争情报融合供给服务模式探析》,《图书与情报》2020年第4期。

难,数据收集和情报分析工具资源欠缺的企业占54.24%。由此可见,因标准情报部门体系还不够完善,受人力、物力所限,当前所设岗位未充分发挥其服务职能,致使多数企业主动获取标准情报的内生动力不足。

(三) 服务阶段需求

技术标准化是循环往复的生命周期演进过程,涵盖标准制定、实施和推广等阶段,标准情报服务在任一阶段均不可或缺。为了科学合理配置标准情报资源,形成标准情报服务的整体支撑能力,对其实现全流程管理,就企业对技术标准情报服务的阶段需求展开调查(见图11-2)。

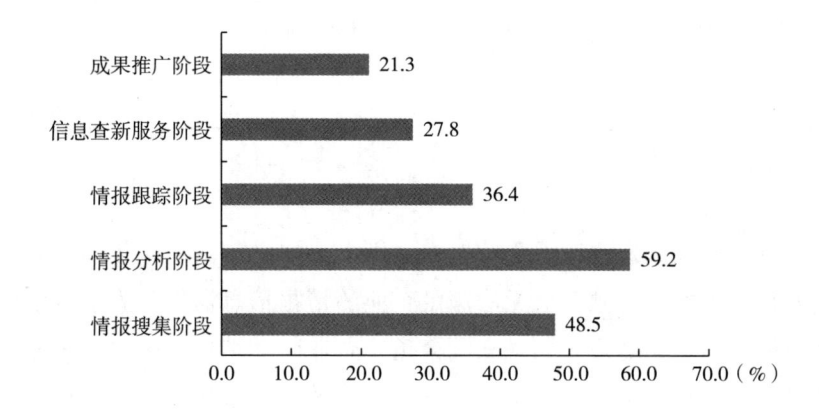

阶段	百分比(%)
成果推广阶段	21.3
信息查新服务阶段	27.8
情报跟踪阶段	36.4
情报分析阶段	59.2
情报搜集阶段	48.5

图11-2 企业对技术标准情报服务的阶段需求

资料来源:作者整理所得。

情报搜集阶段对应技术标准化的初始环节,企业此时需全方位掌握业内前沿标准化成果及相关动态,从数据源头找准未来研发方向,为所制定标准性能的兼容性和可靠性奠定基础,所以本阶段企业的情报服务需求较为高涨;在情报分析阶段,为确保所制定的标准文本规范顺利落地实施,企业需夯实技术标准情报服务的硬实力,将所得标准情报信息进行深度处理和加工,针对潜在的标准匹配问题提供相应解决方案,故该阶段情报服务需求十分旺盛;就情报跟踪、信息查新及成果推广等阶段而言,此时标准化活动的重心在于进一步增加市场份额，扩大技术标准的认可度与应用规模，已具备一定的情报信息资源储备用以下一周期的技术标准制定和改进，因此企业的标准情报服务需求有所下降。

（四）服务要素需求

处于发展变革新时代，聚焦于技术标准情报的价值创造效益，有必要在高质量发展背景下挖掘提升标准情报服务效能的关键要素，指明服务创新的前进方向，使其更好地为企业标准化战略发展决策提供支持。调查结果如表11-5所示：

表11-5　　　　　　企业对技术标准情报服务的要素需求

技术标准情报服务实现的关键要素	合计	比例（%）
数据资源采集、情报分析方法的改进和创新	186	73.81
大数据、云计算及人工智能技术的融合应用	175	69.44
企业、政府及标准化协会等相关主体间数据和信息共享机制的建立与完善	159	63.10
服务平台的资源共享与协作	120	47.62
服务机构人员的知识修养和专业技能	104	41.27
其他	26	10.32

资料来源：作者整理所得。

在新经济时代，技术标准的更新换代速度不断加快，生命周期持续缩短，导致当前技术标准情报信息量迅猛增加。随着应用于标准情报服务的技术手段不断升级，标准情报资源正朝向数字化、综合化、融合化发展。具体而言，以标准文献为主要形式的标准情报资源得到进一步开发利用，既可借助计算机网络获取标准文献，亦能获得标准制修订信息、政策法规、认证认可信息、市场准入信息等众多类别的综合信息。鉴于传统的数据资源采集和情报分析方法已无法充分将标准情报赋能于企业发展，亟须作出改进和创新来提升其利用效率，因而企业对此需求持续攀升。值得注意的是，大数据、云计算及人工智能技术的融合应用改变了以往的情报服务链，需在现有基础上将情报信息嵌入标准化工作场景，不断拓宽服务边界来为企业创造更广阔的发展空间。同时，以企业为核心的主体间数据和信息共享机制可将服务链上各情报主体紧密联合，在优势互补中提高情报资源配置效率，所以也成为其深层次的服务要素需求。此外，打造资源共享与协作的服务平台能够充分集聚现有资源，提升服务机构人员的知识修养和专业技能可有效发挥智囊作用，这皆是实现技术标准情报服务工作与企业发展战略相统一的重要抓手。

第三节　面向企业高质量发展的技术标准情报服务逻辑

在新经济时代，市场竞争环境瞬息万变，机遇与挑战并存。企业若要持续保持稳定和健康发展态势，就必须重视技术标准情报服务的合理运用。然而，标准情报服务是一个复杂的系统性工程，涉及众多流程环节，调研发现当前仍存有一定短板制约其服务效能发挥，这就需要明晰技术标准情报服务促动企业高质量发展的作用机理，以期增强高质量发展的内生动力，为后续服务模式构建奠定基础。因此，本书基于"问题解决"的情报服务范式搭建了涵盖信息源、技术支撑、知识吸收及最终目标等要素在内的分析框架（见图11-3）。以企业所面临的标准化问题为出发点，整合内外部信息源，将标准情报服务作为基础技术支撑，结合技术标准化过程来揭示企业高质量发展目标的实现路径，可促使标准情报工作找准方向、跟上节奏、精准服务，为加速企业高质量发展提供行之有效的问题解决方案[①]。

立足于新时代大环境，时空局限和产业界限变得越发模糊，传统的企业边界和成长规律逐渐被打破，技术标准情报信息已加速渗透并覆盖至经济社会的各领域、各环节。因此，秉持"情报即资源"理

---

① 曾德超、许明金、彭丽徽：《开放式创新视角下中小企业技术竞争情报服务模式研究》，《图书馆》2015年第1期。

念，应整体把握企业对标准情报信息资源和服务新范式的需求，既要充分利用内部现有情报信息资源，又要经由外部情报主体来融合和拓展信息来源渠道，以及时响应动态变化的情报需求和内容。具体而言，在海量科技论文、技术文献、成果信息等科技资源的深度融合过程中，以技术标准联盟为联结纽带的企业群体成为了解业内动态和未来发展趋势的主要途径，源于政府部门、行业协会、知识产权机构、高校及科研机构、标准情报服务机构等多方主体的信息资源也有助于增强企业的预见性，由此形成强大合力来提升源头创新活力，为谋求生存和长期稳定发展做好铺垫。

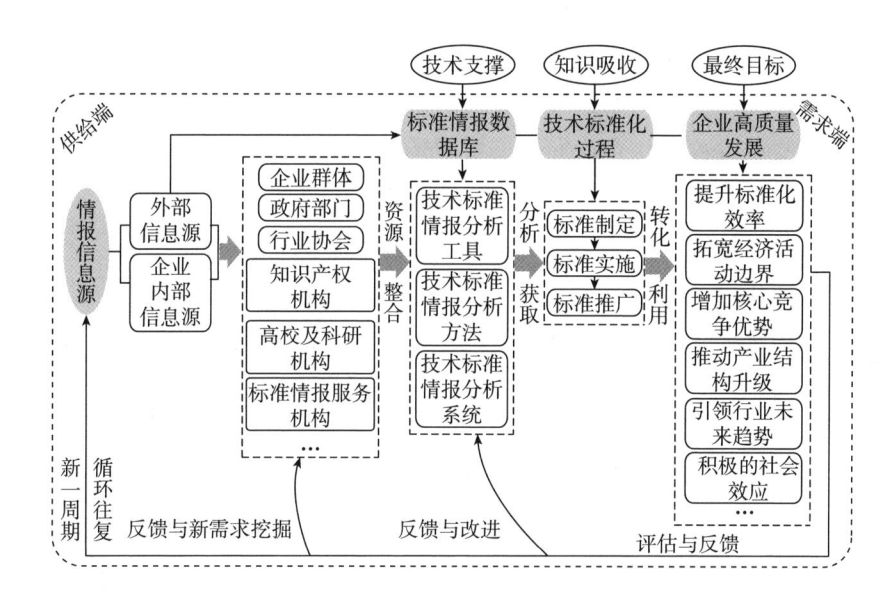

图 11-3 面向企业高质量发展的技术标准情报服务逻辑

伴随着技术要素的不断演进，大数据技术、信息技术、互联网技术的应用越发普及，技术标准情报服务更为注重数据全息化和方法集成化。以情报数据库建设为契机，根据企业外部环境和内部资源能力状况将资源予以全面整合，利用标准情报分析工具、分析方法及分析系统来针对性挖掘内在关联、提升知识发现，为多元化数据更新运营提供平台化的服务与接入。在此支撑下，既能够分散技术标准情报的搜集成本和风险，还提升了情报获取的实时性和准确性。同时，依托情报数据库强大的数据采集和资源合作力量，整合数据挖掘、信息分析、知识组织和知识关联、语义分析等相关技术，提取标准情报表面易于理解的信息，并结合市场环境条件、历史竞争活动、对手状况等因素来挖掘隐含的情报信息，深化情报研究内容，可为企业提供集成化、智能化和个性化的服务支持。

技术标准情报工作离不开数据库的平台支撑作用，而其成果产出则进一步要求情报研究内容与企业技术标准化过程紧密结合。针对具体领域内的技术标准开展相关分析与评价工作，将筛选和过滤后的情报信息资源嵌入标准化应用场景，并通过信息开发和重组产出知识增值产品，可促使企业全面关注所处行业领域的发展规律、研究前沿及其所处的标准生命周期，进而针对特定环节提供相应服务内容。在这一知识吸收过程中，企业间凭借协同传递与成果分享弥补自身知识缺陷，在纵向和横向联合中巩固了异质性知识资源的广度和深度，形成了合理的知识结构，避免了低水平的重复性研究，从而显著提升了自身的标准化工作效率。而且，在知识转化为标准生产力的同时，情报服务主体和客体的深层次创新潜能得到激发，众多实际问题有了系统服务方案，企业识别、防范及应对风险的定力和能力得到提升，成为标准化生命周期过程传承和延续的坚实保障。

总体而言，借助技术要素从纷繁复杂的内外部信息源中提炼有价值的标准情报，并将其吸收转化为标准化产出，基于此建构与高质量发展相适应的标准情报服务战略推进体系、管理体系和保障体系，实时进行战略动态调整与反馈，维持供需双方精准匹配的服务状态，才得以稳准推进企业高质量发展战略实施，增强企业战略管理能力和问题解决能力，继而实现技术标准情报服务作用于企业高质量发展的终极目标。就其质量效益而言，不仅对企业自身标准化效率提升、经济活动边界拓宽及核心竞争优势增加大有裨益，亦在推动产业结构升级、引领行业未来趋势及发挥积极社会效应等方面具有显著影响。

第四节 面向企业高质量发展的技术标准情报服务创新模式

一 构建思路

在高质量发展背景下，企业的标准情报需求日趋复杂多元化，对服务内容和形式的要求水涨船高，特别是以半结构化和非结构化状态呈现的资源数据，也对技术标准情报分析和处理技术提出更高要求，以往的技术标准情报服务范式已无法满足企业的高端情报需求。在此形势下，服务模式与策略的变革创新成为提升其服务效能的迫切需要，被视为企业高质量发展的精髓所在[1]。

为了加速打破当前技术标准情报服务在资源、业态、效率及质量等方面的瓶颈，在响应高质量发展的技术标准情报创新需求牵引之下，以理念、内容和方式创新为核心的情报服务新范式呼之欲出。通过组建包含专家体系、信息/知识体系和计算机体系在内的研讨厅系统来助力标准情报服务平台建设，运用数字技术挖掘和实现数据、工具和服务等资源的优化配置，并遵循规范合理的流程步骤系统开展情报服务工作，注重夯实战略保障、决策支持及情报预警等核心服务能力，推动了技术标准情报服务模式的全面创新，为企业高质量发展源源不断地注入活力。鉴于上述分析，本书秉持"资源能力一体化"思维[2]，依据资源拓展与能力提升之间的逻辑一致性，构建得到涵盖"需求→数据→供给"的多层级协同联动服务模式。其构建思路如图11-4所示：

---

[1] Nwalsh John and O'Brien Jamie, "The Role of Information Systems and Knowledge Codification for Service Provision Strategies", *Journal of Service Theory and Practice*, Vol. 31, No. 3, 2021, pp. 318-350.

[2] Newbert Scott L, "Value, Rareness, Competitive Advantage, and Performance: A Conceptual-Level Empirical Investigation of the Resource-Based View of the Firm", *Strategic Management Journal*, Vol. 29, No. 7, 2008, pp. 745-768.

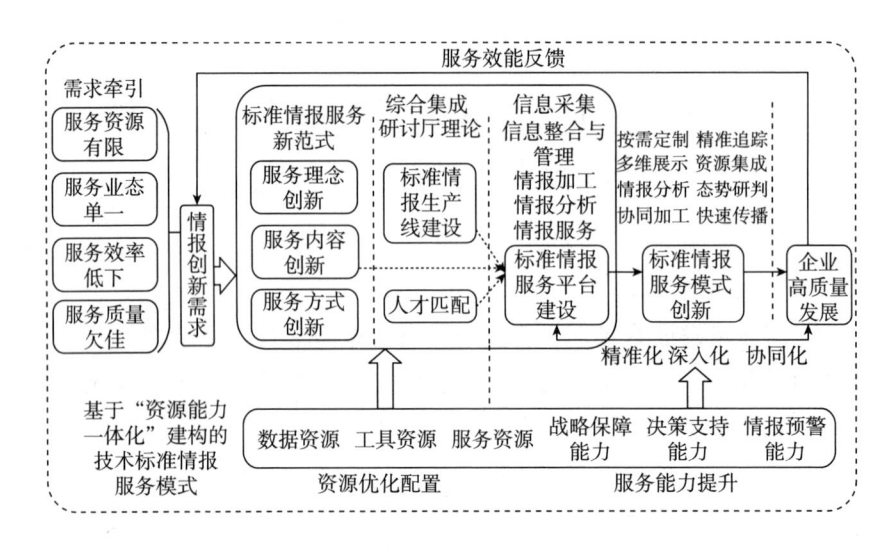

图11-4　技术标准情报服务创新模式构建思路

一方面，企业作为标准情报的主要需求方，正是标准情报服务的目标对象。在标准化生命周期演进过程中，以捕捉企业的阶段性需求为导向进行深入分析和挖掘，对企业情报需求特点作出清晰界定，成为情报服务的原生驱动力。另一方面，技术标准情报供给方则是多源异构数据的情报来源，囊括企业群体、政府、行业协会、高校及科研院所等在内的各方主体突破了时空局限，所集聚融合的特色资源库恰好为需求方提供了资源支撑。值得注意的是，创新情报服务方式是供需双方达到精准匹配的关键环节。运用智能化技术将所获取的情报资源进行深度处理加工，全面提升标准情报服务能力，借助该互动桥梁给予情报信息反馈，并贴合需求来产出与其相符的高质量功能产品，为企业筑牢了高质量发展新优势。

二　协同联动服务模式

基于资源能力一体化建构的开放式协同联动服务模式应用框架（见图11-5），以响应用户需求为出发点，通过数据、信息及知识服务流逐级推进，以开放信息门户为轴线，采用云计算、移动互联网络、物联网及人工智能技术来访问企业现实需求，借助存储、网络及计算设备来打造数据资源池，融合数据资源层、平台系统层、应用服务

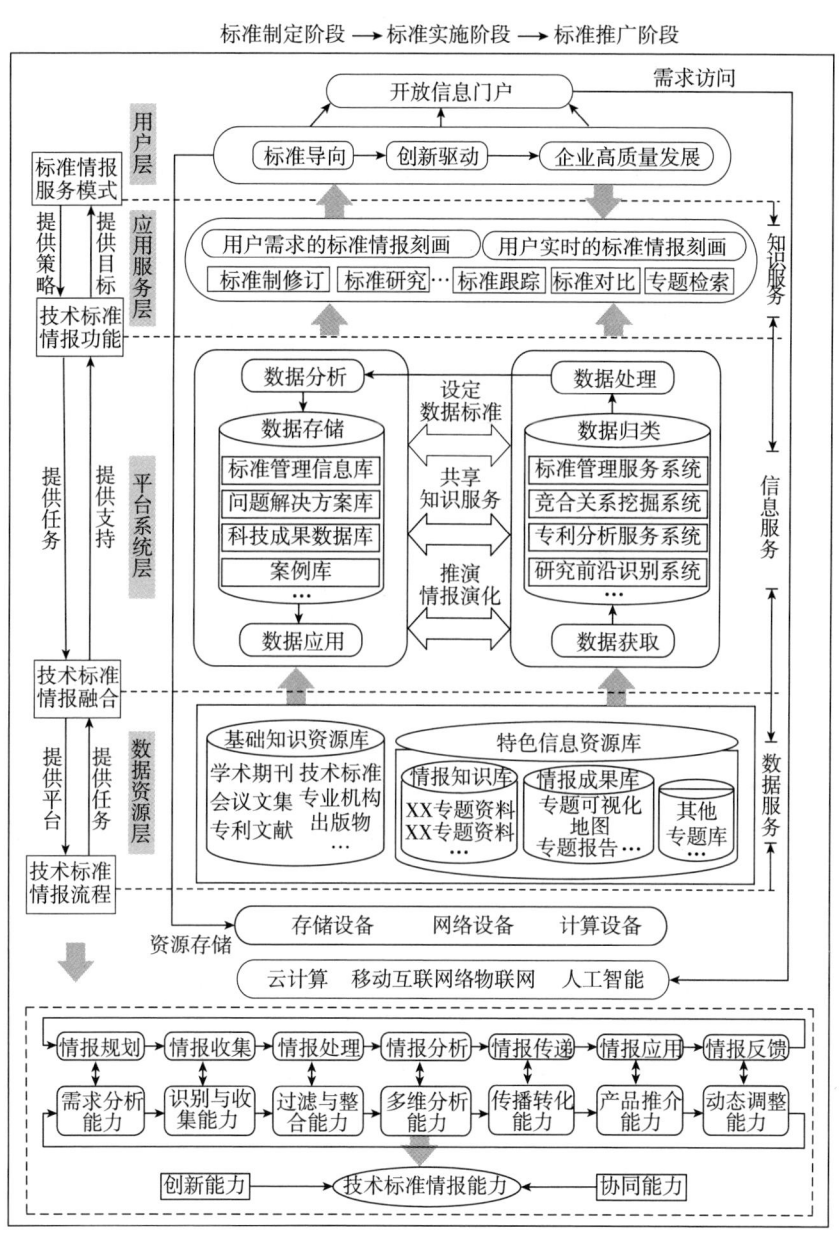

第十一章 面向企业高质量发展的标准情报服务创新

图 11-5 技术标准情报协同联动服务模式

层及用户层来搭建促动企业高质量发展的综合服务场景,确保标准制定、实施和推广等各阶段稳定有序运行,显著提升了情报服务的质量和效率①。

(一) 数据资源层

作为技术标准情报服务模式的基础支撑,数据资源层是由基础知识资源库及其细分的特色信息资源库所组成的资源池,广泛集聚了不同标准化主体的技术、市场及社会信息。瞄准用户需求来采集和融合内外部数据资源,借助硬件设备使大小数据实现技术互通与结合,发挥大数据高覆盖化与小数据精准化的价值效益,从而对资源池中的元数据、知识库、成果库、专题库等项目实施有效的内容管理,辅助用户进行标准化决策。由此,通过集成优质的数据资源架构和数据服务,打造全面翔实的资源池知识体系,使不同来源、形态和媒介的数据交叉印证并互为补充,可更为准确地揭示标准化发展态势,为情报分析结果的准确性和有效性提供原始数据支持。

(二) 平台系统层

作为技术标准情报服务模式的衔接枢纽,平台系统层将资源池中累积的数据、信息和知识予以组织和序化,形成面向企业用户的标准分类知识库,贯彻落实数据资源全域采集归集、存储使用、开放共享等标准规范,并承担标准数据归集整理、开放利用、开放共享等具体工作。在数据获取、处理、分析及应用的良性循环过程中,逐渐形成多层次的信息资源揭示与整合发布机制。一方面,在全面评估筛选的基础上深入挖掘标准情报资源库中的信息内容,采用不同系统对关联数据进行模块化处理,从中捕捉富有潜在价值的规律模式,可充分激活数据存量来赢得有效增量;另一方面,直面企业特定的标准化匹配问题场景及决策需求,将原始资源转化为适用于支持上层业务应用的数据资源,进而提供相应的问题解决方案,实现了平台资源的整合共享与综合利用。

---

① Millerand Florence and Baker Karen S, "Who Are the Users? Who Are the Developers? Webs of Users and Developers in the Development Process of A Technical Standard", *Information Systems Journal*, Vol. 20, No. 2, 2010, pp. 137-161.

（三）应用服务层

作为技术标准情报服务模式的价值指向，应用服务层是以平台系统层所搭建的标准化知识库与应用场景为基础，形成围绕标准制修订、标准研究、标准跟踪、标准对比、专题检索等用户需求与实时的标准情报刻画。事实上，将企业的标准化活动开展情况予以可视化展示，对现有技术标准情报数据进行修正和完善，可在规模化分析与标准情报批量生产流程中总结归纳其中的规律，显著降低标准化活动中的不确定性风险。同时，利用知识流建立互联互通的信息新秩序，畅通情报信息交流渠道，打通数据、业务与应用之间的通道，推动实现数据综合利用、业务有效协同、应用无缝融合，可使需求端企业快速感知标准情报价值，确保技术标准情报成果的产出质量，并为标准情报综合分析研判与实战能力提升提供强大支撑。

（四）用户层

作为技术标准情报服务模式的终极目标，用户层旨在响应企业技术、产品、决策等不同需求来定制技术标准情报，结合具体需求数据特征就企业高质量发展的需求作出定义，继而为供给端的角色分工和内容研究提供原始数据来源，在供需精准匹配条件下使标准情报服务做到有的放矢。究其根源，推动企业高质量发展，需要积极应对动态变化、防范不确定性叠加，故审慎分析企业不断升级的需求特征及其影响因素显得尤为重要。根据企业的标准情报服务目录清单跟踪动态变化情况，经筛选、翻译、提炼和整编后对情报资料开展专题研究和系统分析，深入挖掘其背后含义，主动提供满足其需求的定制化标准情报信息，进而将其转化为标准生产力。由此，技术标准情报的有效性和准确性得以验证，反之还可进一步丰富情报产品内容，使其在新时代迸发出更强生命力。

由此可见，以高质量发展背景下的标准情报需求为牵引，建构在资源能力基础上的技术标准情报服务创新是一个长期性与复杂性兼备的验证、改进过程。伴随着标准制定、实施及推广等阶段的全生命周期演进，数据资源层、平台系统层、应用服务层与用户层呈现环环相扣、不可分割的发展态势，技术标准情报服务也经历了"数据服务→

信息服务→知识服务"的融合升华过程，由此催生了"纵向贯通、横向关联、联动一体"的协同服务模式。这不仅是顺应高质量发展情报创新趋势的现实要求，也是提升企业高质量发展新动能、激活高质量发展新动力的题中之义，对于支持企业标准化活动、把握领域发展概貌、辅助战略决策规划、挖掘利用情报资源、提升情报服务质量效益具有重要意义。

第五节　面向企业高质量发展的技术标准情报服务创新策略

随着企业对技术标准情报服务的需求越发高涨，若要确保标准情报服务工作高效、高质开展，则亟须明晰其实现路径。由上文分析可知，传统的情报服务方式逐渐成为制约企业高质量发展的掣肘，必须多层次、多角度、多方法创新保障机制，以便解决新时代发展的驱动力问题[1]。因此，围绕高质量发展背景下技术标准情报服务需求方式和要素的调研结果，在所构建的技术标准情报协同联动服务模式基础之上，本书将进一步探讨提升技术标准情报服务效能的保障策略，具体如图 11-6 所示。

一　组织创新保障

高质量发展呼唤高质量合作，为新时代标准情报研究与服务开辟了全新方向。一方面，就企业自身而言，企业在标准化过程中产生了海量真实数据，应当设立专门的标准情报服务部门，确立包括获取与处理、加工与组织、分析与应用、反馈与评估在内的完整标准情报服务流程，并在现有情报部门基础上加强部门间的协作联系，充分考虑和支持业务部门需求，对流程进行梳理和优化；另一方面，为了适应新的技术标准情报需求，有必要整合上下游关联企业资源在多领域开展深度合作，构筑企业标准情报应用协同的全程供应链，联合情报中

---

[1]　高爱芳：《情报工作如何支撑钢铁企业高质量发展》，《竞争情报》2021 年第 5 期。

心、研究院及信息所等第三方外部机构打破信息孤岛，扩大标准情报数据采集范围，持续、全面监测企业所处发展环境，为其可持续长远发展提供保证。

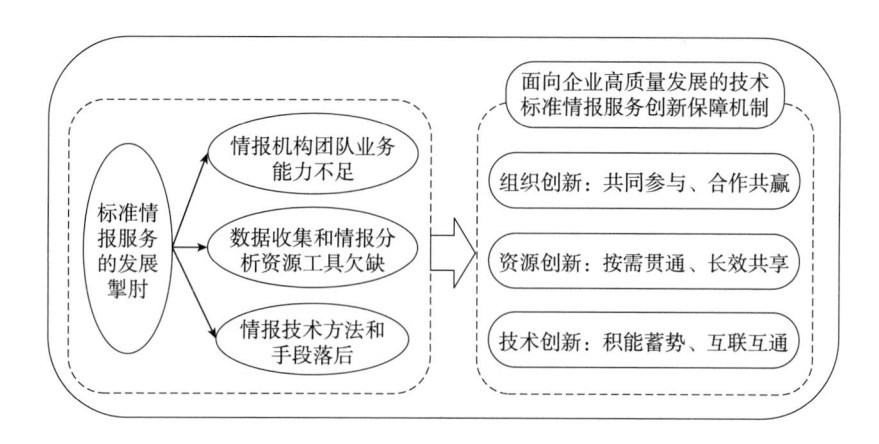

图 11-6　技术标准情报服务创新保障策略

二　资源创新保障

当前技术标准情报资源"量大质低"的问题较为突出，资源利用水平仍有待进一步提升。因此，为了对企业内外部的标准情报资源实现整合共享和综合利用，面临容量巨大且杂乱无序的情报信息，必须高效精准地予以筛选和过滤，从中挖掘和提炼标准情报资源价值。同时，技术标准情报工作随着当前形势发展变化而不断深入，对资源完整性和多样性的要求也随之改变。所以，需要引入富有时效性的情报成果来盘活和更新标准数据库，开发和重组现有信息资源及应用系统使其保持前瞻性，进而提供高质、高效的标准情报服务来满足企业不同流程阶段的情报需求，为企业快速反应、统一协调、准确指挥和多主体联合作战给予资源支持与保障。

三　技术创新保障

随着标准情报信息化进入全面发展和提升阶段，如何在技术支持下进行深度挖掘、统计、分析研判与融合展示，实现数据流、业务流和管理流的高度融合，成为标准情报服务顺利落地实施的关键。事实上，现代技术变迁促使标准情报研究朝向深度广度延伸拓展，通过先进的信息处理技术来集聚标准情报服务资源，借此加强对技术标准情报的控制，能够形成标准情报服务的规模效应。在保障标准情报分析结果精准性、有效性的基础上，针对标准匹配问题给出完备的问题解决方案，不仅能够显著提升标准情报的价值转化效率、满足企业标准化决策的高时效性要求，还可达到推动企业信息化科学决策、促进高质量发展的目标。

参考文献

白献阳、张海卿：《知识生态系统模型研究》，《图书馆学研究》2012年第23期。

蔡坚、杜兰英：《企业创新网络知识流动运行机理研究——基于系统动力学的视角》，《技术经济与管理研究》2015年第10期。

晁蓉、王燕平、龙敏：《面向产业技术创新需求的竞争情报融合供给服务模式探析》，《图书与情报》2020年第4期。

陈灯能：《知识生态理论的建构与实证》，博士学位论文，国立中山大学，2004年。

陈美华、陈峰：《产业竞争情报工作中企业间竞合关系的探析》，《情报科学》2018年第10期。

陈旭、施国良：《基于情景分析和专利地图的企业技术预见模式》，《情报杂志》2016年第5期。

陈云鹏、周国民：《技术标准情报分析服务研究》，《兰台世界》2016年第18期。

陈云鹏等：《基于支撑标准生命周期的标准情报报告服务模式研究》，《标准科学》2015年第12期。

程虹、刘芸：《利益一致性的标准理论框架与体制创新——"联盟标准"的案例研究》，《宏观质量研究》2013年第2期。

代义华、张平：《技术标准联盟基本问题的评述》，《科技管理研究》2005年第1期。

刁丽琳、朱桂龙：《产学研联盟契约和信任对知识转移的影响研究》，《科学学研究》2015年第5期。

方曙、张娴、肖国华：《专利情报分析方法及应用研究》，《图书情报知识》2007 年第 4 期。

冯永琴、张米尔：《基于专利地图的技术标准与技术专利关系研究》，《科学学研究》2011 年第 8 期。

甘静娴、戚湧：《双元创新、知识场活性与知识产权能力的路径分析》，《科学学研究》2018 年第 11 期。

高爱芳：《情报工作如何支撑钢铁企业高质量发展》，《竞争情报》2021 年第 5 期。

高照军：《全球产业链嵌入视角下技术标准联盟跨层次知识外溢的过程机理》，《管理现代化》2015 年第 5 期。

龚花萍、刘嘉良、余建兵：《面向区域科技创新的竞争情报联动供给服务模式研究》，《情报杂志》2020 年第 5 期。

龚艳萍、董媛：《技术标准联盟生命周期中的伙伴选择》，《科技进步与对策》2010 年第 16 期。

古兆兵等：《国家军用标准信息服务体系和机制研究》，《中国标准化》2021 年第 4 期。

哈肯：《协同学》，原子能出版社 1984 年版。

韩春花等：《基于知识集成的竞争情报分析模型研究》，《情报理论与实践》2014 年第 1 期。

韩晶、王健全：《大数据标准化现状及展望》，《信息通信技术》2014 年第 6 期。

郝永亮、吴桂卿、綦伟：《浅谈标准化+》，《质量与认证》2017 年第 5 期。

华金秋、华金科：《技术标准联盟收益分配研究》，《科技进步与对策》2006 年第 2 期。

黄速建、肖红军、王欣：《论国有企业高质量发展》，《中国工业经济》2018 年第 10 期。

黄万艮、孙耀吾、韩冰：《企业间竞合及生态位演化建模与仿真——以电信运营商与移动 OTT 商为例》，《工业技术经济》2015 年第 3 期。

贾丽臻等：《基于专利地图的企业专利布局设计研究》，《工程设计学报》2013 年第 3 期。

贾晓、魏敏真：《企业标准化能力提升探析》，《航空标准化与质量》2017 年第 1 期。

江积海：《知识传导、动态能力与后发企业成长研究——中兴通讯的案例研究》，《科研管理》2006 年第 1 期。

姜红、陆晓芳、余海晴：《技术标准化对产业创新的作用机理研究》，《社会科学战线》2010 年第 9 期。

姜红、吴玉浩、高思芃：《技术标准化与知识管理关系研究：生命周期视角》，《科技进步与对策》2018 年第 13 期。

蒋贵凰、李艳、钟少颖：《区域知识战略定位方法研究——专利地图法的应用》，《情报理论与实践》2014 年第 11 期。

蒋军锋、张玉韬、王修来：《知识演变视角下技术创新网络研究进展与未来方向》，《科研管理》2010 年第 3 期。

蒋明琳：《技术创新成果、专利、标准的协同转化机理研究》，经济管理出版社 2016 年版。

蒋玉石、康宇航：《基于专利地图的技术创新可视化研究》，《科研管理》2013 年第 10 期。

金波：《"标准化+"服务产业的 PDCA 路径探索》，《中国标准导报》2016 年第 10 期。

金泳锋、唐春：《专利地图对技术创新风险的认知及预测初探》，《电子知识产权》2008 年第 7 期。

乐国林等：《管理研究与实践的互动关系研究：基于场域与效能的探索》，经济管理出版社 2017 年版。

黎静、关问文：《生态系统的抵抗力稳定性与恢复力稳定性的辩证关系》，《中学生物教学》2014 年第 5 期。

李白杨等：《场景的延伸：从科技情报到科技服务》，《图书情报工作》2020 年第 1 期。

李保红、吕廷杰：《基于制度创新的技术创新、IPR 和标准化研究》，《科技进步与对策》2009 年第 7 期。

李保红、吕廷杰：《技术标准的经济学属性及有效形成模式分析》,《北京邮电大学学报(社会科学版)》2005 年第 2 期。

李大平等:《软件业技术标准联盟的新产权契约关系解析》,《科学管理研究》2006 年第 2 期。

李冬梅、宋志红:《网络模式、标准联盟与主导设计的产生》,《科学学研究》2017 年第 3 期。

李庆满、杨皎平:《集群视角下中小企业技术标准联盟的构建与治理研究》,《科技进步与对策》2012 年第 23 期。

李薇:《技术标准联盟的本质:基于对 R&D 联盟和专利联盟的辨析》,《科研管理》2014 年第 10 期。

梁林梅、孙俊华:《知识管理》,北京大学出版社 2011 年版。

梁永霞、李正风:《知识生态学视域下的国家创新系统》,《山东科技大学学报(社会科学版)》2011 年第 1 期。

梁永霞、李正风:《知识生态学研究的几种进路》,《情报理论与实践》2011 年第 6 期。

刘兵、朱叶珊、梁林:《区域人才生态位竞合关系的演化博弈分析》,《科技管理研究》2020 年第 3 期。

刘和旺、刘池、郑世林:《环境空气质量标准(2012)的实施能否助推中国企业高质量发展?》,《中国软科学》2020 年第 10 期。

刘婕、彭国超:《我国标准情报服务的发展及演化路径分析》,《情报杂志》2021 年第 4 期。

刘星:《中华优秀传统文化传承发展研究》,中国社会科学出版社 2024 年版。

刘晓东、方晨、肖鹏:《我国图书馆服务创新研究的理论基础:回顾与展望》,《图书馆建设》2022 年第 1 期。

龙跃、顾新、廖元和:《基于知识生态转化的产业技术创新主从协调研究》,《科学学与科学技术管理》2018 年第 2 期。

路甬祥:《创新与未来:面向知识经济时代的国家创新体系》,科学出版社 1998 年版。

潘扬:《专利地图及其分析方法》,《杭州科技》2011 年第 3 期。

邱均平、韩雷:《近十年来我国知识工程研究进展与趋势》,《情报科学》2016 年第 6 期。

裘涵：《技术标准化研究新论》，上海交通大学出版社 2011 年版。

石丹、徐喆：《基于生态位视角的区域旅游竞合发展探讨》，《浙江农业科学》2015 年第 1 期。

宋志红、李常洪、李冬梅：《技术联盟网络与知识管理动机的匹配性——基于 1995—2011 年索尼公司的案例研究》，《科学学研究》2013 年第 1 期。

孙道军、叶红、王栋：《不同竞合关系与企业创新选择互动演化研究》，《商业研究》2011 年第 10 期。

孙建军、李阳、裴雷：《"数智"赋能时代图情档变革之思考》，《图书情报知识》2020 年第 3 期。

孙涛：《知识管理：21 世纪经营管理的新趋势》，中华工商联合出版社 1999 年版。

孙耀吾、韩冰、黄万艮：《高技术服务创新网络生态位重叠企业竞合关系建模与仿真》，《科技进步与对策》2014 年第 13 期。

孙耀吾、贺石中、曾德明：《知识产权、基本要素与技术标准化合作》，《中国工业经济》2006 年第 4 期。

孙耀吾、胡林辉、胡志勇：《技术标准化能力链：高技术产业技术能力研究新维度》，《财经理论与实践》2007 年第 6 期。

孙耀吾、裴蓓：《企业技术标准联盟治理综述》，《软科学》2009 年第 1 期。

孙振领：《知识生态系统进化机制研究》，《情报杂志》2011 年第 6 期。

唐青青、谢恩、梁杰：《知识深度、网络特征与知识创新：基于吸收能力的视角》，《科学学与科学技术管理》2018 年第 1 期。

田博文、田志龙、史俊：《分散的行动者与物联网技术标准化发展战略》，《科技进步与对策》2017 年第 1 期。

万幼清、王云云：《产业集群协同创新的企业竞合关系研究》，《管理世界》2014 年第 8 期。

王斌：《知识联盟中知识转移效率作用机理研究》，《科研管理》

2016年第6期。

王斌、郭清琳:《基于生态位重叠性的知识联盟演化机理研究》,《中国经贸导刊》2019年第11期。

王博等:《基于技术标准的下一代移动通信产业竞争情报分析》,《科技管理研究》2015年第2期。

王朝阳:《服务创新的理论演进、方法及前瞻》,《经济管理》2012年第10期。

王丹、姜骞:《网络编配能力、知识场活性与科技企业孵化器服务创新绩效——创新战略有效性的调节效应》,《技术经济》2019年第2期。

王江:《企业动态知识竞争力及其识别系统》,《科学学研究》2008年第2期。

王康、王晓慧:《产业技术创新战略联盟的技术竞争情报协同服务模式研究》,《情报科学》2018年第10期。

王莉娜、胡广伟、刘建霞:《数据赋能视角下应急情报服务价值共创过程及能力提升——以新冠疫情防控为例》,《图书情报知识》2021年第1期。

王珊珊、任佳伟、许艳真:《国外技术标准化研究述评与展望》,《科技管理研究》2014年第20期。

王珊珊、王宏起、邓敬斐:《产业联盟技术标准化过程及政府支持策略研究》,《科学学研究》2012年第3期。

王珊珊、武建龙、王宏起:《产业技术标准化能力的结构维度与评价指标研究》,《科学学与科学技术管理》2013年第6期。

王珊珊、许艳真、李力:《新兴产业技术标准化:过程、网络属性及演化规律》,《科学学研究》2014年第8期。

王珊珊、占思奇、王玉冬:《产业技术标准联盟专利冲突可拓模型与策略生成》,《科学学研究》2016年第10期。

王晓红、张宝生:《知识场的构建、测度与演化研究——基于知识流动视角》,《情报杂志》2011年第3期。

王兴旺、孙济庆:《专利地图在技术竞争分析中的应用研究》,

《图书情报工作》2009 年第 12 期。

王兴旺、汤琰洁：《基于专利地图的技术预测体系构建及其实证研究》，《情报理论与实践》2013 年第 3 期。

王雪原、董媛媛、徐岸峰：《知识管理》，化学工业出版社 2015 年版。

王玉梅：《基于技术创新过程的知识创新运行机理分析与网络模型的构建》，《科学学与科学技术管理》2010 年第 9 期。

王忠义等：《数字图书馆多粒度集成知识服务研究》，《情报学报》2019 年第 2 期。

魏国宏、闫强：《知识场活性对企业开放式创新绩效影响研究》，《经济问题》2019 年第 10 期。

魏江、胡胜蓉：《知识密集型服务业创新范式》，科学出版社 2007 年版。

文祯中：《生态学概论》，南京大学出版社 2011 年版。

吴价宝、卢珂：《层级视角下的组织学习知识场效应模型研究》，《中国管理科学》2013 年第 S2 期。

吴建港、国玉宝、崔绍辉：《浅析标准版权与标准信息服务实践》，《质量探索》2018 年第 1 期。

吴心钰、王强、苏中锋：《数智时代的服务创新研究：述评与展望》，《研究与发展管理》2021 年第 1 期。

吴玉浩、姜红、Henk J. de Vries：《面向标准竞争优势的动态知识管理能力：形成机理与提升路径》，《情报杂志》2019 年第 12 期。

吴玉浩、姜红、陈晨：《技术标准情报的知识服务研究：竞合生态视角》，《情报杂志》2022 年第 2 期。

吴玉浩、姜红、刘文韬：《基于知识流动视角的"标准化+知识"战略协同机制研究》，《情报杂志》2018 年第 8 期。

吴玉浩、姜红、孙舒榆：《知识生态视角下技术标准联盟的稳态机制研究》，《情报理论与实践》2019 年第 10 期。

吴悦等：《知识流动视角下产学研协同创新过程的协同作用研究》，《兰州大学学报（社会科学版）》2016 年第 4 期。

吴泽：《大数据时代知识管理的作用和方法创新》，《图书情报导刊》2016年第1期。

伍燕妩等：《企业技术标准化能力指标设定与测度》，《科技与管理》2005年第3期。

武建龙、陶微微、王宏起：《基于专利地图的企业研发定位方法及实证研究》，《科学学研究》2009年第2期。

肖沪卫：《专利地图方法与应用》，上海交通大学出版社2011年版。

肖利华等：《数智驱动新增长》，电子工业出版社2021年版。

谢守美：《企业知识生态系统的稳态机制研究》，《图书情报工作》2010年第16期。

徐享王：《图书馆服务价值的多元、混乱与秩序重建》，《图书馆工作与研究》2013年第1期。

许芳、徐国虎：《知识管理中的知识流动分析》，《情报科学》2003年第5期。

许学国、梅冰青、吴耀威：《基于知识属性与场论的空间知识辐射效应研究——以长三角地区为例》，《科技进步与对策》2016年第2期。

薛捷：《开放式创新视角下企业知识能力与知识管理能力研究》，《科技进步与对策》2013年第9期。

晏双生：《知识创造与知识创新的涵义及其关系论》，《科学学研究》2010年第8期。

杨国立、周鑫：《"数据即服务"背景下图书情报机构科学数据服务的发展机遇》，《情报学报》2017年第8期。

杨皎平、李庆满、张恒俊：《关系强度、知识转移和知识整合对技术标准联盟合作绩效的影响》，《标准科学》2013年第5期。

杨俊祥、和金生：《知识管理内部驱动力与知识管理动态能力关系研究》，《科学学研究》2013年第2期。

野中郁次郎、竹内弘高：《创造知识的企业》，知识产权出版社2006年版。

叶飞、周蓉、张红:《产学研合作过程中知识转移绩效的关键影响因素研究》,《工业技术经济》2009年第6期。

叶英平、卢艳秋、肖艳红:《基于网络嵌入的知识创新模型构建》,《图书情报工作》2017年第7期。

元岳:《区域技术标准创制能力评价的因子分析法》,《科技进步与对策》2010年第17期。

曾德超、许明金、彭丽徽:《开放式创新视角下中小企业技术竞争情报服务模式研究》,《图书馆》2015年第1期。

曾德明、方放、王道平:《技术标准联盟的构建动因及模式研究》,《科学管理研究》2007年第1期。

曾德明、伍燕妩、吴文华:《企业技术标准化能力指标体系构建》,《科技管理研究》2005年第8期。

曾德明、邹思明、张运生:《网络位置、技术多元化与企业在技术标准制定中的影响力研究》,《管理学报》2015年第2期。

张翀、龚艳萍:《专利引证形式下标准化技术的演变路径研究》,《科技进步与对策》2012年第23期。

张帆、肖国华、张娴:《专利地图典型应用研究》,《科技管理研究》2008年第2期。

张米尔、国伟、纪勇:《技术专利与技术标准相互作用的实证研究》,《科研管理》2013年第4期。

张威、刘妍伶:《基于生态演化观点的企业竞合分析模式》,《研究与发展管理》2007年第2期。

张向荣、杜佳:《知识经济时代标准信息服务模式的创新研究》,《图书与情报》2009年第1期。

张琰飞、吴文华:《基于谈判的技术标准联盟成员利益协调研究》,《科研管理》2011年第2期。

张琰飞、吴文华:《信息产业技术标准联盟生态属性研究》,《科技进步与对策》2010年第8期。

张运生、张利飞:《高技术产业技术标准联盟治理模式分析》,《科研管理》2007年第6期。

章文、李代平：《基于博弈多智能体的企业标准联盟治理研究》，《中国科技论坛》2014年第9期。

郑荣等：《多源数据驱动的产业竞争情报智慧服务研究》，《情报学报》2020年第12期。

周志龙等：《企业高质量发展评价的理论模型研究——基于良品铺子的案例分析》，《宏观质量研究》2021年第1期。

朱淑枝：《企业知识管理实务》，清华大学出版社2009年版。

邹思明：《网络嵌入性社会资本对企业技术标准化能力的影响研究》，博士学位论文，湖南大学，2015年。

左美云：《从适应到引领：车企的数智化转型与创新》，《国家治理》2021年第48期。

左美云、许珂、陈禹：《企业知识管理的内容框架研究》，《中国人民大学学报》2003年第5期。

Andersson Ulf, Gaur Ajai, Mudambi Ram and Persson Magnus, "Unpacking Interunit Knowledge Transfer in Multinational Enterprises", *Global Strategy Journal*, Vol. 5, No. 3, 2015, pp. 241-255.

Appleyard Melissa M, "How Does Knowledge Flow? Interfirm Patterns in the Semiconductor Industry", *Strategic Management Journal*, Vol. 17, No. S2, 1996, pp. 137-154.

Axelrod Robert and Mitchell Will, "Coalition Formation in Standard-Setting Alliances", *Management Science*, Vol. 41, No. 9, 1995, pp. 1493-1508.

Bandera Cesar, Keshtkar Fazel, Bartolacci Michael R, Neerudu Shiromani and Passerini Katia, "Knowledge Management and the Entrepreneur: Insights from Ikujiro Nonaka's Dynamic Knowledge Creation Model (SECI)", *International Journal of Innovation Studies*, Vol. 1, No. 3, 2017, pp. 163-174.

Barao Alexandre, De Vasconcelos Jos Braga, Rocha lvaro and Pereira Ruben, "A Knowledge Management Approach to Capture Organizational Learning Networks", *International Journal of Information Management*,

Vol. 37, No. 6, 2017, pp. 735-740.

Baron Justus, Spulber, Daniel F, "Technology Standards and Standard Setting Organizations: Introduction to the Searle Center Database", *Journal of Economics & Management Strategy*, Vol. 27, No. 3, 2018, pp. 462-503.

Bergman Inger, Gunnarson Sven and Risnen Christine, "Decoupling and Standardization in the Projectification of a Company", *International Journal of Managing Projects in Business*, Vol. 6, No. 1, 2013, pp. 106-128.

Bitner Mary Jo, Ostrom Amy L and Morgan Felicia N, "Service Blueprinting: A Practical Tool for Service Innovation", *California Management Review*, Vol. 50, No. 3, 2008, pp. 66-94.

Blind Knut and Mangelsdorf Axel, "Alliance Formation of SMEs: Empirical Evidence from Standardization Committees", *IEEE Transactions on Engineering Management*, Vol. 60, No. 1, 2013, pp. 148-156.

Blind Knut and Mangelsdorf Axel, "Motives to Standardize: Empirical Evidence from Germany", *Technovation*, Vol. 48-49, 2016, pp. 13-24.

Brandenburger Adam M and Nalebuff Barry J, *Co-Opetition*, New York: Bantam Doubleday Dell Publishing Group, 1996.

Brandenburger Adam M and Nalebuff Barry J, "The Rules of Co-Opetition", *Harvard Business Review*, Vol. 99, No. 1, 2021, pp. 48-57.

Brockhoff Klaus, "Instruments for Patent Data Analysis in Business Firms", *Technovation*, Vol. 12, No. 1, 1992, pp. 41-59.

Buckley Peter J, Glaister Keith W, Klijn Elko and Tan Hui, "Knowledge Accession and Knowledge Acquisition in Strategic Alliances: The Impact of Supplementary and Complementary Dimensions", *British Journal of Management*, Vol. 20, No. 4, 2010, pp. 598-609.

Byun Jeongeun, Park Hyun-woo and Hong Jae Pyo, "An International Comparison of Competitiveness in Knowledge Services", *Technological Forecasting and Social Change*, Vol. 114, 2017, pp. 203-213.

Cabral Luís and Salant David, "Evolving Technologies and Standards

Regulation", *International Journal of Industrial Organization*, Vol. 36, 2014, pp. 48-56.

Caner Turanay, Sun Jing and Prescott John E, "When a Firm's Centrality in R&D Alliance Network is (not) the Answer for Invention: The Interaction of Centrality, Inward and Outward Knowledge Transfer", *Journal of Engineering and Technology Management*, Vol. 33, 2014, pp. 193-209.

Carayannis Elias George, Depeige Audrey and Sindakis Stavros, "Dynamics of Ultra-Organizational Co-Opetition and Circuits of Knowledge: A Knowledge-Based View of Value Ecology", *Journal of Knowledge Management*, Vol. 18, No. 5, 2014, pp. 1020-1035.

Chen Alfred and Chen Rain, "Design Patent Map: An Innovative Measure for Corporative Design Strategies", *Engineering Management Journal*, Vol. 19, No. 3, 2007, pp. 14-29.

Chen Deng-Neng and Liang TingPeng, "Knowledge Diversity and Firm Performance: An Ecological View", *Journal of Knowledge Management*, Vol. 20, No. 4, 2016, pp. 671-686.

Cheng Colin C J, Yang Chenlung and Sheu Chwen, "Effects of Open Innovation and Knowledge-Base Dynamic Capabilities on Radical Innovation: An Empirical Study", *Journal of Engineering and Technology Management*, Vol. 41, 2016, pp. 79-91.

Cheng Eric C K and Lee John C K, "Knowledge Management Process for Creating School Intellectual Capital", *Asia Pacific Education Researcher*, Vol. 25, No. 4, 2016, pp. 559-566.

Choi Injun, Jung Jisoo and Song Minseok, "A Framework for the Integration of Knowledge Management and Business Process Management", *International Journal of Innovation & Learning*, Vol. 1, No. 4, 2004, pp. 399-408.

Cordes Philip and Hülsmann Michael, "How Knowledge-Based Dynamic Capabilities Help to Avoid and Cope with Path Dependencies in the Electric Mobility Sector", *Evolutionary Paths Towards the Mobility Patterns* of the Future, 2014, pp. 169-186.

De Vries Henk J, "Standardisation: A Business Science Perspective", Bargaining Norms, Arguing Standards—Negotiating Technical Standards, 2008, pp. 18-32.

Dougherty Jude P, "Personal Knowledge: Towards a Post-Critical Philosophy", *Review of Metaphysics*, Vol. 70, No. 1, 2016, pp. 148-149.

Egyedi Tineke M and Koppenhol Aad, "The Standards War Between ODF and OOXML: Does Competition Between Overlapping ISO Standards Lead to Innovation?", *International Journal of It Standards & Standardization Research*, Vol. 8, No. 1, 2010, pp. 49-62.

Erden Zeynep, Von Krogh Georg, Sydler Renato and Klang David, "Knowledge-Flows and Firm Performance", *Journal of Business Research*, Vol. 67, No. 1, 2014, pp. 2777-2785.

Freeze Ronald D and Kulkarni Uday, "Knowledge Management Capability: Defining Knowledge Assets", *Journal of Knowledge Management*, Vol. 11, No. 6, 2007, pp. 94-109.

Gilsing Victor A, Cloodt Myriam and Bertrand-cloodt Danielle, "What Makes You More Central? Antecedents of Changes in Betweenness-Centrality in Technology-Based Alliance Networks", *Technological Forecasting and Social Change*, Vol. 111, 2016, pp. 209-221.

Gilsing Victor, Nooteboom Bart and Vanhaverbeke Wim, "Network Embeddedness and the Exploration of Novel Technologies: Technological Distance, Betweenness Centrality and Density", *Research Policy*, Vol. 37, No. 10, 2008, pp. 1717-1731.

Gold Andrew H, Malhotra Arvind and Segars Albert H, "Knowledge Management: An Organizational Capabilities Perspective", *Journal of Management Information Systems*, Vol. 18, No. 1, 2001, pp. 185-214.

Gonzalez R V Dominguez and Melo T Massaroli, "Linkage between Dynamics Capabilities and Knowledge Management Factors: A Structural Equation Model", *Management Decision*, Vol. 55, No. 10, 2017, pp. 2256-2276.

Gu Chengjian and Huang Lucheng, "The Study on CNT - FED for Emerging Technology Forecasting by Using Patent Management Map", *IEEC 2009: First International Symposium on Information Engineering and Electronic Commerce, Proceedings*, 2009, pp. 654-658.

Hemphill Thomas A, Cooperative Strategy and Technology Standards-Setting: A Study of U. S. Wireless Telecommunications Industry Standards Development, Ph. D. dissertation, George Washington University, 2005.

Hertog Pim Den, "Knowledge-Intensive Business Services as Co-Producers of Innovation", *International Journal of Innovation Management*, Vol. 4, No. 4, 2000, pp. 491-528.

Hesser Wilfried, Feilzer Albert and De Vries Henk J, *Standardisation in Companies and Markets*, Hamburg: Helmut Schmidt University, 2010.

Hisnanick John J, "Knowledge Emergence: Social, Technical, and Evolutionary Dimensions of Knowledge Creation", *Journal of Economic Issues*, Vol. 36, No. 3, 2002, pp. 819-821.

Hoe Siu Loon, "Tacit Knowledge, Nonaka and Takeuchi SECI Model and Informal Knowledge Processes", *International Journal of Organization Theory and Behavior*, Vol. 9, No. 4, 2006, pp. 490-502.

Holmes Stephen, "An Invitation to Reflexive Sociology", *Educational Review*, Vol. 71, No. 4, 2019, p. 540.

Holsapple Clyde W and Singh M, "The Knowledge Chain Model: Activities for Competitiveness", *Expert Systems with Applications*, Vol. 20, No. 1, 2001, pp. 77-98.

Hussain Musarrat, et al. , "Intelligent Knowledge Consolidation: From Data to Wisdom", *Knowledge-Based Systems*, Vol. 234, 2021, p. 107578.

Kale Prashant and Singh Harbir, "Building Firm Capabilities through Learning: The Role of the Alliance Learning Process in Alliance Capability and Firm-Level Alliance Success", *Strategic Management Journal*, Vol. 28, No. 10, 2007, pp. 981-1000.

Kamps Xavier, De Vries Henk J and Van de Kaa Geerten, "Exploring Standards Consortium Survival in High Tech Industries: The Effects of Commitment and Internal Competition", *Computer Standards & Interfaces*, Vol. 52, 2017, pp. 105-113.

Kaur Harpreet, "Knowledge Creation and the SECI Model", *International Journal of Business Management*, Vol. 2, No. 1, 2015, pp. 833-839.

Keil Thomas, "De-Facto Standardization through Alliances-Lessons from Bluetooth", *Telecommunications Policy*, Vol. 26, No. 3-4, 2002, pp. 205-213.

Khan Zaheer, Shenkar Oded and Lew Yong Kyu, "Knowledge Transfer from International Joint Ventures to Local Suppliers in a Developing Economy", *Journal of International Business Studies*, Vol. 46, No. 6, 2015, pp. 656-675.

Lee Cheng-Yu and Huang Yen-Chih, "Knowledge Stock, Ambidextrous Learning, and Firm Performance: Evidence from Technologically Intensive Industries", *Management Decision*, Vol. 50, No. 6, 2012, pp. 1096-1116.

Lee Heejin and Oh Sangjo, "A Standards War Waged by A Developing Country: Understanding International Standard Setting from the Actor-Network Perspective", *Journal of Strategic Information Systems*, Vol. 15, No. 3, 2006, pp. 177-195.

Lee Sungjoo, Yoon Byungun and Park Yongtae, "An Approach to Discovering New Technology Opportunities: Keyword-Based Patent Map Approach", *Technovation*, Vol. 29, No. 6-7, 2009, pp. 481-497.

Lindell Johan, "Bourdieusian Media Studies: Returning Social Theory to Old and New Media", *Distinktion Scandinavian Journal of Social Theory*, Vol. 16, No. 3, 2015, pp. 362-377.

Liu Gordon and Ko Wai-Wai, "An Analysis of Cause-Related Marketing Implementation Strategies through Social Alliance: Partnership Conditions and Strategic Objectives", *Journal of Business Ethics*, Vol. 100,

No. 2, 2011, pp. 253-281.

Liu Xueyuan, Zhao Haiyun and Zhao Xiande, "Absorptive Capacity and Business Performance: The Mediating Effects of Innovation and Mass Customization", *Industrial Management and Data Systems*, Vol. 118, No. 9, 2018, pp. 1787-1803.

Looijen Rick C and Van Andel Jelte, "Ecological Communities: Conceptual Problems and Definition", *Perspectives in Plant Ecology, Evolution and Systematics*, Vol. 2, No. 2, 1999, pp. 210-222.

Maravilhas Sergio and Martins Joberto, "Strategic Knowledge Management in a Digital Environment: Tacit and Explicit Knowledge in Fab Labs", *Journal of Business Research*, Vol. 94, 2019, pp. 353-359.

Martin Silvia L and Javalgi Rajshekhar (Raj) G, "Explaining Performance Determinants: A Knowledge Based View of International New Ventures", *Journal of Business Research*, Vol. 101, 2019, pp. 615-626.

Millerand Florence and Baker Karen S, "Who Are the Users? Who Are the Developers? Webs of Users and Developers in the Development Process of A Technical Standard", *Information Systems Journal*, Vol. 20, No. 2, 2010,

Newbert Scott L, "Value, Rareness, Competitive Advantage, and Performance: A Conceptual-Level Empirical Investigation of the Resource-Based View of the Firm", *Strategic Management Journal*, Vol. 29, No. 7, 2008, pp. 745-768.

Ngulube Patrick, "Using the SECI Knowledge Management Model and Other Tools to Communicate and Manage Tacit Indigenous Knowledge", *Innovation*, Vol. 27, No. 1, 2003, pp. 21-30.

Nielsen Anders Paarup, "Knowledge Development and the Development of Core Competencies", Proceeding of the 7th International Forum on Technology Management, Koyto, Japan, 1997.

Nonaka Ikujiro, Toyama Ryoko and Konno Noboru, "SECI, Ba and Leadership: A Unified Model of Dynamic Knowledge Creation", *Long

Range Planning, Vol. 33, No. 1, 2000, pp. 5-34.

Nonaka Ikujiro, "A Dynamic Theory of Organization Knowledge", Organization Science, Vol. 5, No. 1, 1994, pp. 14-37.

Nwalsh John and O'Brien Jamie, "The Role of Information Systems and Knowledge Codification for Service Provision Strategies", Journal of Service Theory and Practice, Vol. 31, No. 3, 2021, pp. 318-350.

Obeidat Bader Yousef, Hashem Lama and Alansari Iman, "The Effect of Knowledge Management Uses on Total Quality Management Practices: A theoretical perspective", Journal of Management & Strategy, Vol. 7, No. 4, 2018, p. 18.

Pasquale De Luca and Mirian Cano Rubio, "The Curve of Knowledge Transfer: A Theoretical Model", Business Process Management Journal, Vol. 25, No. 1, 2019, pp. 10-26.

Pastore Abigail I, Barabás György, Bimler Malyon D, Mayfield Margaret M and Miller Thomas E, "The Evolution of Niche Overlap and Competitive Differences", Nature Ecology & Evolution, Vol. 5, No. 3, 2021, pp. 330-337.

Pohlmann Tim, "Attributes and Dynamic Development Phases of Informal ICT Standards Consortia", SSRN Electronic Journal, 2010.

Por George, "What is a Knowledge Ecosystem", http://www.co-i-l.com/coil/knowledge-garden/kd/kes.shtml. pp. 137-161.

Söderström Eva, "Formulating a General Standards Life Cycle", Advanced Information Systems Engineering, Vol. 13, No. 2, 2004, pp. 263-275.

Shao Cuili, Yang Yonggang, Juneja Sapna and GSeetharam Tamizharasi, "IoT Data Visualization for Business Intelligence in Corporate Finance", Information Processing & Management, Vol. 59, No. 1, 2022, p. 102736.

Shen Hao, Li Ziye and Yang Xiuyun, "Processes, Characteristics, and Effectiveness", Journal of Organizational Change Management, Vol. 28, No. 3, 2015, pp. 486-503.

Sun Lin, "Knowledge Element-Based Competitive Intelligence Analytics Serving for SWOT Situation Assessment", 2015 8TH International Symposium on Computational Intelligence and Design, 2015, pp. 576-579.

Tang Daizhong, Wu Guangdong and Shi Jiangang, "Behavioral Coordination Mechanism of Inter-organizational Knowledge Innovation in Real Estate Projects", Journal of Interdisciplinary Mathematics, Vol. 19, No. 2, 2016, pp. 395-412.

Teece David and Pisano Gary, "The Dynamic Capabilities of Firms: An Introduction", Industrial and Corporate Change, Vol. 3, No. 3, 1994, pp. 537-556.

Teece David J, Pisano Gary and Shuen Amy, "Dynamic Capabilities and Strategic Management", Strategic Management Journal, Vol. 18, No. 7, 1997, pp. 509-533.

Torrent-sellens Joan, "Knowledge Products and Network Externalities: Implications for the Business Strategy", Journal of the Knowledge Economy, Vol. 6, No. 1, 2015, pp. 138-156.

Trappes Rose, "Defining the Niche for Niche Construction: Evolutionary and Ecological Niches", Biology and Philosophy, Vol. 36, No. 3, 2021, pp. 1-20.

Van Reijsen Jurriaan, Helms Remko, Batenburg Ronald and Foorthuis Ralph, "The Impact of Knowledge Management and Social Capital on Dynamic Capability in Organizations", Knowledge Management Research & Practice, Vol. 13, No. 4, 2015, pp. 401-417.

Vial Gregory, "Understanding Digital Transformation: A Review and A Research Agenda", The Journal of Strategic Information Systems, Vol. 28, No. 2, 2019, pp. 118-144.

Wang Daoping, Wei Xiaoyan and Fang Fang, "Resource Evolution of Standard Alliance by Technical Standardization". Chinese Management Studies, Vol. 10, No. 4, 2016, pp. 787-801.

Wang Junliang, Xu Chuqiao, Zhang Jie and Zhong Ray, "Big Data

Analytics for Intelligent Manufacturing Systems: A review", *Journal of Manufacturing Systems*, Vol. 62, 2022, pp. 738-752.

Wells David A, "The Extended Phenotype (s): A Comparison with Niche Construction Theory", *Biology & Philosophy*, Vol. 30, No. 4, 2015, pp. 1-21.

Yang GuangYong, Hu ZhaoLong and Liu JianGuo, "Knowledge Diffusion in the Collaboration Hypernetwork", *Physica A Statistical Mechanics & Its Applications*, Vol. 419, 2015, pp. 429-436.

Yao Zheng, Yang Zhi, Fisher Gregory J, Ma Chaoqun and Fang Eric (Er), "Knowledge Complementarity, Knowledge Absorption Effectiveness, and New Product Performance: The Exploration of International Joint Ventures in China", *International Business Review*, Vol. 22, No. 1, 2013, pp. 216-227.

Zhang Jing, Baden-fuller Charles and Mangematin Vincent, "Technological Knowledge Base, R&D Organization Structure and Alliance Formation: Evidence from the Biopharmaceutical Industry", *Research Policy*, Vol. 36, No. 4, 2007, pp. 515-528.

Zhang Liguo, "How IPR Policies of Telecommunication Standard-Setting Organizations Can Effectively, Address the Patent Ambush Problem?", *International Review of Industrial Property and Copyright Law*, Vol. 41, No. 4, 2010, pp. 380-410.

Zhang Wuyi and Xu Zhou, "The Identification of Knowledge Flow Influence Factors of Enterprises Based on Rough Sets", *Computing and Intelligent Systems*. Vol. 233, 2011, pp. 64-73.